多丽丝·莱辛传

Doris Lessing: A Biography

[英] 卡罗莱·克莱因 著

刘雪岚 陈玉洪 译

江苏人民出版社

图书在版编目(CIP)数据

多丽丝·莱辛传 /［英］卡罗莱·克莱因著；刘雪岚等译.
——南京：江苏人民出版社，2016.12
书名原文：Doris Lessing：A Biography
ISBN 978-7-214-20120-1

Ⅰ.①多… Ⅱ.①卡… ②刘… Ⅲ.①莱辛
(DorisLessing,1919—2013)—传记 Ⅳ.①K835.615.6

中国版本图书馆 CIP 数据核字(2017)第 013801 号

Doris Lessing：A Biography
Copyright © 2000 by Carole Klein
Published by arrangement with Carole Klein c/o The Wallace Literary Agency Inc.
Simplified Chinese translation copyright © 2017 by Jiangsu People's Publishing House
All rights reserved.

江苏省版权局著作权合同登记：图字 10-2017-070

本项目获得兰州大学外国语学院教学科研创新学术团队建设项目资金资助(16LZUWYXSTD001)

书　　名	多丽丝·莱辛传
著　　者	［英］卡罗莱·克莱因
译　　者	刘雪岚　陈玉洪
责任编辑	汪意云
责任校对	曾　偲
装帧设计	许文菲
责任监制	王列丹
出版发行	凤凰出版传媒股份有限公司
	江苏人民出版社
出版社地址	南京市湖南路 1 号 A 楼，邮编：210009
电子邮箱	http://www.jspph.com
经　　销	凤凰出版传媒股份有限公司
照　　排	江苏凤凰印刷数字技术有限公司
印　　刷	南通印刷总厂有限公司
开　　本	718 毫米×1000 毫米　1/16
印　　张	24.5
字　　数	265 千字
版　　次	2017 年 4 月第 1 版　2017 年 4 月第 1 次印刷
书　　号	ISBN 978-7-214-20120-1
定　　价	58.00 元

江苏人民出版社图书凡印装错误可向承印厂调换。

目 录

序言	……………………………………………………………………	1
第一章	生逢乱世 ……………………………………………………	4
第二章	错误的开始 …………………………………………………	14
第三章	崭新的开端 …………………………………………………	26
第四章	插叙故事 ……………………………………………………	35
第五章	筒骨乐与肖邦曲 ……………………………………………	41
第六章	有些教训,最好不要去学 …………………………………	50
第七章	跳跳虎的历险 ………………………………………………	57
第八章	迷失 …………………………………………………………	63
第九章	多丽丝·泰勒的求学生涯 …………………………………	71
第十章	另一段插叙故事 ……………………………………………	76
第十一章	借居房客的日子 ……………………………………………	85
第十二章	欲火迷人眼 …………………………………………………	94
第十三章	痛苦的割舍 …………………………………………………	103
第十四章	找到新的家 …………………………………………………	112
第十五章	同志 …………………………………………………………	119
第十六章	假如起初不成功 ……………………………………………	128
第十七章	"你好吗,跳跳虎!" …………………………………………	136
第十八章	打破种族隔离 ………………………………………………	144
第十九章	取得胜利却没有获得解放 …………………………………	152

第二十章	好爱角	161
第二十一章	新的人生	170
第二十二章	追寻未来	180
第二十三章	于是雷声开始发言	190
第二十四章	柏林之战	200
第二十五章	身为共产主义信徒	209
第二十六章	暴力之母	219
第二十七章	幸福的年轻女子	227
第二十八章	非常现代的母亲	234
第二十九章	艰难的合作关系	242
第三十章	火红的夕阳	254
第三十一章	芝加哥蓝调	263
第三十二章	逆难而上	272
第三十三章	与金虎共嬉	283
第三十四章	神智疯狂	296
第三十五章	美妙的变异	308
第三十六章	笔友	318
第三十七章	找到出路	328
第三十八章	十二月里,你还会如五月里那般爱我吗?	340
第三十九章	迷失在太空之中	349
第四十章	新瓶装旧酒	357
第四十一章	文学重生	368
第四十二章	人不似猫儿	377

序言

1969年，多丽丝·莱辛答应到美国来推广她的小说《四门之城》。漂泊成性的莱辛通常不会放过利用这些出公差的机会来犒劳自己。她经常会去参观一些新奇有趣的地方，这次行程，她决定去亚利桑那州，因为她听说这个地方和沙漠中的罗德西亚一样，天高地远，辽阔无边。莱辛从五岁起就生活在罗德西亚（现在的津巴布韦），直到1925年她29岁的时候，才离开那里前往伦敦，开始她的写作生涯。她和全世界历代艺术家一样，特别迫切地想要离开逼仄俗气的家乡，去往复杂多变而又充满和谐共鸣的多元文化中心。

然而，离开非洲来到英国，只不过加剧了一直萦绕在莱辛心头对于"家园"的疑惑。对于她殖民者身份的父母而言，他们的家园就是英国，尽管他们的女儿只在小时候在那里作过一次短暂的停留。他们在家里信奉英国的价值观，坚持英国的风俗习惯。可是，这些对于一个在非洲的草原浪荡着长大的姑娘而言，都没有太大的意义。

多丽丝·莱辛从小听到白人们谈论罗德西亚，口气就好像在他们没来之前，罗德西亚是个荒无人烟的不毛之地一样；或者，就算不是荒无人烟，当地的原住民本来也无权在那里居住似的。这样的口气，就和美国人当年说起他们的西部地区时如出一辙。然而，虽然当时年纪尚幼，莱辛从小就觉得这种现象是错误的。正是这种认识，使她虽然生活在自己的国家里，却觉得自己是个外来户一样。从她当年开始明白作为白人家的孩子和黑人孩子一起玩耍简直就是大逆不道的那一刻开始，自己是外来人的感觉就深深根植了在她的心中。

多丽丝·莱辛曾在1965年写了这样一段话:"非洲属于非洲人民,他们越早夺回非洲越好。"写这段话的时候,她已经对非洲可怕的殖民史有了全面的了解。不过,她又补充了一句话,生动地表达了一名侨居他国者惯有的哀怨,那就是——"国家属于一切将它当成自己家园的人。"①

因为当年年纪太小,无望改变自己的处境,莱辛只好学着自得其乐。她穿梭于广阔的空间,去认识多得数不清的各种动物,去攀爬粗糙嶙峋的岩石,去蹚过哗哗作响的溪流,去嗅闻灌木丛林的芳香。那样的风景值得人流连忘返,反复回味,思绪飞扬。

当她告诉她的朋友兼编辑罗伯特·戈特列波,说她想去美国西部的时候,他迅速做出了安排。莱辛上次来美国的时候认识了青年作家内尔·克莱尔蒙。克莱尔蒙当时手头正好有一个将作家推介到当地中学和大学的项目。于是戈特列波和克莱尔蒙安排莱辛到位于塔克逊的亚利桑那州立大学进行阅读和讲座活动。内尔和他的妻子朱迪都非常喜欢莱辛的作品。当他们得知莱辛接受他们的邀请,不住学校安排的公寓或者旅馆,而是愿意住到他们的小家时,他们感到欢呼雀跃。

克莱尔蒙家的房子孤零零地立在一大片沙漠当中。莱辛到来的第一天,克莱尔蒙听到声响,6:30就早早起了床,他以为是自家的猫在闹腾。然而,他看到的是莱辛穿着睡衣正往门外走去。克莱尔蒙悄悄地跟在她的身后,看着她爬上了房子后面的斜坡,往后面那座凹凸不平的小山走去。

"那是个晴朗的沙漠早晨。"他回忆说:"我明白,她是想到了非洲的日出。她爬到山顶,脱掉睡衣,跳起了舞蹈。她的腿长得很美。头发茂密,随意而蓬松。当时她马上都要过五十岁生日了,可是感觉还像个小

---

① 莱辛:《回家》(Going Home),第8页。

姑娘一样。"

莱辛要求克莱尔蒙开车带她去山里。每到一座山峰上,就会走下车去看看风景。"她会在山顶站很长时间,一动不动地看着风景,然后就会说:'这个地方像非洲。要是平原上再有些动物的话,就跟非洲一模一样了。'"

多丽丝·莱辛早期的作品都是以非洲为背景,既表现了她对国家的热爱,也流露出找不到归属的痛苦。在《非洲故事》(1964年)的前言里,莱辛写道,非洲,"是只有当一个人准备好在游览过这片土地之后愿意自此成为一个漂泊者,才可以去的地方。那无法言说而又庄严肃穆的一片静寂,会永远刻在这个人记忆或思想的边缘。"[1]。

莱辛离开非洲后的漂泊生涯,既是她的亲身经历,也暗喻了她人生中其他方面的动荡不安。她被家庭放逐,却又自觉自愿地漂泊,成为了由内而外的游离者。也许是为了安抚心中无根无基的痛苦,她似乎总在体验远处的生活。内心的不安和叛逆为她的作品注入了强大的力量。她冷眼旁观,总能以全新而又清晰的视角为读者诠释他们熟知的世界。身为作家,她洒脱不羁,从不拘泥于既定的风格、单一的信仰抑或固定的区域——甚至超越了我们的星球。她汹涌彭拜的想象力反映了这位放逐者的辗转漂泊,然而,最终,恰恰是写作,成了多丽丝·莱辛最安定的家园。

---

[1] 莱辛:《非洲故事》(African Stories),第6页。

第一章
生逢乱世

第一章
生逢乱世

"我们把父母当成不断重现的梦境一样反复加以利用。"多丽丝·莱辛写道,"每当我们需要时,他们就会出现。他们的存在,就是用来让我们爱或者恨的。"①

多丽丝·莱辛像个侦探调查扑朔迷离的案件一样,仔细探究着她父母的老照片。照片里有没有什么蛛丝马迹能看出他们都是什么样的人?她能不能发现当年自己那些噩梦的根源?

照片里有一张是她的母亲艾米丽·莫德·麦克维(Emily Maude McVeagh)少年时期的样子,照片上的她身材高挑,一张鹅蛋脸显得自信大方,头发用一根黑色的橡皮筋绑在脑后,身上穿着一套校服,宽松的白衬衫配黑色的长裙,标准的她深爱的大英帝国青年子民的样子,踌躇满志。艾米丽生于1884年,用的是她母亲艾米丽·弗劳尔(Emily Flower)的名字。她母亲在生她弟弟的时候难产去世,当时她才三岁。

艾米丽·莫德的父亲约翰·威廉·麦克维(John Willam MacVeagh)原是伦敦郊区的一名银行小职员,通过努力奋斗成为一位银行经理,从此跻身中产阶级行列。阶层对他而言意义非凡,阶层就是他衡量一切观点和决定的标尺。他一定是被他的妻子迷得神魂颠倒了,否则他怎么可能忽略,在他妻子短暂的一生里,从来都没有真正脱离她那

---

① 莱辛:《我的父亲》(*My Father*),第83页。

些劳工阶级的习惯和品味！假如他的妻子能活到32岁以后，随着他越来越在意自己的门第，他们的婚姻一定土崩瓦解。

事实上，麦克维从来没有对孩子们提起过他们的母亲，家里也没有一张她的照片。年幼的艾米丽几乎无法对母亲的形象有个正确的认识。除了她幼年时期对母亲模糊的记忆，她能听到的，就是母亲去世后带大他们姐弟三人的佣人们对母亲毫不掩饰的不满。因为佣人们都说她母亲鲁莽轻率、资质平平，又没有别人出来反驳，艾米丽也认同了别人对母亲的看法。多丽丝·莱辛在《心灵深处》（即她自传的第一部）里回忆说，她的母亲在提到艾米丽·弗劳尔时，总是一副不屑一顾的口吻。她嘴唇一噘、鼻子一哼，似乎是在暗示，艾米丽·弗劳尔有许多下里巴人的陋习，所以她死得活该。

孩子们年纪尚幼的时候，麦克维续弦再娶。不过，他高雅的新婚妻子对于承担为人之母的责任并没有什么兴趣。而麦克维也并没有因妻子不亲近孩子们而庸人自扰。作为父亲，他也好不到哪里去，他满脸严肃、严厉苛责，无论言语上还是行动上，从来没有对孩子们表达过什么爱意。艾米丽唯一体验到的家庭生活，就是在大家一起参加她父亲认为非常重要的帝国公共典礼的时候——比如维多利亚女王的葬礼，爱德华七世的加冕仪式，还有德国皇帝或者其他一些国家元首来访典礼等。

在女儿的眼里，艾米丽其实根本不爱自己的父亲，但她却坚持说自己非常尊敬和崇拜父亲，还把她父亲那一本正经的画像挂在他们非洲南罗德西亚家中的土墙上。多丽丝对镶花边的像框里那个人物形象深恶痛绝。他那大腹便便的身材，肥胖丰满的脸庞，油腻光滑的头发，以及那身老套土气的紧身装扮，让多丽丝对英国的厌恶变得非常具体。她从画像里看到了大英帝国及其等级制度带来的傲慢和压抑。

尽管生在一个缺爱的家庭，艾米丽·莫德却生性活泼，朋友众多。她经常和朋友们去看戏、听音乐或者聚餐。她既喜欢粗放野性的曲棍

第一章

生逢乱世

球,也喜欢温文而雅的网球,还经常骑车去远足。她学业优秀,比她那位有些智障的弟弟优秀得多。她的父亲也不同寻常,在那个年代竟然会考虑送她去上大学。因此可以想象得到,当麦克维对他的女儿讲述他远大的计划时,该是多么热情洋溢;而当他的女儿竟然拒绝了这个不可多得而又花费昂贵的上大学的机会时,他又是多么愕然震惊!

艾米丽坚持自己的立场。尽管她在音乐方面才华横溢,又梦想成为乐团的钢琴演奏家,但她务实肯干的性格和真心想要照顾别人的渴望,却让她觉得自己能通过培训成为一名护士。麦克维对此大发雷霆,因为那个时候,受人尊敬的中产阶级女孩是没人当护士的,如果艾米丽执意要去做这些骇人听闻的事情,那她就别想从父亲那里得到任何资助。

事情本来可能到此为止了,可是麦克维低估了他女儿的决心,艾米丽还是到伦敦的皇家免费医院去参加了培训。那里的工作劳累辛苦,报酬又低,但她扫除了横在她道路上的一切障碍,以高分通过了最后的考试。这一切毫无疑问大大提升了她的自信心。

艾米丽·莫德学成毕业,成了麦克维修女。她早已将自己想要成为乐团钢琴师的梦想抛诸脑后。不过,她后来也为自己放弃音乐闷闷不乐过。她总是为自己惋惜,说自己过去多么优秀,或许会成为某个人物。不过,作为一个刚拿到执业资格的护士,她还是很热爱自己的工作。她特别享受被人需要的感觉。当她走到病床边,听到病人的感激之辞,她觉得这就是他们在表达对她的爱。多丽丝·莱辛认为,这才是她母亲想成为护士最真实的动机。艾米丽通过需要她、珍惜她的人来弥补她对爱的饥渴。

尽管白天工作繁重,艾米丽还是忙于夜晚的社交活动,她到各处的教堂去弹手风琴。要是有时间,她会和朋友们出去度假,而且,不管她的生活多么忙碌,她总会抽出时间来读一些像萧伯纳这样著名作家的作品。护士的工作向来就很繁重,可是,随着1914年第一次世界大战的到来,工作量更是骤然剧增。一火车一火车的士兵被运到皇家免费医院。麦克维修女对这些伤兵的照顾可谓尽心尽力,好多士兵甚至都写诗来赞美她。她对此引以为豪,后来不当护士了,还将这些诗保存在一个她非常珍视的册子里。

多丽丝·莱辛的父亲阿尔弗莱德·库克·泰勒1886年出生在科尔彻斯特(Colchester)附近的一个村庄里。阿尔弗莱德的父亲是个银行小职员,工作还算体面,就是工资低,一家人都指望一点小钱生活。阿尔弗莱德的母亲卡洛琳有一张和阿尔弗莱德婴儿时期的合影,多丽丝·莱辛描述说,她是一个"长相平庸的胖女人","长着一张厨娘的脸"[①]。泰勒夫人的确能用有限的材料在厨房里做出各种花样来。几十年后,当阿尔弗莱德患了糖尿病只得严格限制饮食时,他对当年吃过的那些动物板油、糖浆布丁、火腿、家里熏的香肠等等无比怀念。

那个家里除了一本至高无上的《圣经》之外,没有任何书籍。当然,他们也没钱去买书。星期天,全家人一天三次去教堂,阿尔弗莱德每天都急切地盼望星期天的到来,他总觉得那天过得太快。阿尔弗莱德有个哥哥,学习比他要好,每次阿尔弗莱德成绩不如哥哥好的时候,他父亲就会揍他。学校毕业以后,兄弟俩都像他们的父亲一样,成了银行职员。不过,阿尔弗莱德一直是个小柜员,而他的哥哥很快就爬到了经理层的位置。莱辛说她父亲并没有从银行柜员的工作里找到什么乐趣,不过,他还是尽力提高自己的技能,甚至还因为一个领导不喜欢他的字而努力练习书写。阿尔弗莱德可能觉得,自己的私生活丰富多彩,也不用那么在意银行柜员这个工作。

反正不知什么原因,有一天阿尔弗莱德突然决定独自一人到离家一

[①] 莱辛:《我的父亲》(*My Father*),第83页。

第一章
生逢乱世

小时路程的卢顿去生活。这是一次愉快的搬迁,他和家人分开,远离了小村庄的逼仄,无拘无束地展现自己的天性,沉溺于玩玩闹闹,花钱大手大脚,却再也没有人随心所欲地对他强加管束。

他去游泳,去划船,去踢足球,去打板球,在音乐会上唱歌,还和当地姑娘们跳舞,经常没心没肺地走十到十五英里远的路,去参加每周两到三次的舞会。他总要玩到最后才离开,然后披星戴月地走回去。到家的时候,经常太阳都破晓了。在意犹未尽中,他刷牙洗脸,熬茶煮粥,然后出门上班。

卢顿的姑娘们都喜欢他。他曾经和一个姑娘订了婚,可是不久就悔婚,又和那姑娘的妹妹订了婚。两姐妹的妈妈也被这位风趣英俊的追求者迷得神魂颠倒,在第二次订婚没有悔婚之前,她把阿尔弗莱德当成自己的儿子一样对待。多丽丝·莱辛回忆说,每次他父亲当着自己妻子的面说起这段往事的时候(和他回忆其他的事一样,他总反复地说起同一件事),总会加上一句:"幸亏两姐妹我一个都没娶,她们比你差远了,老婆!"①莱辛说起这些的时候,满是嘲讽的口吻。当莱辛写到她父母,写到他们因为命运的捉弄所遭受的各种伤心痛苦时,她很少流露出她的父母彼此关心、彼此爱护、愿意分担彼此困苦的意思。

有一件事情莱辛判断得非常对,战争的确是她生活中的一个决定性因素。原本青春年少、无忧无虑的阿尔弗莱德,在经历过战争之后,就完全变成了另外一个人,再也回不到过去。莱辛的父亲年轻时照了很多照片,其中有很多照片里都可以看到,这个小伙子穿着一战时期的军装,皮肤黝黑、长相帅气。照片里的他站得笔挺,军装扣得严严实实,上面还挂着奖章。1914年应征入伍的时候,他已经做好了报效国家的准备,德国在比利时的恶劣行径让他觉得惊悚。他满脑子理想主义,尽管他"早知

---

① 莱辛:《我的父亲》(*My Father*),第86页。

道"自己很可能会受伤,还是迫不及待要尽一己之责。

他的先见之明来自算命先生的一番话。多丽丝·莱辛这样评价他父亲这段奇幻怪异的往事:"我六岁的时候就知道我父亲疯了。"并且还让读者相信:"我没觉得这有什么大惊小怪的。"①算命先生告诉阿尔弗莱德说,尽管他会经历两次大灾大难,但是他会大难不死,因为他有一位祖先的庇佑,这位祖先也曾当过兵。阿尔弗拉德并不知道他有这么一位祖先。多丽丝还说,每次快要受伤的时候,她父亲都能提前预感到。

到了前线,阿尔弗拉德确实生了场重病,他自己觉得是得了场阑尾炎。他还没有感受到可怕的身体疼痛的前几天,因为提前知道自己会生病,心里早就被恐怖击垮了。两年之后,在生第二场病以前,因为内心深处不祥的预感非常强烈,他从战场写信给他的父母,告诉他们说他就快死了。算命先生的预言再次应验,阿尔弗莱德的腿被榴霰弹炸得像马蜂窝一样,但是他并没有死。事实上,每当他回顾起这段往事,都觉得这是他一生中最幸运的一件事,因为就在他被送往医院十天之后,他所在的整个排都在帕斯尚尔(Passchendeale)战役中牺牲了。

从皇家免费医院的手术台上下来之后,阿尔弗莱德的一条腿从大腿中段处接了一个假肢。他患上了炮弹休克症。尽管他觉得自己很幸运,但他还是很长一段时间里都非常抑郁。因为身体和心灵的双重创伤,他在医院里住了几乎整整一年。虽然身体不再疼痛,但是他总是闷闷不乐,晚上经常做噩梦。医生安慰阿尔弗拉德说,他现在的状态对于经历过巨大压力的人来说是很正常的,他不必担心自己会发疯。医生还告诉他说,大多数人都有隐藏的负面情绪。多年之后,当阿尔弗莱德对多丽丝讲起这一切的时候,他总会提醒她记住一点,每个人都不清楚自己哪天会经历怎样的内心挣扎。

---

① 莱辛:《追随英国》(*In Pursuit of the English*),第7页。

第一章

生逢乱世

泰勒躺在医院的病床上,一遍遍回顾自己的战场经历,觉得一切都跟他的理想大相径庭。起初他参军的时候,满心都是爱国主义和荣誉感,战争满足了他天性中的骑士精神。他认为英国军人是世界上最优秀的军人,自己一定要毕生保持军人的荣誉。他在野地里和战壕里体验到了毕生难忘的友谊,这种彼此谦让的精神甚至到了不分敌我的境界。有一次,阿尔弗莱德和一个德国军人面对面碰上了,两人就很有默契地将枪口往下压了压,彼此微微一笑之后就各走各路了。1914年圣诞的时候,英国军人和德国军人甚至还互赠礼物,一起唱圣诞歌,热热闹闹地打了一场橄榄球。阿尔弗莱德后来总说,他当时特别希望双方的将领们能到战壕里待一天一夜,去看看普通士兵们面对是什么,当他们亲眼见到一切,他们就一定会心甘情愿地终止战争。渐渐地,他意识到,就算他们来了,一切也无济于事。英国当权者们最觉得心惊肉跳的,就是这类关于恻隐之心的故事。社会各界都敦促军人们要和罪恶的匈牙利人血战到底,誓死保卫他们的国旗。

身体残缺加上前途未卜,阿尔弗莱德突然对自己曾为之奋战的这个国家产生了强烈的不满。政府似乎并不感激那些身处战壕的年轻人所付出的代价,普通百姓也没有人想了解他好不容易逃脱的那些屠杀。于是,他将自己曾满怀豪情加入的那场大战称作"大不堪",这个一听就满是嘲讽的称呼里,隐藏着他的一个决心——一旦出院,他就立刻离开英国。

多丽丝·莱辛还没长大的时候,父亲讲的这些战争故事让她觉得不胜其烦。可是60年代早期某天,她因为想要体验而吸食了大量迷幻剂,而那时她脑子里残存的理智的记忆,居然正是她父亲的那些战地经历!这件可怕的事情让她意识到,那场大战对她本人的一生也有着不可估量的影响。

阿尔弗莱德·泰勒在皇家免费医院的护士正是艾米丽·麦克维。艾米丽对他很好,他心里非常感激,同样也对她很好,他们在一起度过了很多时光。尽管她不能理解阿尔弗莱德心里的愤怒,但她总是想尽各种办法减轻他身体上的痛苦。泰勒要出院的时候,向艾米丽求了婚。

这场求婚让艾米丽芳心大乱。当时,伦敦的圣乔治医院请她去当护士长,这对一个年近三十的女子而言,算得上是可遇不可求的好机会,她颇引以为豪。不过她不喜欢干行政,只喜欢当护士。更重要的是,当时她心里还在凭吊她深爱过的一个军医。因为轮船遭到鱼雷轰炸,军医不幸溺水身亡。不过,当时的伦敦城里没剩下几个男人了。还有,尽管照片上的艾米丽看起来很美,可她自己觉得自己长相平平。况且,她已经三十五岁了,远远超过了平常女人结婚的年纪。

阿尔弗莱德·泰勒非常理解艾米丽的难处,同情她的损失,对她非常地耐心。他们结婚很久以后,他的妻子还将那位军医的照片摆在她的梳妆台上。阿尔弗莱德对多丽丝还有她的弟弟哈里说起这件事的时候,话语里流露出真诚的悲伤:"你们的妈妈真可怜……那个军医,是个不错的小伙子。"①

艾米丽最终接受了阿尔弗莱德的求婚,主要原因也许是当时她特别想生孩子——尽管不是马上就生。当时阿尔弗莱德还是时常抑郁,而她本人的身体也不知怎么回事,总是不对劲。她身体的虚弱,有可能是她在战争时期长期劳累造成的,也有可能是轻度感染了一战后横扫全世界的西班牙流感。不过,她觉得就算真的结了婚,也要等自己和阿尔弗莱德身体好一些以后再考虑要孩子的事情。

阿尔弗莱德出院的日子越来越近,而他要离开英国的决心也越来越坚定。他本人待在医院里,拖着一条装着木头假肢的残腿;而外面的大

---

① 多丽丝·莱辛:《鲁莽的女儿们》(*Impertinent Daughters*),第 56 页。

第一章
生逢乱世

街上,到处可以看到身体健全的退伍军人们在卖火柴求活命。如果不远离让他愤怒伤心的源头,他的心情不可能得到平复。

阿尔弗莱德要求战争之前雇佣他的银行将他转到驻波斯的分行去。波斯当时主要是英法占领区,英国人在金融方面占主导地位。让阿尔弗拉德欣喜万分的是,他真的获得了英属波斯银行科曼莎(Kermanshah)分行经理的职位。

得到这个消息,艾米丽备受鼓舞,接受了阿尔弗拉德的求婚。她对于和阿尔弗莱德在异国他乡共享经理这一职位带来的社会地位而欢呼雀跃。她可以穿着漂亮的衣服去参加各式聚会,为"体面"的人们准备精美的饭菜和各种茶水。是的,她要嫁给阿尔弗莱德·泰勒上尉。

婚礼在1919年1月举行,规模很小,也不怎么正式。新娘子和新郎官都感慨万千,没有办法装模作样去享受传统婚礼的单纯乐趣。这事只有一个美中不足——卡洛琳·泰勒一点都不满意儿子的选择。麦泰勒太太断定,这位克维护士过去就是掌控别人生活的人,所以她这位儿媳妇嫁进家门之后,也会在自己的家里颐指气使。

然而,他俩应该称得上是一对璧人——阿尔弗莱德英俊帅气,艾米丽机灵活泼。夫妇俩都激动不已,这场仪式,将会永远改变他们人生。阿尔弗莱德想要离开英国的心愿得到了满足,艾米丽可以纵情购物,去买时髦的连衣裙,并且还有机会经常穿这些裙子。尽管过去千疮百孔,此时此刻一双人儿要多幸福就有多幸福。

他们即将开始的生活似乎万事顺利,近乎完美。只有那么一点小小的美中不足——新婚当夜抑或是婚后不久,艾米丽就怀了孩子,打乱了他们暂时不想当父母的计划。这个孩子就是多丽丝。

第二章
错误的开始

第二章
错误的开始

尽管怀孕是个意外，但是这个消息对艾米丽·泰勒而言也可能并非全是坏事。毕竟，等孩子生下来，她都该三十五岁了。作为护士，她很清楚高龄孕育第一胎是一件很危险的事情。她欢快地决定她要做出最好的安排，并决定开始去买适合带到波斯去的全套婴儿用品。

在罗德西亚，非洲婴儿们似乎什么都不穿，只要用一块布裹起来挂在他们的妈妈身上就够了。因此，当后来莱辛偶然发现一张她母亲购买婴儿用品的详细清单时，感到非常吃惊。虽然是意外怀上的孩子，但是艾米丽为她准备的婴儿用品每一样都是一打一打地买下来的，她带到科曼莎去的东西有尿布、需要精心熨烫的手工压褶袍子、可以穿在其他做工复杂的衣物下面的长的短的内衣等等。当时正是一个时髦的时代，这位新晋妈妈和她的婴儿却穿着比守旧的爱德华时代还爱德华时代的衣服离开英国前往波斯。

一到波斯，艾米丽·莫德·泰勒就甩掉了她的第一个名字。她从来都没有真正喜欢过"艾米丽"这个名字，也许是因为这个名字总让她想起自己早已过世的母亲。而她非常喜欢自己第二个名字，因为诗人丁尼生有一首很长的诗歌，名字就叫做《莫德》。还有，她觉得她的丈夫也需要换个名字——尽管他的名字和丁尼生的名字一样——但是她觉得"阿尔弗莱德"这个名字缺乏辨识度，不太适合丈夫的职位。她给丈夫取了个名字叫"麦克"，和《彼得·潘》里面最小的那个孩子同名。尽管阿尔弗莱德觉得妻子过于看重阶层这一点很荒唐,却又觉得他应该叫什么名字这点小事也用不着争来争去的。他唯一希望的,是自己能轻松地抛下心中那些阴暗的不满情绪。

等到夫妇俩住进银行为他们在科曼莎提供的那座巨大宽敞、历经风霜的石头房子时,他们已经分别叫做麦克·泰勒和莫德·泰勒了。那座房子有着弯拱状的窗户和宽敞的阳台,从阳台上可以看到下面鲜花盛开的花园,莱辛回忆说散发出"一股浓郁的热带味道,浓郁的树脂味"①。这是一座历史悠久的城市,坐落在一片广袤的黄土地之上,周围环绕着常年白雪覆盖的山脉。

莱辛一辈子都忘不了科曼莎留给她的感官记忆——清新的空气、奔腾的溪流和泉水的声音,混和着尘土的味道。

莫德管理着一大群佣人,有园丁、厨子,还有清洁工和采购员。因为多年都支使别人干活,她自己已经没什么体力活可干了。麦克想必也在看到科曼莎之后,瞬间就觉得自己的灵魂都得到了提升,他非常喜欢这座宽大的房子,不是因为大房子让人羡慕,而是因为大房子让他感到无拘无束。他一辈子都住在窄小的房子里,没有多少空间去保留什么隐私或者让他可以避开别人。同时,作为银行经理,他也不必去完成上级交代的繁琐小事。莫德和麦克似乎开始了比艾米丽和阿尔弗莱德好得多的生活。

虽然叫什么名字这件事对莫德·泰勒非常重要,可是她给女儿取名的时候发生的事情,却让这段往事有点不堪回首。莱辛的《我心深处》里附了一张照片,照片里她父亲躺在皇家免费医院的病床上,仪表堂堂。但是他女儿却暗示说,其实他内心非常郁郁不乐。麦克维护士坐在他的

---

① 莱辛:《〈受伤的白人〉采访笔记》(*Note for Interview for 'White Wounded'*)。

第二章
错误的开始

旁边，带着护士帽，眼帘低垂，大腿上铺着她的绣活。照片标注的日期是1917年的9月，上面还有她父亲或者母亲留下的一行字，写着"还没有想生她之前"，这个"她"，当然指的是夫妻俩的第一个孩子。

事实上，"她"从来都不是泰勒夫妇想要的那个孩子，他们一直想生一个男孩。如果说莫德非要在还没有准备好的情况下生个孩子，那她希望这个孩子是个男孩。这个愿望如此强烈，以至于她压根连女孩子的名字都没有准备。他们给期盼中的儿子取了个名字叫做"彼得·约翰"，很明显，"约翰"这个名字是用了莫德弟弟的名字。莱辛有一种感觉，母亲经常抱怨她弟弟虽然没有她聪明，却享受了比她多得多的优待。约翰不费吹灰之力就进了皇家海军，而母亲是那么地热爱大海，因此莱辛猜测，母亲多年来深埋在心里的各种怨恨因此一触即发。不过，这种猜测从某种程度上来说并没有什么根据。不过，有意思的是，莫德非常喜欢《彼得·潘》这本书，这两个名字都是从这本书里取的，"约翰"在《彼得·潘》里是麦克的哥哥。不过，莱辛怎么也猜不透，到底是什么说不清道不明的原因使得莫德让自己的儿子和她自己不喜欢的人叫同一个名字。同样让人迷惑不解的是，后来莱辛自己也决定效仿她母亲，给她自己的大儿子取名为约翰，二儿子取名为彼得。

莫德孕育孩子的过程非常辛苦，而孩子出生的时候，她更是痛苦不堪。1919年10月22日这个孩子在他们那座高大的石头房子里诞生。当时阵痛持续了好长时间，等到孩子真的快出来时，却是靠医生用蛮力把她拽出来的，孩子的脸上还因此留下了一个印记，好几天才消退。

莫德身体上累得精疲力竭，精神上又感觉愤怒失望，根本没有心思给这个她不想要的女儿取什么名字。不管医生怎么催促，她却一点都不想花心思去想想该给这个女孩取个什么名字。医生熬了整整一晚上，累得精疲力竭，可是他必须要登记下孩子的名字才能回家，最终，他看了一眼这个孩子，然后小心翼翼地问道："叫多丽丝怎么样？"

可能是为了进一步表达自己的冷漠,莫德没有作声,医生却把这种沉默当成了认可。这个女婴虽然费尽周折来到了人世,她的存在却依然没有获得认可。

之后的事情变得越来越复杂。因为战争期间劳累过度,加上长时间的阵痛,莫德没有奶水,因此多丽丝从生下来的那一刻开始,就没有吃过母乳。20世纪初,没有母乳的孩子喝的都是牛奶,尽管有些孩子的体质并不适合喝牛奶。莫德按照英国人的标准做法对牛奶进行稀释,却没有意识到,波斯奶牛产的奶比英国奶牛产的奶要稀得多,因此,多丽丝一岁期间的日子,几乎都是饿着肚子活过来的。

吃不饱肚子的多丽丝总是愤怒地大哭大闹。但是莫德和当时很多的妇女一样,严格遵循按时喂养的步骤,这个不按她的节奏、随时随地想要奶喝的孩子,让她感到非常恼火。最终,莫德把照看多丽丝的大部分工作都转嫁给了一位叙利亚保姆,这位叙利亚保姆比莫德还讨厌多丽丝,而且她根本不掩饰她的厌恶。

成年之后,多丽丝·莱辛吸食了牵牛花种子做的致幻剂,在幻觉之中重现了大石屋里保姆照料她的一幕幕情景。她躺在一张婴儿床上,在她朦胧的意识里,这张床"就像是一个牢笼"[1],她听到笼子外面传来大人的脚步声,但是他们从来都不往她这里来。经常被晾在一边没人管,还得喝着稀薄的牛奶饿着肚子,就算当时还是个懵懂无知的婴儿,多丽丝·泰勒也能通过原始的本能感觉得到,这个家里没有人喜欢她。因为大人们严格的时间安排,她似乎总在漫漫无边中等待有人来解脱自己身体和精神上的痛苦。好不容易等到有人来抱她了,每次来的那个人却都是那个保姆。保姆没有一点耐心,每次都是满心厌烦、怒气冲冲地走进来,粗鲁草率地打理着多丽丝,仓促匆忙地做完一切就赶快把她放下,让

---

[1] 莱辛:《我心深处》(*Under My Skin*),第20页。

第二章
错误的开始

她一个人待着——孤单寂寞,无依无靠,无人搭理。

多丽丝小时候经常会听到莫德对她的朋友们一遍又一遍地讲述,生个女儿她多么地失望,说她本想要生个儿子,结果却生了个女儿,害得她连名字都没有取好,最后还是医生为了早点回家休息才给孩子取了个名字。接着,她就会突然欢快地跳转话题,说自己曾经好长时间都没有弄明白波斯牛奶太稀薄。无论怎样,最后都归咎于多丽丝小时候不好带,长大了也很不省心。莫德只是把这一切当做笑话来谈,从来没有意识到,故事的主人公就在旁边听着,她怎么也得稍稍收敛一下。

即使步入垂暮之年,多丽丝·莱辛一想起母亲讲述她那些可怕的故事时那笑脸明媚的样子,仍旧会忍不住觉得满怀愤怒。莫德根本不能理解这个话题本身所带来的伤害,也无法理解她说的那些话会给幼小的女儿带来怎样的后果,女儿当时就站在房间的另一头,满脸痛苦地听她说着一切。

莱辛在20世纪60年代服用致幻剂的那天,不仅再现了父亲在一战服役期间所经历的痛苦,也给她自己重新塑造了一个不一样的出生经历,重新向这个世界宣告了自己的到来。这次重生虽然过程复杂,却没有痛苦。她既是母亲又是婴儿,同时又似乎哪个都不是。这个婴儿是"哲学意义上"的,它在子宫里与上帝对抗,挣扎着不愿意作为现在这对父母的孩子出生。[①] 她不愿意再重复现实世界中经历过的那些痛苦。婴儿的身后有好多人在说话,其中一个就是莫德,她的声音很容易辨别,因为她嘴里正说着一些独属她的特别措辞。莱辛在这次用药的过程中哭得昏天黑地,而她说过,她是个很少哭的人。她还记得在这次幸福的出生不断进展的过程里,她自己都有些什么样的感受,所有的痛苦、不幸和感伤像水汽一样蒸发,她进入了一个闪闪发亮的世界。

---

① 纽奎斯特访谈:《像人一样说话》(*Talking as a Person*),第11页。

在莱辛早期的痛苦记忆里，有很多跟她弟弟的出生有关，也跟她母亲终于如愿以偿生下了儿子时欢天喜地、兴高采烈的表现有关。莫德原本对多丽丝的关心就少得可怜，等到哈里出生以后，连这可怜的一点关心也被全部收回。她把女儿的一切事宜全部交给了保姆，而她自己则全心全意照料期盼已久的儿子。

同时，莫德还告诉多丽丝，哈里也是"她的"孩子，她必须要爱哈里。才两岁半大的小女孩也能感觉得到，自己正在被母亲利用。哈里并不是"她的"孩子，而是她母亲的孩子，她从来都没有感受过一丁点的母爱，而这个孩子从出生的那一刻开始一直享受着母亲的爱。她痛苦地意识到，这个小男孩赢得的母爱和关注，她过去从来就没有获得过，以后也永远无法获得。

这些记忆深深印在莱辛的脑海里，历经岁月依然清晰可辨。1996年，莱辛出版了小说《爱，再度降临》，里面的女主人萨拉·德哈姆（Sarah Durham）是一位已经六十五岁高龄的老太太了，对她而言，性生活已经成为历史了（莱辛出版这部小说的时候，已经是七十六岁高龄了）。然而，在某个夏季里，萨拉却不可救药地爱上了不是一个，而是两个青年男子。

小说的结尾，感情受挫的萨拉，在亲眼目睹了发生在伦敦公园里的一幕之后，开始坦然面对自己最近所经历的一切。公园里，一位年轻的母亲一边残忍地对待自己的小女儿，一边却充满爱意地哄着自己还在襁褓中的儿子。小女孩缺乏母爱，却徒劳地想要去赢得母亲的爱和关注的样子，对萨拉而言，可谓再熟悉不过了。她一边不由自主地盯着这痛苦的一幕，一边想象着这位母亲的冷淡将会对这个小女孩一辈子产生怎样的影响。随即她意识到，自己也是因为早期缺爱，才会影响到她一辈子都在渴求爱，哪怕都六十多岁了，还是在渴求爱。她在心里默默地对小女孩说道："等着吧，等着吧。要不了多久，你心里就会有一扇大门关闭，

第二章
错误的开始

因为你现在感受到的一切,实在太令人难以忍受了。"①

然而,多丽丝·莱辛还没有来得及关闭心门去封锁原始的痛苦,就已经变得无法控制自己的愤怒。她的整个童年就是一段怒火不断的日子,这更加让她的母亲觉得她是个野蛮又狂躁的孩子,难免就会拿她去和脾气温和、富有爱心的哈里进行比较。哈里七岁以前一直被叫做"宝贝",不过他一直不动声色却立场坚定地反对把他当婴儿一样对待。

多丽丝跟父亲的关系与她跟母亲的关系有所不同。多丽丝爱她的父亲,并相信父亲也是爱她的。不过,她父亲不习惯公开表达爱意。事实上,麦克对人特别冷淡,莫德觉得这点很难应付。

莱辛没有提到她是怎么应对父亲对人冷淡这件事的。但是,她对父亲的记忆里有着难忘的身体接触,通常是和父亲那条木头腿有关。写到父亲的时候,莱辛采用的是非常形象而又寓意丰富的描写,并没有多余的反思和评价。这样就造成了一种看似无意却又显而易见的双关表达效果。莱辛这样描写父亲的腿:"又大又粗,滑不溜秋,见不得人的东西",却还装作似乎并没有意识到这样的话其实让人浮想联翩。她还回忆说,有一次自己被父亲举到马上,坐在他的前面,心里又紧张又兴奋,马儿一路颠簸,她不小心压到了父亲的肚子,顶在了"硬邦邦的"木条腿的绑带上。

对气味的描写向来是莱辛作品中非常有表现力的一个特点。在描写这次和父亲一起骑马的经历里,她也写到了记忆里让她躁动不安的气味。她非常清晰地感受到了马身上散发出的气味和父亲身上散发出的气味混合在一起,浓郁得让人感觉血脉贲张。②

总体而言,莱辛的自传文字里透露出对一个孩子而言非同一般、高

---

① 莱辛:《爱,再度降临》(*Love, Again*),第346页。
② 莱辛:《我心深处》(*Under My Skin*),第18页。

度敏感的性意识,这种意识只有那些性早熟又体验过性刺激的孩子才会有。莱辛还记得一些非常肉感的场面,比如他们住在波斯的时候,她的父母和朋友们一起游泳的情景。"松垮垮、肉嘟嘟的胸部。胳肢窝底下一缕缕的腋毛",完全是他们衣冠楚楚的日常穿着下"让人不适的袒露。"①

哈里稍稍长大一点的时候,全家人每天晚上都会打枕头大战。多丽丝记得自己一边兴奋不已地扔着枕头,一边歇斯底里地大喊大叫,等待着那个让她害怕却又让她激动不已的时刻降临——父亲过来一把抓住她,并把她的脸按在他的真腿和假腿之间。她能闻得见父亲胯间的味道,这种味道让她觉得头疼。父亲用力地咯吱着她,而她却感到脑袋里嗡嗡乱响,于是开始尖叫,最终哭了起来。大家本来希望她把这看成一项很好的体育运动,但是她领会的却是完全不同的东西。这种运动让她开始做恶梦。也就是在和这些噩梦对抗的过程中,她练出了应付黑暗的梦境所需要的各种本领。② 因为她这样描写父母,偶尔有人跳出来说,莱辛是个受到虐待的孩子。她不屑一顾地否认了这种说法,并指出当下人们对性虐待的关注简直疯狂到失去了理智的地步。

莱辛自己也承认,她写的《暴力之子》系列,是她"极具自传意义"③的小说。在这个系列里的第一部小说《玛莎·昆斯特》里,有一些场景难免让读者感受到了一丝乱伦的意味。其中有一个这样的场景:昆斯特先生走进卧室,发现自己正当青春的女儿正几乎一丝不挂地对着家里唯一的一面挂在墙上的镜子欣赏自己。这样的瞬间明显是紧张扭曲又不言而喻的。在小说的另一个情节里,父亲和女儿之间的一次偶遇所暗含的

---

① 莱辛:《我心深处》(*Under My Skin*),第 19 页。
② 同上书,第 31 页。
③ 冯·斯舒瓦茨科普夫访谈:《指戳时代的伤口》(*Placing Their Fingers in the Wounds of Time*),第 105 页。

第二章
错误的开始

深意则更为明显。玛莎穿着暴露的白色晚礼服到处找她的父亲,想给他看自己的晚礼服。她穿这种晚礼服是为了挑衅母亲,因为母亲仍然想让她穿小女孩的衣服。玛莎转身面对父亲,问道:"'我好看吗,爸爸?'他诡异而又烦躁地耸了耸肩,似乎想甩掉某种压力,又似乎有点不相信自己。'非常好看。'他慢腾腾地说道。接着,他突然恼羞成怒地大喊一声:'太他妈好看了,滚!'"①

如果说莱辛在描写她和生身父亲之间关系时,有意无意地让人感觉有些声色犬马,那么对于父亲是个残疾人一事到底作何感想,她也同样是讳莫如深。当她看到父亲靠在游泳池的墙上,看着妻子和朋友们在水里嬉戏,自己却因为少了一条腿而无法融入其中时,多丽丝到底作何感想?我们不得而知,因为她并没有告诉我们。

但是,我们在多丽丝另一段关于波斯的回忆里,的确能够隐隐猜得到父亲茫然无助的样子在她心中激起了何种感想。当时她母亲还怀着哈里,麦克有了新的职位,全家人都在赶着去大城市德黑兰的路上。他们坐在一辆敞篷车里,行走在陡峭的山路上。车子在山脊的羊肠小道上越攀越高,几乎是贴着悬崖边走着。多丽丝特别害怕目光往下,看到那些山谷上的悬崖峭壁。路上有一个拐弯的地方,到处都是石头,司机拐不过去,就让泰勒一家人下车步行,这样他就好试着把车拐过去。

莫德有孕在身,所以从车里爬下去显得很艰难,而多丽丝很清楚,父亲装着假肢,爬下车对他也同样不容易。从好不容易爬下了车开始,多丽丝就一直跟在父亲身后。一开始她觉得车子肯定会翻下悬崖,接着她又觉得头顶盘旋的那只大鸟肯定会用嘴把她叼走。于是,她紧贴在父亲的腿上寻求保护。她的一只小手摸到的是父亲温热的肌肉,令她觉得安慰不少。可是,另一只手却放在了坚硬的、没有生命的木头假肢上,自然

---

① 《玛莎·昆斯特》(*Martha Quest*),第69页。

无法获得同样的慰藉。

莱辛似乎以一种非常强硬的方式否认了父亲的残疾给她带来过任何烦恼不安。在回忆麦克的时候，她总是把木头假肢的出现，放置在一些对自尊心强的人来说可能会觉得颇具侮辱意味的场合下，而她笔下的麦克却总是泰然自若地面对一切。比如关于游泳池的那段记忆；还有在非洲的时候，麦克想要染指寻找金矿的生意，被人像放一只狗或者一个婴儿一样装到一只桶里，下到矿井里去的记忆；或者麦克费尽周折爬到树上的树房里去，而他的女儿却坐在里面等着，眼巴巴地看着父亲挣扎着往上爬的记忆。

麦克·泰勒对于自己调到德黑兰的事感到闷闷不乐。原因之一，就是他不再担任经理了，上面多了一个领导，工作上的事得早请示晚汇报。还有，他们现在住的房子总让他想起那些虚伪矫饰的英国房子，他一点都不喜欢这种风格。

而莫德却恰恰相反，她非常喜欢现在的新家，她丈夫讨厌的，恰恰就是她喜欢的。现在，她的孩子们终于有了一个体面的英国式婴儿房，上面挂着天鹅绒加蕾丝边的窗帘，房子里还有一个镶着黄铜边壁炉。更妙的是，她陈设考究的客厅里会坐满真正尊贵的客人。作为一个国家的首都，德黑兰可是"大使馆的大人物们"待的地方！说到这，你几乎可以听到莫德会发出多么愉悦的叹息声。

莫德的人生很快就再也没有像在德黑兰时期那么快乐的时候了。她经常穿着漂亮的衣服去参加野餐会、大使的招待宴、各种舞会、花园聚会和晚宴。莫德在家里招待客人的时候，每当客人们欢快地合唱着《通往曼德勒之途》和《印度情歌》时，她就在一旁给他们弹钢琴伴奏。莫德只在没有客人的时候才会弹她自己喜欢的古典乐曲，因为她觉得爱玩爱乐的客人们会觉得古典音乐没意思。

第二章
错误的开始

与此同时,麦克变得越来越暴躁。他的妻子在德黑兰这座城市的社交生活里如鱼得水,而他却猛烈抨击他目睹的一切,认为这些都反映了波斯社会腐败堕落的本性。他对德黑兰的反感丝毫不亚于他当年对战后英国的反感。毫无疑问,他对当地商界做事不择手段的厌恶,是出于更深层次的不满——很明显,他在波斯没有找到他想要的东西。他千里迢迢来到这里,却发现自己重新被他向来就讨厌的银行职员的工作所困,上不去下不来。最糟糕的就是他再次跻身于一个到处是英国同胞的社会环境,对他而言,这样的社会成了英国社会的缩影,而他却一心想要逃离那个国家。虽然生活在一个小说背景般的环境里,但是他在波斯的新生活似乎又走回了那条老路。也许他渴望自己的生活也像小说一样精彩。

第三章
崭新的开端

第三章
崭新的开端

在波斯待了五年之后,麦克·泰勒获得了一次回英国休假的机会。尽管他对祖国的感觉还是没有比他当初离开的时候好多少,不过,他对波斯的厌恶也算是积攒到一定的程度,因此,他很高兴可以回国去缓一缓。

因为假期是从夏季开始的,天气肯定热得出奇,因此莫德决定带着全家不坐船横跨红海回去,相反,他们会取道俄罗斯回到英国——尽管当时是1924年,刚刚成立的苏联还没有从多年革命带来的混乱中恢复元气,而列宁又刚刚去世。

因为很少有人能像莫德那样意志坚定,也没有几个人像她那样对政治动乱的后果一无所知,泰勒一家成了自十月革命后第一个横跨里海穿行到莫斯科的外国家庭。后来的日子里,莫德和麦克总会说起那次旅行,觉得那简直就是一场灾难。船上臭气熏天,莫德总担心一家人会得斑疹伤寒;麦克还得了流感,一家人又挤在一个小小的舱房里,孩子们差点就被传染了。

每当多丽丝听到他们后来满腹牢骚地讲起那件事,觉得他们每次都只不过是一遍又一遍毫无意义地重述那些苍白的细节罢了。她本人对那趟旅行的回忆,只留下了各种错综混乱的情感冲击,与他们嘴里说的那些艰难困苦一点都沾不上边。和她在自传里描述的其他记忆一样,在她的笔下,这趟旅行的记忆化成了无数富有象征意义的碎片,处处透露着朦胧的信息和主观的意义。

那趟旅行的第一段路程，也是最危险的一段路程里，一家人挤在一个狭小的舱房里，乘坐一艘破破烂烂的油轮穿越里海。这一切在多丽丝的记忆里，变成了是一片巨大无比、茫茫无际的空间，笼罩在危险的阴影之下。而她父母无法掩饰的焦虑，让一切都显得越发恐怖。

在某段描写这次旅行的文字里，莱辛说她母亲整晚都不睡觉，孩子们睡着之后，她就用灯光照着孩子们的身体来驱赶跳蚤。而在另一段文字里，她又说她的父母都不睡觉。不过，两段文字里都提到，她的父母并没有注意到多丽丝的胳膊没有照着灯光，因此，她醒来的时候，胳膊肿得老大，上面被跳蚤咬得红红的，而哈里却没有被咬到。

他们在巴库坐上了一趟火车，这趟火车实际上是用来运送士兵的，车厢里到处都是当兵的。气味再次出现在在莱辛的记忆里，这趟火车弥漫着一股奇怪的味道，车里的虱子比轮船上的虱子还要多，她母亲各处撒着杀虫粉，想要毒死四处乱窜的老鼠，却一点作用都没有。刚刚四岁的多丽丝，头靠在臭烘烘的窗玻璃上睡觉，靠着将脸紧紧地贴在窗户的裂缝上来避开车厢里阴冷潮湿、令人窒息的气味。

在俄国边境，莫德第一次受到了挑战，当时一个移民官说他们办的护照不对。莫德一点都没有被他手里的来福枪吓到，而是语气轻飘飘地告诉他"别犯傻了"①。麦克最爱对别人讲起这段故事，每次跟朋友讲起来这件事，他都会笑到眼泪都流出来。莫德可没觉得这有什么好笑的，她只不过是尽一己之力，维护自己的权利罢了，这办法不是也的确管用了吗？

还有一点莫德没有料到，那就是火车上居然不供应吃的。中产阶级出身的她从来没有想到，火车上居然没有餐车。事实上，她只能时不时从不同的车站下车，从站台上挤成一团的农民们手里买点吃的，通常也只能买到一些煮得硬邦邦的鸡蛋和几块面包。在多丽丝看来，口粮供应

---

① 莱辛：《我心深处》（*Under My Skin*），第 18 页。

第三章
崭新的开端

差也就罢了,让她更受不了的,就是每到一个车站,就有穿得破破烂烂的男男女女和小孩子们透过窗户往里看,那些人脚上裹着破布,在那里向人乞讨。她一辈子都忘不了这一幕。

有一次,有可能是找吃的比以往任何一次都困难,莫德下车去买吃的,却没有能及时赶回来,火车没有等她就开走了。多丽丝的心里除了恐惧还混杂着各种复杂的情感需要。那一刻,她非常渴望她曾经憎恨的母亲马上回来,她觉得自己被抛弃了。

这段记忆,让多丽丝脑子里闪过一个念头,那就是麦克这个人其实很脆弱。她爬到父亲的身上,想要得到他的安慰,确认母亲一定会赶回来和他们相聚。可是她发现父亲只是一直默默地看着孩子们分食着剩下的葡萄干和唯一的一个鸡蛋。这时她突然意识到,要是葡萄干和鸡蛋吃完了,父亲是没有能力像莫德那样跳下火车去找食物的。自己当时怎么忍饥挨饿的事,她全然不记得了,只是后来从父母的嘴里得知她当时总是一副饥肠辘辘的样子。每当她回想起母亲走丢的那件事,总是看到浮现在她脑海里的那个小女孩,其实想要的并不是食物。

莫德花了一天多的时间才赶上他们。她觉得颇为自豪,自己居然在一个动荡不安的国家里完成了这样一个壮举,更何况她对这个国家的语言一窍不通。她当时挤上了另一趟火车,然后告诉那趟火车上的那些不称职的乘务人员——当然是她觉得人家不称职罢了——给她的家人乘坐的那趟火车发个电报,保证那趟火车等到她赶到了之后才出发。

到了莫斯科以后,他们一家住的那个旅馆也成了莱辛最深刻的记忆之一。她记得当时只有四岁的自己,站在旅馆的走廊上,看着形形色色的人们消失在旅馆房间的门后。旅馆的门把手太高了,她够不着,就扒着门哭着喊着要进房间去。虽然后来莱辛知道这事可能也就持续了几分钟的样子,可当时她觉得好几个小时过去了才有人把门打开。那种被家人关在门外却打不开门的记忆,始终萦绕在她的脑际,让她觉得惊恐无助。

这些深刻的记忆一直让莱辛深深着迷。她沉迷在所谓的自传式回忆里,陶醉于把自己的感官当工具来抓住自己的过去。气味是一种尤其能唤起人的感觉的工具。回忆非洲的时候,她的鼻子嗅到了"伴雨而来的气息,那妙不可言的潮湿的泥土味道"。① 而后来有一次在新加坡访问的时候,一闻到干燥咸鲜的东方味道,她立刻就想起了遥远的波斯,想起了那间巨大无比的婴儿房里那个小小的女婴。

莱辛的记忆是否真实,总给人一种扑朔迷离的感觉。她自己也在第一部自传《我心深处》里提出了这样的质疑——我们如何断定,我们记住的一切,就一定比没有想起来的事情更重要呢?她如何能够重拾孩提岁月的各种体验?还有,为何她的记忆总是那么忧伤,完全掩盖了肯定也曾有过的幸福瞬间?

> 人们都说我的记忆力很好。我的记忆力是不错,可是说了这么多,人的一生却还是有那么长的日子都是一片空白。那么,到底是什么原因,让一个人记住了某个周末,或者一周的生活,而其他日子却是一片空白?"②

莱辛承认,自己的回忆总是随着年龄的改变而不断发生着变化。她七十岁时写的自传,要是在五十岁的时候就写出来,内容肯定不一样;而要是到八十岁再去写,内容可能又不一样了。回忆不断改变,这样我们就可以不断重写我们的人生。而且,莱辛还认为,你甚至可以臆想出根本不存在的场景,而且这样的场景甚至比实际发生的事情还显得更为真

---

① 莱辛:《〈受伤的白人〉采访笔记》(*Note for Interview for 'White Wounded'*)。
② 洛佩特采访(Lopate interview)。

第三章
崭新的开端

实。毫无疑问,主观真实比客观事实更"真实"。一些评论家建议那些发现莱辛的回忆录并不能引起情感共鸣的读者,去读一读《玛莎·昆斯特》或者《金色笔记》来感受她年轻时到底是怎样的一个女人。

莱辛非常清楚,儿时的记忆虽然印象深刻,但也难免会添枝加叶。她对俄国之行的叙述,通过鲜明的对比,道出了一个事实,即儿童对外在恐惧的敏感,而成人为了生存却有能力忽略这一切。假如莫德·泰勒和她年幼的女儿一样,对一切感到愤懑不满,那么她就根本不可能克服途中的重重困难。

多年来,多丽丝·莱辛一直想写一部从梦境或者梦境般的记忆的角度进行叙述的自传。这就成了后来的小说《幸存者回忆录》(1974 年出版),她称这部小说为"我想象出来的回忆录"①。在这部小说里,叙述者知道有一个少女住在与她一墙之隔的一个平行世界里,她意识到这个少女就是年轻时候的自己,而这堵墙将现实与梦境隔离开来。莱辛认为,现实与梦境是完整构建人的过去的两大要素。因此,她对评论家和读者们对她已经表述得非常清楚的自传初衷视而不见颇为震怒,觉得他们根本就没有跟上她用想象的手法来描写现实故事的节奏。

和家人在英国度过的六个月假期,在莱辛的记忆,只留下清一色的恐怖和丑陋。她的记忆里没有漂亮的花园和茅草顶的房屋,只有阴冷潮湿的气候,鱼贩子货车上各种恶心的死鱼,或者肉店里可怕的带血的牛排,更不用提那些以前素未谋面的亲戚们令人厌恶的面孔了。在幼小的她看来,这六个月,简直是度日如年。

麦克·泰勒和他女儿一样讨厌英国的生活,但是,他没有勇气回到德黑兰,也不敢再去过那种在他看来腐败堕落又毫无价值的生活。当然,他

---

① 罗素采访,《观察的习惯》(*The Habit of Observing*),第 148 页。

也很清楚,莫德是迫不及待要回波斯了。他似乎深陷两难,无路可退。

后来有一天,泰勒一家决定去参观1924年的温布利帝国展览会。在展览会上,他们看到南罗德西亚展览小摊子上挂着一英尺半长的玉米棒子做装饰,门口还立着一个大幅的海报,上面宣传说种玉米五年之内就可以致富。麦克从小和农民的孩子一起长大,甚至还有很多当农民的亲戚,看到这个,他觉得自己再也不愿意为银行贡献自己的余生了。当时他手头有一千英镑左右的积蓄和为数不多的参战补助,加上退伍军人在非洲买地还享受特别优惠,冲动之下,他买下了1500英亩的土地,并决定搬到南罗德西亚去。

刚刚离开了德黑兰多姿多彩生活的莫德,又不得不忍痛离开她心心念念的家乡伦敦。不过,她跟丈夫一样迫切地向往非洲的生活,其中原因之一,就是她也和麦克一样相信展览会的宣传上所描述的前景。她觉得这次搬家是暂时的,毕竟,五年之后,他们就又有钱搬到别处去了。

莫德还有一个想法,她认为他们是搬到肯尼亚去,而肯尼亚当时可真算得上是个非常时髦的地方。为此,她还专门配备了上等生活所需要的一切——漂亮的衣裳、钢琴、名片,还有照顾孩子的女管家。

路上走了好几周的时间,麦克基本上一路都在生病。然而,莫德却非常享受这段旅程,后来证明,这也算是她人生中最后一次享受她非常热衷的花花世界了。她每天打牌,玩甲板游戏,听音乐会,吃过晚饭后,就穿上漂亮的衣服去和别的乘客跳舞,她甚至还和船长跳过舞。她强壮结实的体质让船长印象深刻,他们结下了真诚的友谊。海上风浪大的时候,甲板上就只剩下了船长和莫德,因为其他人都晕船,就回到船舱里待着去了。

和他们一起前往南罗德西亚的女管家叫碧迪·奥哈洛蓝,当时只有二十一岁。她跟她的女主人一样,满心渴望非洲的美好生活,对自己照看孩子的职责却根本没有放在心上。船上生活的夜间常规,就是多丽丝和她弟弟上床睡觉,而莫德和碧迪则穿着她们最美的衣服去船上的酒吧

第三章
崭新的开端

里。她们会将舱门锁上,这样孩子们就出不来了。哈里每次都很听话,很快就睡着了,可是多丽丝却觉得母亲这种做法非常不公平,心里总是愤恨不平,所以总是睡不着觉。莫德哄她说,她一定不会喜欢这种大人的活动的,可多丽丝却很愤怒,母亲为什么要凭空猜测自己的感觉。她觉得母亲又在撒谎,就像以前跟她说哈里是她的孩子一样。

有一天晚上,多丽丝终于想到了一个办法来平复自己的愤怒。哈里睡着了以后,她找到了她母亲的指甲刀,在莫德最喜欢的一件衣服上剪了好多的洞。莫德被吓到了,不过她并没有惩罚多丽丝,而是将她抱到大腿上,对她大讲了一番关于爱和要对爱自己的人好的道理。

莫德总是用爱来压制别人。不过,虽然她嘴里总念叨着爱呀爱的,可是多丽丝并没有觉得母亲对自己有这种感情。莫德当然也不会承认这个可怕的事实。母女之间就该互亲互爱,任何其他的可能都是一种亵渎,莫德的良心绝对不会接受这样的亵渎。

到了罗德西亚之后,莫德、哈里、多丽丝和碧迪就待在利弗迪亚,住在一个由一圈茅草屋组成的大院子里,而麦克则到附近找住的地方去了。利弗迪亚离首都索尔兹伯里(现在的哈拉雷)有二十英里远,这个地方的黑人居民早都被迁到"原住民保留地"去了,或者被通知去找一些白人没有占据的地方住了。莱辛带着嘲讽的口吻说,这就叫做:"将文明带入野蛮社会。"① 多丽丝虽然很少公开批判她父亲有种族主义态度,但毫无疑问,他的种族偏见虽然没有他妻子那般强烈,但是他同样也有当时在白人中屡见不鲜的殖民主义思想。

麦克找到一处他认为合适的地方后,就回来接莫德一起去看。多丽丝和哈里就交给碧迪看管了。碧迪更喜欢哈里,院子里其他的小孩玩游戏的

---

① 莱辛:《我心深处》(*Under My Skin*),第50页。

时候也都会叫上哈里,却常常排挤他的姐姐多丽丝。大孩子们恃强凌弱,常常一大群人聚在一起,毫不手软地欺负只有五岁大的多丽丝。就在不久前,多丽丝还不得不在一个陌生的地方应对母亲突然丢失的局面,而此时此刻,她又要在另一个陌生的地方面对父母双双消失的情形。

在孩子的眼里,父母不在的那短短几天,日子仿佛长得没完没了。她用各种方式发泄着自己的焦虑,赖在地上不起来,总爱乱喊乱叫,凡是够得着的东西就偷,偷一些小饰品,甚至还真的偷了钱。不过,她偷东西不是为了换取什么,而是为了表达内心的恐惧和伤痛,也是为了报复。要是她母亲真的能够在那样的时候回到家里,听听她的女儿变得多么叛逆不羁,没准还真的能起到很好的报复效果。

莫德确实听说了多丽丝的行为,可她认为这是小孩子的日常生活被打乱造成的,他们一家子在外旅行的时间太长了,生活缺乏所有小孩都需要的规律性。说干就干,她加快了搬往新家的计划。

父母回家不久之后的某天早晨,多丽丝、哈里、碧迪,还有他们的母亲,坐上了一辆由十六头牛拉着的运货车,麦克骑着马一路跟在旁边。虽然货运车的车厢都快塞满了,可是他们的家当还没有能够全部拉上车。那些值钱一些的大件家当,像钢琴、几块波斯地毯、几件纯银的餐具等等,都通过火车运走了,还有几码用来做窗帘和床上用品的英国布料也放到了火车上。

坐在一架封闭的牛拉货运车上,这样的旅行当然显得很原始,可是对于最近因为愤怒和焦虑而情绪不稳的多丽丝来说,这次旅行充满了慰藉——痛苦的过渡期终于过去了。

自从这次搬家的路上,看着"一盏防风灯晃悠悠地"照亮"路两边黑魆魆的灌木"[①]那一刻起,多丽丝便爱上了非洲。

[①] 莱辛:《我心深处》(*Under My Skin*),第 51 页。

第四章
插叙故事

多丽丝·莱辛从小生长的乡村有好几条河流,河流的两岸长着姿态优雅的树林,树林里夹杂着一堆一堆尖利的石块和高耸的岩石。这些山岩也叫做"kopjes"(孤丘),是非洲独有的奇特景观,它们最为令人称奇的一点,就是它们能经得起数百年的风吹日晒。"kopjes"本来是荷兰语,但是说英语的非洲人都会说这个词。

莱辛小的时候,她生活的这个地区被叫做南罗得西亚。它坐落在南半球的南回归线以北,全国都属热带地区。雨季里,大草原水草丰茂,满眼青葱翠绿;雨季结束,青草枯萎之时,草原依旧美丽动人,枯萎的干草变成了闪闪发亮的金黄色。这片非洲的高原绵延四百公里,有一个五十英里宽的中心高原,是南非的一个制高点。

莱辛一家就生活在这片土地。它最高的地方叫做东部高地,高度达到了六千英尺。它的北边是赞比西河河谷,高原在这里猛地降到了只有一千五百英尺高。中等高度的地区则离海平线大约为两千到四千英尺高。而离海平线只有不到两千英尺高的低洼地带,在赞比西河河谷形成了一小片陆地,并在这个国家的东南角形成了一个宽阔的带状陆地。

这个国家虽然没有海岸线,但是有两条著名的河流环绕着这片土地。它的北面,波涛汹涌的赞比西河将南罗得西亚(现在的津巴布韦)和北罗得西亚(现在的赞比亚)一分为二;而它的南面,相对平静舒缓的林波波河构成了它和南非共和国的自然国界线。

第四章
插叙故事

赞比西河起源于安哥拉山脉,流经赞比亚,途中分成几条支流,一路流向津巴布韦边境。赞比西河沿着边境,流经宽达一米多、高达 355 英尺、雄伟壮观的维多利亚大瀑布,从瀑布上一跃而下,蜿蜒前行。瀑布上常有彩虹出现,有时是一道,有时是两道,将夜空和白昼晕染得绚丽多彩。维多利亚瀑布时常水汽蒸腾、迷雾漫漫,倾泻而下的水流发出巨大声响,当地人因此将它叫做"怒吼的烟雾"。

如果说多丽丝·莱辛被非洲草原无与伦比的美丽所深深打动,那么,在她之前来到这里的塞西尔·罗德斯(Cecil Rhodes)也同样是被它恢宏壮丽的自然风光所深深折服,只是深深的一瞥,就想将其据为己有。罗德斯 1870 年来到非洲南部,当时他才 17 岁,得了气管病,只是希望那里的气候能够治愈他脆弱不堪的肺部。但是他立刻就被这片土地奇幻美丽的面貌所吸引。有一次,他站在马托博山脉(Matopo Hills)望着远处的地平线,大声宣布说,眼前展现的一切,让他看到了"全世界的风光"。①

作为罗德西亚的创立者,罗德斯非常确信,英国人统治非洲是一件非常符合道德的事情。他是一个价值观和做人行事自相矛盾的人。他毕生追求财富,欲求不满,却有着简单朴素的品味;他的成人生活大多在远离英国的地方度过,却满怀对祖国的热诚;他热爱非洲的原始面貌,却为了英国的统治坚定不移地不断吞噬它的土地;他将成群的黑人驱离他们的土地,为了个人目的无情地驱使他们,而尽管如此肆意侮辱和蓄意破坏,他却还是成了唯一一个获得祖鲁王室以"巴雅提(Bayete)"致敬的白种人,曾经被他征服的人民还为他举行了与国王同等规格的葬礼。

罗德斯曾经构想建立一个英国人、非洲人(荷兰裔的南非人)和土著部落和平共处的国度。然而,他最大的梦想,就是建立一个覆盖从好望

---

① 考拉:《罗德西亚的国与民》(*The Land and People of Rhodesia*),第 63 页。

角到开罗的英国独控地区。当时流言四起,说那里的大片地区都富含矿产,为了实现梦想,他决定利用这些矿藏。

当地可能富含矿藏这一发现,对一个正在经历巨大转型的世界而言意义深远。1870年,罗德斯踏上非洲这片土地的时候,正值德国和法国打得不可交之时;美国正在经历内战巨变后的重建;苏伊士运河重新开放,美国和欧洲都在热带国家寻找各类原材料,以便满足工业革命后如雨后春笋般冒出来的各类工厂的需求;国际金融正处于萌芽阶段,越来越多野心勃勃的人发现这是一夜暴富的好方法。

因此,当罗德斯听说林波波河北面——当时还叫做马塔贝莱兰(Matabeleland)——有巨大的矿藏财富时,他决心为他热爱的英国夺得这片土地,并设想把它建设成一个和美利坚合众国类似的联邦国家。

罗德斯在计划入侵非洲的时候就非常清楚,有些人会认为将非洲的土地从统治它的酋长们手里夺走是不道德的行为。但是他为自己辩解说,夺取非洲的土地是有益于黑人的行为,因为他们将学到英国的价值观和理想,从而变得"文明"。

罗德斯很清楚,他垂涎的马塔贝莱兰并非一片净土,生活在那里的马绍纳兰(Mashona)部落好不容易才被洛本古拉国王(King Lobengula)强权统治下的马塔贝莱兰(Matabeles)征服。国王想将所有缠着他要矿藏开采权的白人拒之门外,但是他又不想和他们开战。他希望通过不和白人入侵者公开对抗的方式去避免自己被打败,这样就可以为他的国民守住他的国家里尚未开采的财富。不过,洛本古拉经常动用各种武力,从北面和东面往马绍纳兰去扩张他的势力。

1888年年初,罗德斯派了一队人马去会见洛本古拉国王。他不辞辛劳地教这些人该怎么和国王交谈。经过几个月的商谈之后,罗德斯的代表,一个叫做杰·斯·莫法特(J. S. Moffat)的传教士,终于和洛本古拉达成了协议——英国以保护国王为条件,获得矿藏的开采权。根据人们的口头传说,莫法特之所以能打动洛本古拉,是因为他对国王说,和一个英国人打交道,比去对付一波又一波来自不同国家的人要简单多了,那些国家的人不仅都没有英国人讲信誉,而且还贪得无厌,想要开采国王的所有土地。

接下来几个月发生的事情简直是对这段说辞莫大的讽刺。条约签订不久,罗德斯、他的代理人、竞争者、英国皇室、其他欧洲列强以及洛本古拉国王各方之间就开始了各种尔虞我诈、勾心斗角。时至今日,当时纠结复杂的局面仍然是许多历史学家们争论不休的话题。

然而,结局却是一目了然的。1890年,罗德斯成立了所谓的"先锋纵队",由二百多来自不同行业的殖民者组成,其中大部分人是采矿人或者农场主。这些人在五百名"特许警察",也就是雇佣军的保护下,长驱直入黑人的国家。

他们一路北进,穿过马塔贝莱兰进入临近的马绍纳兰,并宣布两个地区都隶属罗德斯的"英属南非公司"(通常被称为特许公司)。1895年5月3日,英属南非公司正式以其首脑塞西尔·罗德斯的名字为这片土地冠名。"世上有过什么人用自己的名字来命名国家的吗?"罗德斯问道。"现在,我并不在乎他们会怎么对付我。"①

一年以后,罗德斯可就没有这么心情舒畅了。马绍纳和马塔贝莱两个部落最终化干戈为玉帛,开始联手对抗他们的白人征服者。十分之一的白人都战死疆场,但是氏族部落终究还是敌不过被派来增援的英国军人。

作为投降的交换条件,黑人们得到承诺,可以重新回到白人占领之前的部分土地上生活。虽然大部分承诺都兑现了,但是英属南非公司却仍然保有对这些土地的主权。那些拒绝投降的黑人遭到追杀,很多人都

---

① 考拉:《罗德西亚其国其民》(*The Land and People of Rhodesia*),第67页。

被施以绞刑。

多丽丝·莱辛的作品《非洲的笑声》(*African Laughter*, 1992年出版),记录了她在时隔三十年之后四次重回家乡的见闻,在这部作品的序言中,她写道:"英国这一段历史并没有什么值得自豪的地方,然而,镇压马绍纳兰反叛的故事,却被当做光荣的成就传授给了白人的孩子们。"①

很显然,很多白人居民都持有这样的观点。因此,当1980年罗德西亚改名为津巴布韦时,他们都觉得无法接受。要是莫德·泰勒那时还活在人世的话,毫无疑问也会有同样的感觉。

1991年,多丽丝·莱辛在一次采访中说,她母亲"就是对我做什么都讨厌,她讨厌我写的短篇小说,讨厌我所有的作品"。当记者问,这是不是因为莫德不喜欢女儿成为作家时,莱辛回答说:"不,不是的。要是我写点别的——比如《塞西尔·罗德斯传》什么的,就好了。她这人,满脑子都是对塞西尔的崇拜。"②

---

① 托马斯:《罗德斯传》(*Rhodes*),第112—114页。
② 罗伯茨:《塞西尔·罗德斯》(*Cecil Rhodes*),第207页。

第五章
筒骨乐与肖邦曲

麦克·泰勒1924年用自己有限的资金和从土地银行贷的款买到了1150英亩原始森林,这片林区位于罗德西亚东北部洛马贡迪的班克特地区。班克特离首都索尔兹伯里虽然只有七十英里,却是一个人烟稀少的地方。那里的农场都非常大,彼此之间相隔有数英里之远。可是在多丽丝看来,离开了伦敦狭窄的空间和拥挤的街道,眼前这片荒无人烟的空旷原野显得壮美非凡。

泰勒家的土地没有加篱笆,这就更给人一种广袤无垠的感觉了。有两条河流穿过这片土地往七英里外的一群山脉流去。群山的那一面,再经过数英里的原始林区,便是西班牙的领土了。一些想要逃离他们的白人主人或者因犯了小错而被追捕的非洲土著,就会翻过那些片山脉,带着满怀希望逃到那里的边界去。

洛马贡迪当时也是塞西尔·罗德斯矿产帝国的一部分。采矿仍然是很多殖民者乐于从事的职业,不过麦克·泰勒怀揣的可不是那样的梦想,他迫不及待地要当个农场主,迫不及待地想要穿着舒适的卡其布衣服整天待在户外,而不是穿着西装被关在银行的办公室里。

他们需要在买来的土地上开出一块地来建住家用的房子,不过这还得过些日子才能办到。泰勒一家因此只好和另外一些新来的居民一起,借住在罗德斯的英属南非公司以前留下的小金矿里。南罗得西亚1923年9月成为半自治的英属殖民地之后,就不再由英属南非公司管理了。

第五章
筒骨乐与肖邦曲

泰勒一家待在小寓所里,第一次见识了非洲的虫子,它们和大草原、野生动物一样,是非洲的一部分。一家人渐渐意识到,在罗德西亚生活就需要经常和各种昆虫打交道,尤其是蚂蚁。不管想什么办法来隔阻,成群的蚂蚁总会像布帘一样挂在墙上,向四面不断延伸着。蜘蛛、甲虫和黑马蜂总是在房子里四处乱爬、肆无忌惮,完全把住家的房子当成了荒郊野地。

有一天晚上,多丽丝和哈里在蚊帐里睡觉——在非洲,晚上必须挂蚊帐防蚊子——邻居家一个年龄稍大点的女孩子走进了他们的屋子,懵里懵懂地把她手里点着的蜡烛放在了离多丽丝的小床不远处的一个箱子上。当时女孩还没离开,恰好莫德进来查看孩子们睡觉,看到燃烧的烛火,她一个箭步跨过来抓住蜡烛,多丽丝一下子惊醒过来。在莫德看来,如果多丽丝当时伸出一只脚或者一只手,蚊帐必定会碰到蜡烛,然后很快着火,而火势很可能会向她弟弟那边蔓延,甚至还会烧毁本就不堪一击的茅草屋。

莫德冷着脸,一副不可思议的样子看着犯了错的女孩嘤嘤哭泣,没完没了地教训着她,斥责她怎么能够做出这种没脑子的事情来。莱辛觉得,莫德的反应,不仅仅是因为她出于母性的本能想要保护孩子,还是因为她没有意识到,别人其实都不如她聪明能干。莱辛本人也经常会对书迷们提出的一些"愚蠢"的问题置之不理,这或许也可以看做是她继承了母亲的本性,对那些没她们聪明伶俐的人总是不屑一顾。

麦克·泰勒让那些流离失所的非洲土著们建造的房子,是用丛林里的"土啊,草啊,树啊"①等原材料建成的,叫做树枝泥土屋,就是非洲当地人家居房的样子,只不过要比那些土著的房子大得多。对白人居民来说,这样的房子只是个临时居所,能住个一两年就够了,等着以后农场或

---

① 莱辛:《回家》(*Going Home*),第 31 页。

者矿山挣了钱,他们就会用砖和石灰造更好的房子来住。

麦克每天都会去建房子的地方看看。农场在"小老板"的监督下渐渐有了模样,他和监工坐在一根枯木头上,讨论着眼前的工程进展。监工过程中,麦克通常吸着他的烟筒,而"老烟鬼"监工——他的诨名自然是因为他的爱好得来的——则吞云吐雾地吸着当地产的大麻。

莫德·泰勒有时也会在午后和丈夫一起来看看。她总会带着孩子们一起来,好让他们亲眼目睹自家的房子渐渐成型。多丽丝坐在父亲那条好腿上,听着工人的号子,看着从大自然来的材料被搭建成结构精巧的房子。

建房的时候,要先把灌木清除,腾出一块空地来,这样就好按照房子的布局来挖沟。房子的构造一般都是长长的、窄窄的样子。树木被砍成设计好的大小,然后捆到一起搭成架子。泥巴糊在树枝上,就变成了房子的墙。在非洲,人人都知道蚂蚁堆上的土是最好的建房材料,因为蚂蚁们的咀嚼,其实相当于把泥土进行了均匀的搅拌。工人们将蚂蚁堆上的土浸泡过后,就用脚将泥土踩到合适的粘度。多丽丝和哈里得到允许也可以帮着踩土,他们弯着脚趾踩着黑黑的、凉凉的泥土,闻着它散发出的甜丝丝的味道,能亲手帮着建造自己家的房子让他们兴奋不已,觉得所有的一切都让他们心里美滋滋的。

莱辛还记得,工人们在一个蚂蚁堆下面发现了一个部落酋长的头盖骨,后来,他们就不愿意再用那个蚂蚁堆的土了。不过,发现头盖骨之前,工人们已经把那个蚂蚁堆上的土和建房子的泥巴揉到一起了,因此,莱辛写道:"我家房子的墙上有着那个国家的人民的血和肉。"[①]

工人们割来最长的草,编成了又厚又沉的茅草屋顶,接着把门和窗户安装起来,最后再将地面修整完毕。然后他们把牛粪、新鲜的牛血、水

---

① 莱辛:《回家》(*Going Home*),第 31 页。

第五章

筒骨乐与肖邦曲

和蚂蚁堆上的土搅拌在一起,用力踩踏着使泥土变得光滑,等到土里连看不见的小硬块都被踩碎之后,他们就用油毡布把泥土盖起来。

看着房子拔地而起的日子真是一段欢乐的时光。别的农场主都建议麦克不要将房子建在山丘上,要不然他们的物什、家具、粮食这些东西,就非得用牛车拉着才能运上那个陡坡。但是夫妇俩都觉得山丘上风景特别好,就算是费点力气去应付运输方面的困难也是非常值得的。

这座房子一共有四间屋子,多丽丝的卧室就在第三间。这个房间光线充足,空间宽敞,有一扇单独的门通到外面。多丽丝在门缝里塞一个石头,让门半开着,这样就能看到雄鹰从天空滑翔到地面的样子。打开门还能看到十英里外的一座山,因为山上出产铬矿,这座山就被人称作铬山。

卧室外面壮观的南罗德西亚自然风光对莱辛影响深远。在她的经典作品里,那些最能激发人的感官体验的描写,就是对鲜艳明媚的色彩和丰富多彩的大气变化的描写。这些都是她幼年时期的亲身感受——红艳艳的土地,黄澄澄的太阳,绿油油的玉米地,玉米杆子会在季节变化的时候干枯,太阳照在上面,就会闪耀出金子般的光芒。天空中有时蓄积着水蒸气,有时布满了烟雾,有时又飘荡着各色尘土。多年以后,多丽丝在伦敦安了家,然而,在非洲经历过的一切,让她觉得伦敦死气沉沉的生活格外令人难以忍受。

这座建在山丘上的小屋的前厅,装了满满一圈的窗户。莫德兴高采烈地说它"就像一艘船的船头一样"①这个房间里摆放着她钟爱的一切物件——虽然她再也回不到过去的生活了——自由牌的窗帘、东方挂毯、她的钢琴,以及一些装饰豪华得吓人的银器。不过,大多数家具则是用汽油桶和石蜡桶做的,黑魃魃的颜色上面布满了斑斑锈迹。为了让它们

---

① 莱辛:《鲁莽的女儿们》(*Impertinent Daughters*),第66页。

看起来顺眼一点,莫德想尽了办法,要么给它们染上颜色,要么拿一些面袋子绣上花,做成罩子盖在上面。

夜晚,多丽丝总是听着妈妈的钢琴声入睡,平淡无奇的古典乐曲混合着住在山下的工人们敲打筒骨的声音。多丽丝非常清楚,那些工人们正在欢快地跳着舞蹈,他们也许在简陋的茅草房子前点了一个火堆,然后围着它跳着舞着。鼓声一直不断地响啊,响啊,响着。多丽丝常常就这样在筒骨的节奏和莫德的钢琴声中慢慢地沉入梦乡。在她的心目中,这两种音乐相辅相成。"我还记得,当我后来发现非洲筒骨音乐和肖邦根本不是一回事的时候,觉得非常震惊。"[1]

尽管莱辛对母亲怀着深深的愤怒,但她自己也承认,她偶尔也会忍不住同情她。因为物质匮乏,他们的生活本来有很多的不如意,让人觉得非常糟糕又无比痛苦,可是莫德却能一如既往地从容应对。别的人家总是抱怨生活条件不好,说买不到在英国随处可见的各种食品和其他物品。莫德虽然也会跟着他们一起嚷嚷,但是她总会用行动去化解一切。

莫德将自己变成了肉身的聚宝盆。她种了好多的蔬菜和水果,一家人吃都吃不完。她还自己做奶酪、果酱和果冻,哪一样的味道都比他们在当地唯一一家货品匮乏的小商店买的要好得多。甚至,她还自己喂养鸡和兔子。当地人人都敬重莫德聪明能干、足智多谋。

但是,她也有克服不了的困难。他们生活的区域土地稀薄贫瘠,总有各种耕种方面的问题。她虽然热爱自己的国家,但心里也很清楚,对于他们搬迁进来的这片土地,他们的政府没有说实话。庄稼长得稀稀落落,还要常常遭遇蝗虫袭击、枯萎病、草原火灾和致命的干旱等等各种灾害。

---

[1] BBC访谈:《沙漠之岛唱片系列》(*Desert Island Discs*)。

第五章
筒骨乐与肖邦曲

最可怕的一点,是莫德在刚搬来还不到一年的时候,就开始意识到她丈夫对于农耕的热爱并没有在土地上产生任何效率。他并不是在应对现实生活中的问题,而是沉浸在个人的幻想当中。他优柔寡断、尖酸刻薄,被动地接受命运的变化无常,而莫德则崇尚理智,知道人必须不断地和命运抗争。

碧迪·奥哈洛蓝在他们刚搬进新家不久就走了。她想过更加轻松欢快的生活,可这个雇主经济窘迫还百般挑剔,况且还有一个难以管教的女儿。这样一来,莫德就不得不一边承担很多其他的责任,一边还要全身心照顾孩子,而周围的氛围跟她的都市品味和人生经历各方面都格格不入。曾经优雅的德黑兰英国淑女发觉,自己已经变成了能一把抓起丈夫入伍时用的手枪,对着一条在花圃里游走的毒蛇就是一枪的悍妇。

展现这样的才能对莫德来说可不是什么让人骄傲的事情。这些事只会提醒她,她的人生现在变得多么悲惨。而且,事实上,所有的胆大无畏,一切的权宜应付加上破碎的梦想最终带来了恶果。第一年还没过完,莫德突然就病倒了。她躺倒在床,整整一年都没有起来,自己说自己得了心脏病。当地的医生不知是医术欠佳还是跟其他人一样——多丽丝除外——怕惹恼了她,居然肯定了莫德的判断。

莱辛后来回忆的时候,有点不能理解,莫德作为一个护士,为什么不知道自己其实是陷入了情绪崩溃的痛苦当中。她认为母亲生病的部分原因,是因为她特别看重社会地位。泰勒一家的邻居们主要是苏格兰裔,他们生活节俭、坚定虔诚,丈夫们在贫瘠的土地上辛勤耕种的时候,主妇们在家里奋力盘算着怎么勉强度日,有些主妇甚至只能靠喝酒来安抚自己的困境。而另一个区里主要住着英格兰和爱尔兰裔人士,那里的土地要富饶得多,人们也要富有得多。尽管这两群人很少互通来往,莫德和麦克却和他们都搅和在一起。他们跟属于劳工阶层的苏格兰人相处,是因为他们是邻居;他们跟那些富有的英格兰人和爱尔兰人相处,是因为莫德觉得自己需要更"体面"的伙伴。可是麦克尽管跟邻居们不是一个阶层，却跟他们更有共同语言。

也许是父亲的伤病蒙蔽了莱辛的视线，她直到长大成人之后才意识到，那些跟她父亲在各种社交场合聚在一起的男人们都有着在一战中活下来的经历，其中有好几个人都和麦克一样，要么装了一个假肢要么带着眼罩。他们闲谈的时候，经常会交流子弹碎片在身体里移动时的感觉。一个男人的脑袋里有一块钢板，还有一个则在肠子里装了一片钢板。在招待泰勒一家的那些人家里，人们经常会传看过世的丈夫、儿子或者兄弟们的照片。

莫德虽然不喜欢这些人经常谈论战争，但是她觉得最起码他们都是"不错"的人。回到她自己生活的区域里，这位身边总是围着一堆聪明伶俐、出身良好的朋友的女子，可是决不会和那些只会谈园艺、针线活和菜谱的平常主妇们一起打发时光的。她非常渴望伙伴，但是她却不想被人看见跟那些平庸无趣的人待在一起。然而——这也许最令她心碎的一件事——表面上，她的生活跟这些人并没有什么两样。

毫无疑问，莫德的抑郁还有更深层次的原因。她发觉自己掉进了一个无法逃脱的陷阱——租赁条款意味着他们在五年之内不能离开农场。情绪灰暗的时候，莫德觉得自己可能会在这个不开化的国度，住在原始的房子里，看着一片蛮荒的风景过完自己的一辈子。而莫德所痛恨的一切，恰恰是多丽丝深深热爱的一切，这一切使得母女俩渐行渐远。

莫德每天会把孩子们叫到床前好几次，希望他们能够安慰她。"瞧你们这可怜的病秧子妈妈！"她自怜自艾地悲叹着。她这样说，是希望哈里和多丽丝能够用表达爱意的话语、拥抱和亲吻来回应她。哈里总是热情回应，多丽丝也会勉强给个拥抱，但是内心深处，她却非常想避讳这些。在母亲床前的内心挣扎让她感觉非常糟糕。很快，母亲再叫她的时

第五章
筒骨乐与肖邦曲

候,她开始拒绝靠近。她不相信母亲是真的病了,所以当父亲催促她快到母亲床边去的时候,她就把心里想的话一股脑儿对父亲说了出来。

不过,多丽丝确实会去母亲的床边听她讲课。他们刚一到非洲,莫德就亲自教育孩子们,即使后来生病了,她也一如既往地坚持。她用建房子剩下的泥巴和沙子教孩子们地理,她用泥巴做出不同国家和大陆的版块模型,然后放到太阳底下晒干。

莫德采取类似的办法,用种子、鸡蛋和小鸡教孩子们数学。她通过做游戏让孩子们认识了很多种植物,并希望他们能记住大量动物和鸟类的名称。她还让他们通过轮流扮演卫星、月亮和太阳记住了太阳系。

莫德曾经为孩子们报了一个函授课程,但是很快做出了正确的决定,认为自己的教学方法更为有益,于是取消了函授课程,继续用自己的方法来教育孩子,她的方法,就是将一切用行动演示出来。

莫德做得最棒的一点,是她经常给孩子们讲自己编的故事,她的书架上总是摆满了她最喜欢的书籍,孩子们随手就能够着包装精美的史蒂文逊和开普林。她还为儿子和女儿从英国订了两本期刊。据莱辛说,这两本期刊远远超过了当时儿童读物的范畴。《儿童报》里面刊载关于发明和考古的文章,而《旋转木马》则刊载瓦尔特·德·拉·梅尔这样的大师作品。

具有讽刺意味的是,莫德鼓励女儿多丽丝热爱文学,而多丽丝却以文学为翅膀,飞离了母亲的身边。

第六章
有些教训，最好不要去学

第六章

有些教训,最好不要去学

有一天早上,莫德·泰勒终于起床了,抱怨说头发太长对她的大脑不好。把头发剪到短得不能再短之后,她没有再回到那张躺了一年的床上。相反,孩子们爬到了她的床上,把她剪下来的头发盖在身上,因为妈妈的外貌变了样而轻轻地啜泣着。莫德很快就对他们的情绪失控表现得极不耐烦,她从床上抓起头发就扔到了垃圾坑里。草率的希望破灭了,但是她对这些希望的哀悼也结束了,自己运气差,但是除了继续扛下去,也没有什么别的办法了。

麦克看到妻子重新回来掌家,立刻觉得松了一口气,尤其是这个时候,连他本人也意识到,他当个农场主并没有什么前途。"我父亲想要在五年之内靠种田致富的梦想很快沦为我们家的大笑话。"而经济大萧条加剧了这个笑话。[1]

看到父母的挣扎,多丽丝几年之后在心里立下了重誓。她的回忆录《我心深处》里有一段场景常常被大家评论,她详尽地描写了自己发现父母双双坐在破败的房子前,脸上布满担忧和焦虑,各自沉浸在内心的挣扎里。他们的绝望让她心里一阵抽痛,发誓要一辈子记着这个场景。她决不允许自己变得像他们一样,被绝望、依赖和徒劳击倒。她低声对自

---

[1] 莱辛:《我心深处》(*Under My Skin*),第 120—121 页。

己说了一句话,后来的人生里,她一遍又一遍对自己重复着这句话:"我不会这样,决不会这样。"①

莱辛还记得,每个傍晚,她的父亲会坐在房子外面,抽着烟斗,抬头望着一望无际、星罗棋布的非洲天空,就好像星星的闪烁能让他找到神奇的办法来解决自己的苦恼一样。莫德却从来不靠看星星去找办法,她的视野,都用在通过实际行动来改善家庭处境上,其中就包括教育她的孩子们。

莫德·泰勒完全享受教育自己儿子和女儿的乐趣,有时甚至幻想着自己办一所学校来教别的移民的孩子,不过她很清楚,这只是一个不切实际的梦想罢了。班克特跟英国的农场不一样,农场与农场之间没有什么像样的路连通,孩子们不可能每天往返学校和家里。还有,无论如何,没有正式的资质,她甚至很可能根本没有办法说服政府官员批准她当教师。

即使这样,当从索尔兹伯里来考察乡下儿童教育状况的教育巡查员告诉她,哈里和多丽丝的学习成绩远远超过了他们的同龄人时,莫德还是忍不住面露喜色。然而,教育巡查员还是对莫德说,她不能够只让孩子们在家里接受不系统的教育,这远远不是仅仅缺乏正规教育的问题,她的孩子们也需要一些社会交往,而偏僻的农场不可能为他们提供这样的社会交往机会。这些想法,毋庸置疑,都和莫德内心的想法不谋而合。

哈里和多丽丝对独自玩耍非常适应,他们深入到灌木丛林里去找四处游荡的动物们,比如成群的狒狒和野猪。可是,他们这种自我满足的状态并没有动摇他们的母亲想要他们接受正规教育的决心,莫德最大的希望,就是姐弟俩能够被英国的某所不错的公立学校接收(而且,上帝保佑!到那时,莫德自己就可以回到英国了!)。

莫德的第一步,就是让四岁的哈里和七岁的多丽丝报了索尔兹伯里

---

① 莱辛:《我母亲的生活》(*My Mother's Life*),第229页。

第六章
有些教训，最好不要去学

外围的一所名叫伦巴维庄园（Rumbavu Park）的寄宿学校。哈里年纪尚幼，离家寄宿会有困难，可是莫德从来没有想到七岁的女儿也会这方面的问题。尽管多丽丝的日子已经很难过了，可是莫德却很有把握地认为，多丽丝很爱"小宝贝"，因此一定会遵照父母的教诲去照顾哈里。

多丽丝确实很爱哈里这个小宝贝。但是，促使她爱这个小宝贝的原因是什么呢？在她的小说《爱，再次降临》里，多丽丝描写了在一个公园里，萨拉·德哈姆亲眼目睹一位母亲冷淡地拒绝了女儿爱的索求，却明显表现出对儿子的偏爱，于是，女儿便热情洋溢地表达着对小弟弟的爱意。萨拉默默地在心里对小女孩的行为做出了合理的解释——作为姐姐，女孩觉得她必须"爱那个小东西，……要爱得热烈，因为她觉得，要是她喜欢妈妈喜欢的人，妈妈就会喜欢她"①。

多丽丝很快意识到，无论从哪方面来说，哈里都根本不需要她的照顾。学校里的女孩子们非常喜欢对着这个可爱的小男孩扮演妈妈的角色。和在家里一样，哈里·泰勒在伦巴维庄园的生活也洋溢着满满的温情。

不过，伦巴维庄园的女总管詹姆士太太也真心实意地喜欢哈里的姐姐。莱辛仍然记得那个女人给她的温暖，记得她怎么给自己梳头发，记得她抱着自己坐在她粗壮的大腿上，一副真心实意喜欢自己的样子。莱辛回忆说，当她给有文化的詹姆士太太看了自己练手的几篇关于"花儿和鸟儿"的文章之后，这位女总管用各种溢美之词赞扬了她，还很自豪地把她的文章给别的老师看。

多丽丝非常享受詹姆士太太给予她的关注。然而，就在不久前，多丽丝的母亲将女儿写的一首散文诗寄给了《罗德西亚论坛报》（Rhodesia

---

① 莱辛：《我心深处》（*Under My Skin*），第120—121页。

Herald），多丽丝对这件事的反应却是大相径庭的。报纸刊登了这首诗，作为母亲的莫德颇感自豪，她拿着诗歌到处给别人看，享受着别人对她女儿卓越才能的赞赏。多丽丝的心里可谓矛盾极了，她很高兴自己的作品发表，可是又觉得将自己的内心展现在大众面前是对自己的一种侵犯。在内心纠结挣扎之际，她立下了另一个誓愿——她下一次的诗歌习作决不会拿给别人看。多丽丝非常伤心，伦巴维在第一个学期结束之后就办不下去了，因为学校的所有者皮池（Peach）家族亏了很多的钱。

这学期的学习结束之前，多丽丝心灵受到过一次打击，然后她开始不停地问这样一个问题："我们为什么要对自己做的事心怀期望？"[1]当时，英国著名演员西碧尔·索恩迪克（Sybil Thorndike）随着一个莎士比亚剧团在南罗德西亚做巡回演出，伦巴维的学生只能得到为数不多的几张票。校长的女儿玛丽·皮池本打算去看演出，但是她人还在英国没有回来，学校说要是玛丽不能及时赶回来的话，多丽丝就可以取代她去看演出。

在孩子的眼里，时间总是过得非常缓慢的。可以想象得到，多丽丝·泰勒每天满心焦虑地看着钟表，希望它赶快跳过去，很快到看戏的时间，这样就来不及等到玛丽回来了。可结果却是，玛丽突然出现在了多丽丝面前，对她表示歉意，说只能让多丽丝失望了。多丽丝尽量克制着自己，告诉玛丽，说这也没什么，没关系，自己能理解的。可是，她虽然表面装作若无其事，心里却怒火中烧，恨不得马上爆发。

这件事过去七十多年之后，莱辛追问自己那天下午为什么会如此情绪激动。她觉得有一部分的原因，是因为孩童时期大家都想得到公平的待遇。但是她也意识到，这并不是全部的原因。她还记得在那个她失望透顶的时刻，她的心里强烈地感到了彻底的、绝对的"社会不公"。[2]

---

[1] 莱辛：《我心深处》（*Under My Skin*），第84页。
[2] 同上书，第85页。

第六章
有些教训,最好不要去学

莱辛觉得自己期待过高,自然难免失望,而她会产生这种心理的主要责任应该归咎于她的父亲。父亲在战争中体会到的那种被出卖的感觉,造成了女儿心里对不公平现象非常敏感的心态。她自己不能去剧院看演出,而另一个孩子却去了,这件事证实了这个世界对她缺乏起码的关注。而且,玛丽是个富人家的孩子,又刚从英国回来,她本来在英国就有很多的机会见识戏台上的名人们,这个事实无疑让多丽丝越发觉得自己受到了奇耻大辱。

这件事可能只不过触发了长期压抑在小多丽丝·泰勒心里的委屈。对一个孩子来说,最大的不公平就是得不到公正的爱,而多丽丝的童年世界里充斥着一种特殊的情感冷淡——母爱的缺失。她还没有出生之前就受到了忽视,哈里出生之后,对她的怠慢更是扩大了百倍。莱辛本人也承认,母亲对待自己和弟弟的不同态度对她造成了长期的影响。多丽丝和她的弟弟很多年都没有联系,等到两人都步入晚年,莱辛去看了一次她的弟弟。她发现自己和弟弟有许多不同之处,其中有一点尤其让她觉得印象深刻又倍觉伤感。"我弟弟曾经集万千宠爱于一身,所以他对任何事情都有着令人叹服的情感回应。我得说,我本来也是个天性感情丰富的人,但是小时候受到了压抑,所以不得已失去了这种能力。"①

奇怪的是,对于她弟弟"集万千宠爱于一身"这件事,多丽丝·莱辛从来不承认自己抱怨过。然而,童年里的每一天,她都会拿自己获得的母爱残羹去和弟弟得到的母爱盛宴做比较,在一个孩子的心里,不管哈里是否无辜,他终究夺去了本该属于姐姐的东西。

伦巴维关闭之后,多丽丝和哈里被送到索尔伯兹里另外一个叫做阿凡戴尔(Avondale)的郊区小镇。为了挣点外快,当地一位叫做斯科特太

---

① 阿塔拉:《老者访谈录》(*The Oldie Interview*),第13页。

太的女子收留了一些寄宿生。这位斯科特太太脾气很不好,多丽丝和哈里就住在她的家里。泰勒家里拿不出什么钱来支付寄宿费和学费,可是莫德总是想方设法通过各种渠道来支持这件大事。

那是一段痛苦的时光,多丽丝只有一头扎在学校里的那些书里才会觉得好过点。莱辛在《我心深处》中描写说,她非常想家,常常觉得孤独绝望,不过,她马上又补充说,现在的学校条件还不如那个时候呢,似乎是不愿意承认自己的脆弱。

莱辛只记得斯科特太太的女儿南希总是欺负她,想要找她的麻烦,但是她不记得那些跟她一起寄宿的孩子了。不过,比起不记得那些同学,更让她觉得奇怪的一点,是她对哈里当时的印象很模糊。"太有意思了,我居然记不得我那人见人爱的小弟弟了。"[①]她在回忆录中写道。她用了一个集疏远和爱意于一身的词来形容自己的弟弟——小金童。如果莱辛真的爱她弟弟的话,那么也很难判断,她对弟弟的爱到底有多深。虽然弟弟受尽宠爱,她自己总被忽视,但她却还是深爱着弟弟?还是说,多丽丝其实是通过将弟弟排除在记忆之外来表达自己的怨恨?长大成人之后,多丽丝从来没有真正表现出和弟弟关系融洽的样子,而是经常对朋友们说她弟弟根本不了解她是什么样的人。

---

① 莱辛:《我心深处》(*Under My Skin*),第87页。

第七章
跳跳虎的历险

在斯科特太太家里待了两个学期之后，多丽丝和哈里在 1927 年 6 月回到了家里。莫德已经为多丽丝申请到了索尔兹伯里一所女子修道院的奖学金，而哈里会暂时接受函授教育。这所学校声名在外，比他们当地学校的教育要精良得多。莫德给她女儿申报这所学校，仅这一个理由就足够了。她唯一有点担心的，是女子修道院有可能会让多丽丝放弃他们家的清教信仰去转信罗马天主教。不过，还有很多其他非罗马天主教的女孩子也在这所学校上学，因此她非常确信能获得的益处会远远多于要承担的风险。

　　多丽丝跟她母亲的想法很不一样，她非常害怕自己要再度离开农场。这么短的时间里，让一个受尽惊吓、缺乏安慰的小女孩，穿着令她痛恨的学校制服，再度离开家，流放到另一个陌生的环境去。

　　修道院看起来并不友善。在八岁大的多丽丝眼里，中间那座白色的建筑显得非常宏伟，楼里的很多地方都不允许学生进入，他们只能凭想象去猜测，那些穿着奇特、举止怪异的女人们，到底在那些禁止他人进入的房间里干些什么。

　　每天晚上，和多丽丝同宿舍住着的二十四个女孩都会躺在狭窄的床上听一场可怕的布道。主事修女满脸严厉、神情淡漠地对孩子们道晚安的时候，总是警告她们说，上帝就在她们的床单下监视着她们，他能看见她们头脑里在想什么，要是她们敢作恶，她们当天晚上就会死在那里，并

第七章
跳跳虎的历险

且永远被虫子啃噬。宿舍的墙壁上画着流血的基督,残缺不全的尸体,还有一个女人正在被火烧死的画面。这些小姑娘们年纪从五岁到十一岁不等,年纪小一些的那几个经常被吓得胆战心惊,每次主事修女回到她自己的宿舍以后,这些孩子都会哭着把头埋到枕头底下。为了防止犯下过错,修女们住的屋子里,每张床都只用了一块白色的帘子跟别的床隔开。

修女们不常洗澡——"修女们身上散发着难闻的味道"——每次洗澡,她们就在身上罩一件白袍子,脖子上套一块上面钻了个洞的木板挡住自己的头,这样她们脱下白袍洗澡的时候,就看不到自己的身体了。①为了教会她们不要沾沾自喜,小女孩们也被要求带上这样一个木板子。她们一周只准洗一次澡,也只有那时她们才能换上干净的内衣。

多丽丝知道母亲一定会被学校这样一些条件吓到,于是写信回家打算把这一切告诉母亲。但是,她的信被截下了,校方批评她调皮捣蛋,更过分的是,他们指责她不忠于学校。一直到期中放假回家,多丽丝才终于有机会将一切讲给莫德听。等到下半学期开学的时候,她母亲坚决要求学校将洗澡和换内衣的时间变成了一周两次。

宿舍里爬满了虱子,但是不管女孩们怎么抱怨虱子多,学校根本就没有采取切实可行的措施去消灭虱子,最后孩子们的头发里都长满了虱子。最终,有六名清教徒学生写信给父母抱怨这件事,学校觉得这种行为是对一种背叛,于是这六个女孩子被领到了一位粗壮的修女面前,等着她们的,是这位修女大手里抓着的一把大尺子。修女说她要在这几个姑娘的手上涂上肥皂,然后用尺子在她们的手心里打六下,以惩戒她们对学校的不忠。多丽丝给她母亲讲起这类故事的时候,总是假装用很欢快的语气。

---

① 莱辛:《我心深处》(*Under My Skin*),第95页。

在修道院里，多丽丝形成了一种新的人格。麦克·泰勒和莫德·泰勒夫妇突发奇想，认为她们家里人应该假扮艾伦·亚历山大·米尔恩前不久刚出版的《维尼熊》系列里的各种角色。麦克扮演哎呦驴，哈里扮演长耳兔瑞比，莫德扮演袋鼠小豆，多丽丝扮演的是跳跳虎。这个角色总是咯咯笑着跟人开玩笑，一路蹦蹦跳跳地走着人生路。泰勒家其他人都是偶尔转换成这些角色，而跳跳虎——无论是作为外号还是作为一种身份——陪着多丽丝·泰勒度过了她的童年时代、少年时代甚至是她在非洲时期的成年时代。

多丽丝·莱辛认为跳跳虎·泰勒是一种自我保护，将她与外在世界对她的要求与非难隔离开来。但是，跳跳虎也将多丽丝·泰勒与多丽丝·泰勒隔离开来。扮演跳跳虎的时候，多丽丝避开了隐藏在内心最隐秘的恐惧与悲伤，从而使她离真实的自己越来越遥远。跳跳虎调侃着修道院的生活，而多丽丝却对家人、同学甚至对自己也死守着秘密。

如果说多丽丝·泰勒在修道院的四年里通过拒绝面对自己的消沉与焦虑来保护自己，她的行为却还是泄露了她的内心。她不愿面对自己的情感，而是想法逃离它们——至少有一次她确确实实这样做了。她十岁或者十一岁的时候，有一次学校放假，她待在家里，因为又一次出于对母亲的愤怒，她有一种强烈的想要逃离的感觉，虽然那时她其实已经学会通过用跳跳虎不经意的调侃来表达愤怒，而不是用多丽丝式的流泪发脾气来发泄。她标出了自己逃跑的复杂路线——先沿着一条土路和废弃了的运矿铁轨走到离农场七英里远的铁路上去，然后在那里等一辆早班火车，火车会载她到远处某个地方，之后她再换乘轮船，轮船会载她去往更远的地方，一个远到莫德永远找不到她的地方。去哪里并不是很重要，重要的是离家出走。

抑或是说，重要的是她必须将哈里带走？她坚持要带弟弟一起逃

第七章
跳跳虎的历险

离。哈里哭着反抗,但是多丽丝却对他动之以情、晓之以理,他们从父母的窗户里爬出去的时候,多丽丝还给哈里小声讲着故事来分散他的注意力。很明显,多丽丝非常清楚,逃跑的时候带着个小孩子并不能给她作伴,反而会成为她的拖累,但是她可能也一定程度上意识到,只要能带走莫德心爱的儿子,她就不惜大费周章。

逃离计划最终流产,因为他们家里养的一群狗突然出现在小主人逃跑的路上,跟着他们一路跑,蹦着跳着,吠着叫着,想跟他们一起玩耍。尽管多丽丝自己说是因为不想狗狗们也跟他们走,这才抓着弟弟的小手转身回了家,她其实应该在心里也重新掂量了一下,他们逃跑的路上得要穿过一片黑暗的灌木林这件事。不管究竟是出于什么原因,跳跳虎·泰勒第二天早上就把自己失败的出逃计划对莫德活灵活现地和盘托出。即便她的母亲最后手一挥,说她所说的一切都是愚蠢的谎言,她还是叽叽咯咯地笑个不停。笑声背后,多丽丝深感屈辱,她觉得自己真是太天真了。

童年就像一座牢笼,人被困在里面,不知道要打开自己的人生之门,也不了解要如何打开自己的人生之门。多丽丝继续过着闷闷不乐的日子,她的跳跳虎人格变得越来越明显。真正的多丽丝喜欢躺在床上安静地阅读,而跳跳虎却表现得渴望活动和激情。对多丽丝而言,似乎任何行为,不管有多大的风险,会带来多大的破坏,都比去面对内心的自己要好得多。

因为住在盖着茅草顶的房屋里,麦克·泰勒特别担心房子着火。多丽丝假期里的某一天,麦克去田里看庄稼之前,一再告诫他的女儿不要玩火柴。莱辛回忆,听到父亲的训诫那一刻起,她就像着了迷一样,觉得自己一定得烧掉点什么东西才过瘾。

多丽丝划着火柴点着了狗狗们暂住的空屋子。这个恶作剧带来的损失本来应该不会太大,只不过,事实却是,这个狗棚离家里储藏粮食的房子非常近。粮仓也跟着着了火,火势直逼整座房子。多丽丝逃到了灌木林里。她听到狗狗们的狂吠,忍不住从藏身的地方往外张望,看见工人们跑着、喊着,手忙脚乱地往棚屋上浇着水。

火被扑灭之后,莫德找到了她的女儿。房子没有被烧毁,但是狗棚和粮仓却化成了一堆灰烬。父母责问她,难道她不知道家里有多缺钱吗?与其说他们的责问出于愤怒,倒不如说他们更多的是觉得百思不解。这下好了,他们得要重新买生活用品,买面粉,买糖,买蔬菜等等,而他们本来就买不起基本的粮食了。

第一次,跳跳虎和多丽丝双双默默无言,她被自己一连串的抗议行为吓到了。莱辛在自传中回忆起这件事情的时候,表达的是迫不及待地想要长大的渴望,想要充分了解生活然后好预见意料之外的后果的渴望,而不是表达对童年的懊悔。

第八章

迷失

20世纪30年代,经济大萧条开始,而泰勒一家恰好在这段时期失去了家中所有的存粮,生活变得尤其艰难,经济条件每天都在恶化。一些早期的移民本来已经在战争时期攒下了不少家底,可即便就是这些人,在大萧条中也是艰难度日。大萧条低谷的时候,玉米的价格降了几乎60%,真的有白人们到农场里去乞求人家让他们干黑人干的活计。

麦克的情形还没有那么糟糕,但是他也不得不从土地银行借更多的债务,而且一家子也不得不继续从当地的商店里赊账,因为他们的大多数日常用品只能从那里购买。随着日子越来越窘迫,莫德试着找出一些办法去解决他们的债务,好让他们离开农场。他们必须要找到办法来把这个错误甩在身后,回到英国去,英国才是他们应该生活的地方。

莱辛责怪母亲,说就是因为她动不动就刺激父亲,才使他想出一些华而不实的"办法"来解决他们的经济问题。麦克也像很多其他农场主一样,尝试种一些新的作物,主要是烟草,来弥补玉米降价带来的损失。但是,他越来越关注淘金的事。当时走这条路的大有人在。多丽丝和哈里在外面玩的时候,经常会去那些废弃的壕沟里和一些大岩石上面嬉戏。壕沟都是以前的淘金客不辞辛劳挖出来的,岩石上也总是被他们砍下几块拿去做样品。农场离两座还在运作的金矿很近,孩子们玩耍的时候都能听得到金矿传来的轰鸣声。随着经济不断恶化,新来的淘金客经常成群结队来到这个地区,他们携带一些简单的生活用品,在灌木丛里野营露宿。

第八章
迷失

麦克·泰勒不可能对这些视而不见。对于一个指望天上掉馅饼的人来说，很难让他对可能就埋在自己脚下的财富置之不理。说实在的，大多数农场主都会在农场边上零零星星地挖点小金矿。麦克很快就沉迷其中。他不像邻居们那样挖几条简易的沟槽，而是真的装备了采矿机械，他不再重视做那些务实的事，而是把越来越多的时间、精力和农场人手抽出来去采矿。

任何失败似乎都不能阻止他。他就像一个红了眼的赌徒，固执地相信自己的运气就会出现在下一场赌注当中。麦克紧张地等待着索尔兹伯里的权威人士告诉他，他送去的那些样品是否是真的金矿，而他一次都没有等来想要的结果。

接下来，麦克探矿的事就转到了某个特别的方向，他觉得可以利用自己探测水源的技能来解决探测金矿的问题，于是，他开始不断完善探测金矿的方法。他的这个想法和当时人们对强烈的探矿兴趣一经结合，立刻引发了对商业成功的各种狂野幻想，他们甚至还成立了一个类似于采矿学院的机构。

整整十年的时间，麦克·泰勒都在试验探矿的秘方。金属之间如何吸引或者怎样相斥？月亮和地球上的这些金属之间到底有着怎样的联系？这些问题消耗着他的心神。晚饭的餐桌上，他掌控话语，滔滔不绝地说着这些话题。如果说莫德只是觉得这些痴迷的夸夸其谈让她满怀愁绪的话——她觉得丈夫想要挖金致富的幻想，比起想要通过种玉米致富这事，是一个更可怕的笑话——他的孩子们可以说是完全受够了这些话。他们也听够了他最喜欢谈的另一个话题——他对战争经历的回忆。每当急着要去从林里玩的姐弟俩满脸失望互相对视、在餐桌上变得坐立不安的时候，麦克就会摆出一副怒气冲冲的样子，一边手一挥让他们赶紧走开，一边冷嘲热讽地指责他们不耐烦听他说"伟大的不值一提"。

莱辛承认，她在关于非洲的长篇小说《黄金之国》里描写的那个迷信到固执的爱列克·巴恩斯，就是以她为父亲为原型塑造的。巴恩斯痴迷于淘金,尤其是开始探测金矿之后,就越来越不理农场的事了。当儿子完全出于偶然发现了神龙见首不见尾的金矿之后,艾列克的妻子发觉自己突然变得闷闷不乐起来,因为她一直都很清楚,这对艾列克来说会是多么大的打击,虽然她之前一直对丈夫的不顾一切和不可理喻没少严厉地叱责谩骂过。"他花了这么多年用探测棒奉行着自己的理论;花了这么多年耐心地研究沼泽光和金矿,而他的儿子只是偶然走过他曾亲身探测过的山脉(便发现了金矿),这也确实太残忍了点。"① 艾列克本人发现了儿子的成就之后,摆出一副沉默寡言的样子,但是他很快恢复了对自己能力的一贯自信。莱辛通过父亲对儿子所说的一番表达自豪的话,表达了对这个人物的一丝同情:"你看,这不是验证了吗?我早就说过,对吧?我一直就这么说来着。"②

随着梦想的破灭,麦克的身体也越来越虚弱,他得了严重的糖尿病,脾气也越来越暴躁。身体日渐虚弱的表现之一,就是他对待当地原住民的态度发生了变化。尽管麦克过去一直反对妻子在工人面前表现出居高临下的样子,现在他自己也开始抱怨说,只要从欧洲找两个帮手来,就能完成这里要二十个"野人"才能干完的活。类似这样的事情,使得歧视带来的偏见逐渐渗入了多丽丝·泰勒的思想和良知。

劳伦斯·梵比(Lawrence Vambe)是津巴布韦最杰出的作家之一,和多丽丝·莱辛是同时期的作家。他于1972年写了一本名叫《命运多舛的民族:罗德斯之前与之后的津巴布韦》的书。莱辛为这本书写了序,里面有这样一段话:"读这本书让我感觉痛苦。我希望别的白人读到这本书的时候也能感觉到痛苦。我尤其希望白皮肤的英国人能读到这本书,他们才是这本书里描写的一切欺诈、过失、残酷和暴行的始作俑者。"③

---

① 莱辛:《非洲故事》(*African Stories*),第349页。
② 同上书,第352页。
③ 莱辛:《命运多舛的民族》(*All Ill-Fated People*)序言,第 xiii 页。

第八章
迷失

莱辛是第一个承认自己对于罗德西的种族主义带来真正的可怕之处后知后觉的人。知道一件事的对错是一回事,而真正了解一件事衍生出的后果则是另外一回事。她觉得自己最终能够理解本族文化中的种族主义,得益于自己对生活一贯持有批判的态度。1980年她对一位采访她的人说:"我不记得自己人生中有什么时候不是坐在某处,回顾着自己的成长经历……并且在进行思考的,我想这是人人都喜欢演的一出哑剧。"①

多丽丝曾经听到过有白人农场主抱怨说,很多非洲工人喜欢采矿而不喜欢耕种。虽然开采宝石或者黄金矿藏的条件比起塞西尔·罗德西时代已经改善了很多,这仍然是一项非常粗犷野蛮的工作。然而,采矿的待遇比种地要好得多,尤其是当地的土地又那么不服帖。一些劳工从北部穿行数百公里来到南部为白人打工,但是罗姆甘地(Lomagundi)地区在黑人们那里声誉很差。越来越多的黑人直接去往矿区,根本不在罗姆甘地停下来找农活干。

像麦克·泰勒家的农场,产量虽然那么低,但是有些季节依然要雇用六十多个工人。这些工人每个月只有几先令的工资。"他们住在肮脏的茅屋里,吃得很差,工资很低,但是他们只能工作,因为他们必须要交选举税。"②

多丽丝对自己的所见所闻感到困惑不解又灰心沮丧,于是她将记忆一段一段储存下来,一直等到她能够理解的那一天——虽然她的理解也常常只局限于白人的良知而已。还是个孩子的时候,多丽丝就非常理解黑人们为什么不愿意给白人农场主干活。他们住的地方明显非常糟糕,雇主通常只给他们一天的时间去搭建一个临时的茅棚;他们的食物跟白人农场主们比起来也是严重地量少质差。那时候的白人们有一种种族

---

① 迪恩采访:《追记光阴》(*Writing as Time Runs Out*),第87页。
② 柯诺利:《多丽丝·莱辛的童年》(*A Childhood: Doris Lessing*)。

偏见,认为黑人对营养的需求比欧洲人复杂的新陈代谢体质所需的营养要少得多。

塞西尔·罗德斯的种族优越观念并不包括对工人进行严酷的身体虐待,而麦克这一点做得很好,他从来没有做出过这样的行为。然而,虐待黑人在南罗德西亚却是每天都会发生的家常便饭。扇劳工们的耳光,踢他们几脚,为了防止他们犯错而克扣工资,因为一点微小的错误就没完没了地罚款,这些都是为了保证劳工们保持秩序的常用手段。受够了老板们(baas 非洲人对雇主的称呼)虐待的劳工们会通过"丛林电报"——到农场边上的地里去砍树——来提醒他们部族同仁们不要到这家农场来干活。莱辛的小说《豹子乔治》里面就写到了这种风俗。

大多数白人都嘲笑这种"原始"的通讯方式,但是莱辛却发现她以前的非洲邻居们经常会用更为奇特的相互联系方式。"非洲丛林里的人在陌生人还没到达目的地三天前,就已经知道他们的行踪了。"她充满热情地回忆着有一次看到"一个村庄的人把树枝当电话来用——这是真的"①。莱辛认为,现代社会遇到不能理解的现象就轻易地加以否定,她对此很不以为然。她也对西方文明拒绝承认通灵式的、超感官类形式的才能深表惋惜。

为了进一步巩固他们的统治,罗德西亚的白人们于1930年推行了种族隔离政策。这个计划意图在白人雇主和黑人劳工之间划分出种族隔离的最佳比例,两个种族都被分别限制在特定的地理区域。当然,自打这个国家进入塞西尔·罗德斯的统治开始,白人和黑人之间就有着明显的地理区域划分。但是,在1930年《土地分配法案》出台之前,这些都没有通过法律的形式来强制执行,白人们将这部法案奉为他们的《大宪章》。

尽管白人只占总人口的5%,但他们主导着这个国家。选举权和财

---

① 温德汉:《洞察力之门》(*The Doors of Perception*),第42页。

第八章
迷失

产所有权挂钩,造成的结果就是几乎所有非洲土著被完全排除在选举之外,根本没有任何机会去通过选举改善自己的人生处境。他们还被禁止从事任何工会工作,禁止进行贸易交易,禁止进入任何公共区域,如餐厅、旅馆等地。许多针对黑人的限制都可以归纳为一个词——肤色禁令。1939年,二十岁的多丽丝·莱辛开始活跃于索尔兹伯里的政坛,想要废除肤色禁令,那个时候,黑人只有七十个人有权选举,而白人却有两万八千人可以选举,形成了鲜明的对照。

罗德西亚的白人极力渲染所谓的"黑人恐怖",即黑人男子会强暴白人妇女。莱辛回忆说,那时白人女孩经常会被警告不要到丛林里去,不然就会被强奸。但是,她却仍然在丛林里自由行走,根本不怕受到袭击。母亲在她快要成年的时候对此表现得过度担忧,这让她非常反感,于是便像是挑衅一般整天故意在外面晃荡。回到家里,她还把卧室外面的门开着不锁。"要是真有这样的事,那我一晚上就可能被任何人强奸十五次了。"①她在1984年接受采访的时候说道。

但是,当这个地区有白人举办聚会的时候,黑人们确实会透过窗户偷看他们。这也是南罗德西亚黑白两个世界里另一个虽然奇怪却又见怪不怪的现象。莱辛还记得自己听到过一个故事,说一个白人问索尔兹伯里大学的黑人学生,为什么20世纪80年代的时候他们会发生性滥交的行为,躺在草地上彼此抚摸,而且还经常酗酒。他们的回答是,他们一直都在观察白人,并发现白人一辈子都在做这些行为,所以他们觉得这样的行为一定是"文明的行为"!②

20世纪20年代和30年代,多丽丝·泰勒对于自己在罗德西亚所看到的一切越来越感到震惊。然而不管她对所见所闻有着怎样本能的反感,她身上白人的优越感是不容置疑的。除了文学,她没有别的参照观

---

①② 贝特尔森采访:《认识新前沿》(Acknowledging a New Frontier),第134页。

念,而文学在任何时候都是另一个世界。她在书上读到的思想太遥不可及,没有办法应用到她在南罗德西亚的生活中来。

瑞贝卡·维斯特(Rebecca West)对多丽丝·莱辛的一番评价非常著名,她说莱辛是唯一一个对她的时代情绪有着正确认识的人。她解释说,这种时代情绪,就是迫切地去寻求某种模式。多丽丝·泰勒环顾着美丽的非洲大地,逐渐开始理解,对一个人来说看似非常逼真的心灵意境,对另一个人而言却完全不是现实。同样的空间可以被两种完全不同却又同样有效的模式占据。对这个孤独迷茫的年轻女孩而言,两种模式都让人萧然落寞。

第九章
多丽丝·泰勒的求学生涯

在修道院的日子,多丽丝总是生病。也许面对身体上的病痛比面对情绪上的痛苦要好过得多吧。疾病使得她搬到了病房,在那里她碰到了一位非常有同情心的修女,这样的人在学校可是为数不多。发现医院里有一个又温和又有爱心的女人之后,多丽丝·泰勒总是想出各种办法出现在这个女人面前。

莫德会定期去修道院看望多丽丝,但是她去那里,似乎不是去安慰她女儿,而主要是去告诉修女们该如何照顾她女儿。多丽丝休假回家的时候,莫德会带她去看医生,但她总是因为医生的诊断跟他们争执,还总是告诉他们该怎么照料她女儿才恰当。莫德的关注很大程度上是为了满足自己的需要,是为了让她觉得自己很重要,也是为了让女儿能够依赖她。"疾病……将我交到了她的手里,但她却无能为力。"[1]莱辛解释道。

多丽丝生病带来了一个后果——它妨碍了莫德想要女儿在学业上表现卓越的战略,莫德绝对不喜欢这个结果,而多丽丝却对此欣喜若狂。莫德下定决心,多丽丝在修道院必须成绩优秀,然后赢得奖学金,这样就可以去一所著名的英国寄宿学校上学。但是,一方面多丽丝不喜欢她母亲干涉她的自由,另一方面,她对英国的记忆也让她完全没有要再回到

---

[1] 莱辛:《我心深处》(*Under My Skin*),第 100 页。

第九章
多丽丝·泰勒的求学生涯

那个地方去的想法。

莫德每天都给多丽丝写信,提醒她必须要在资格考试中考到很高的分数,因为这关系到她是否能赢得奖学金。她还给多丽丝请了一名家教,她对家教也用信函和电话狂轰乱炸,以确保她女儿真的能赢得奖学金。但是,跳跳虎却没有跟着家教全力以赴,而是嬉皮笑脸地应对一切,一派轻松愉快地给母亲写回信,尽管母亲的那些信件里满篇都是令人无法承受的焦虑,她还是没心没肺地对母亲的担忧和恳求置之不理。

最终,多丽丝获得了"缓刑"。她曾一度对罗马天主教产生了兴趣——虽然也只是昙花一现——加上跳蚤和癣菌病的肆虐,她终于被从严酷孤单的修道院中解放出来,带回到了家里。虽然多丽丝回到了农场感到欢呼雀跃,但是她母亲对她的要求却并没有放松。多年来,她母亲都靠着女儿的成就为良药,来慰藉自己贫瘠无望的人生,寻求内心的平静。她想要培养女儿各方面的才能,而这种热情却成了母女俩生活中长期持续不断的痛苦战争的根源。如今,这种模式又有了新的动力,因为莫德将注意力集中到了多丽丝的艺术天分上。多丽丝每展现出一分天资,莫德就会作出热烈的回应。多丽丝的每一丝努力,哪怕是一份简单的音乐作业,也会让莫德浮想联翩,觉得这是多丽丝迈向回到英国去从事辉煌灿烂的艺术生涯的第一步。

多丽丝对这些宏伟的规划嗤之以鼻。为了惩罚莫德,她放弃了其他的艺术尝试,唯有写作她却怎么也丢不下。她越来越觉得莫德是个危险的入侵者,像个残忍的盗贼,偷走了她才刚刚萌芽的自我。多丽丝的办法,就是将自己的文学探索隐藏起来,像是珍藏她人生的唯一指望一样。这个满腹怨言、动不动就怒气冲冲的女儿,生怕莫德只要扫一眼,就能毒害到每一页纸上那些幼稚的笔墨;生怕莫德一吹嘘女儿将来会成为伟大的作家,就会毁掉这个光荣的梦想成为现实的一切可能。

母亲有一句话尤其让多丽丝暴跳如雷。莫德曾经满面笑容对别人说,她女儿非常像她。在多丽丝看来,这种想法简直离谱到可笑的地步,她差点就要觉得这是对她最可怕、最令她窒息的威胁。她觉得这是母亲对她的诅咒,是母亲为了霸占她而在她身上下了一个驱之不去的咒语。

莫德越是强行要挤进多丽丝的生活,多丽丝就越是用闷声不响的沉默或是冷嘲热讽的激战来筑起一座高墙,将自己隐藏起来。最终,莫德只得问:"你为什么这么讨厌我?"然而,多丽丝只会对着麦克,才冷静地将反驳的话说出来:"那她为什么要讨厌我?她一直都很讨厌我。"①

在家里待了几个月以后,十三岁的多丽丝很不情愿地进了索尔兹伯里的一所女子高中,成了一名寄宿生。总体来看,这里比修道院要好多了,但是她还是感到非常地痛苦和孤独。跳跳虎再次挽救了她。她常常让别的女孩,甚至还有老师们开怀大笑——好吧,最起码有一部分女孩和老师会笑,而其他的老师们觉得跳跳虎的轻佻是一种不敬,因此严厉地批评她。

这个假期里,当多丽丝再回到家里的时候,却没有能像以往那样在灌木丛林里找到安慰。家里气氛凄惨,躲都躲不过去。麦克·泰勒和之前判若两人。眼前这个人牢骚满腹、憔悴消瘦、满嘴胡言乱语,似乎一夜之间突然就变得垂垂老矣,这样的形象实在很难激起人的同情。他的糖尿病越来越严重,莫德放弃了医生开的减肥餐,设计了一个她觉得最起码不会恶化病情的平衡饮食计划。这种饮食似乎有点作用,尽管麦克还是身体虚弱,变得越来越疑神疑鬼。多丽丝自己身体也不好,但是她非常看不起父亲这副样子,她几乎迫不及待地回到了学校。然而,到了学校,她又变得和以前一样憎恨它。

---

① 莱辛:《我母亲的生活》(*My Mother's Life*),第 237 页。

第九章
多丽丝·泰勒的求学生涯

有次红眼病肆虐,多丽丝的情况很严重。她的眼皮肿得都睁不开了,看东西很勉强,她的眼睛上缠了厚厚的绷带,当她把肿胀的眼睛贴近绷带,绷带里透过来的光让她觉得害怕。等到莫德去看她的时候,多丽丝的情况已经有了很大的起色。不过,莫德还是带她去看了医生,医生确认说,多丽丝的眼睛没什么问题,不会影响她的视力。

这次轮到多丽丝坚持认为医生误诊了。她反驳说,自己根本看不清东西。然后,出于叛逆的冲动,她告诉母亲,自己决不会身带残疾留在学校。多丽丝很清楚什么是对她母亲的努力最大的反击——她回到了农场,从此永远告别了一切正规教育。莫德伤心欲绝,多丽丝大获全胜,内心决绝。十四岁的她,砍断了各种童年的依赖。这个才十几岁的孩子,信念坚定地认为,如果要想永远脱离她母亲的掌控,她必须立时立刻就办到这一切。

第十章
另一段插叙故事

第十章
另一段插叙故事

少年作家往往会尊崇文学偶像,就好比十来岁的运动小将会仰望体坛英雄。通常,奋斗中的作家会对某个和自己探索同样情感的成名作家有着强烈的认同感,尤其当满怀抱负的年轻作家看到某个文学形象的人生经历和自己非常接近的时候,这种认同感就会变得更加强烈。

多丽丝·莱辛把南非小说家奥莉芙·施奈纳(Olive Schreiner)当成她文学创作上的大姐姐。不过,要是比较一下她俩的人生道路,大家会觉得施奈纳带给她的影响远不止于此。当然,在《非洲农场故事》出版五十年后,莱辛曾公开承认自己在读到这本书时受到了强烈的冲击。对当时只有十四岁的多丽丝来说,那是一种难以忘怀的经历。这本书不仅是当时她读到的第一本"真正"以非洲为背景的小说,书中展现的真相她更是从来都不曾了解过的。而书中阐述的道理,她之前自学的时候狼吞虎咽读到的所有书本里都没有讲过。

莱辛和奥莉芙·施奈纳一样饱读经典著作,她同时也读当代英国、俄国、法国以及美国作家的作品。但是,这位南非作家的故事,是以多丽丝无论情感上和生活上都感同身受的土地为背景的,这就意味着她无需调整自己去了解发生在一个不同的文化和地域里的生活。当她全神贯注地读着施奈纳的书时,她惊奇地发现,书里写出了自己内心深处的感情,证实了自己对于生活的疑问,而自己对非洲那种爱得热烈却难免夹杂着一个殖民侵入者的孤独感的复杂情感,更是在书中得到了精准的体现。

施奈纳的书不仅描绘了多丽丝每天看到的世界,还写出了在这样的世界里成长是一种什么样的感觉。施奈纳在广袤的自然之美中释放了自己的孤独。一位为她写传记的作者曾经这样写道:

> 她不仅赞美南非高地的美景,也讴歌其赋予人们保持万物平衡的远见卓识,馈赠给人类一个充满爱意、和平和平等的世界……不管施奈纳本人和她小说中的人物在生活里如何地忍饥挨饿、漂泊不定又凄凉孤独,他们都会在高原上漫无目的地遨游数英里,神采奕奕地反省深思。那光辉熠熠的蓝天,百折不挠的岩石,稀疏零星却坚韧耐受的植被,还有生机勃勃的动物,都能给他们带来心灵的慰藉。偶尔,她甚至能感觉到,当她注视那些植物时,植物们也会对她倾诉,回应她对它们的爱意。①

在沉静的大自然里,施奈纳深入地思考着,培育着自己的洞察力。她认为,大自然里的一切充满千丝万缕的联系,每个细心观察的人都会发现这一点。在她看来,一棵树、一个化石脚印、一具动物骷髅、人类的身体等事物之间彼此有着密切的关联。早在孩提时期,她便觉察到自己与大自然密切相连,此后一生都坚信万物相辅相依。施奈纳常将自己的梦境写得非常真实,她的作品寓意深远。她从未对自己的文学创作方式心怀歉疚。要是有人说她的作品含混蒙昧,她就回应说,真正的艺术本来就应该具有多层面的意义。她从不受流行的文学创作方式的影响。

多丽丝和奥莉芙·施奈纳之间还有另一方面的感情共鸣——她们

---

① 柏克曼:《奥莉芙·施奈纳,想象的安慰》(*The Healing Imagination of Olive Schreiner*),第19页。

第十章
另一段插叙故事

对于身为女性在成长过程中遭遇的不公满腹怨言。施奈纳一生当中多次气愤地写道，身为女子，不论多有天赋，不论多么渴望成功，总会被自己的性别禁锢。"（就好比）把一只狗扔到水里，要是狗会游泳，那么皆大欢喜；要是狗沉到水底，那就随它淹死。但是，不要在狗的脖子上栓条绳子还吊个砖块，然后还说狗自己没有能力浮起来。"

这么具有颠覆性的想法，多丽丝从来没有在学校里的女同学或是母亲那些朋友的女儿们那里听到过。这些家庭里的女孩子接受到的教育，就是要信奉爱德华七世时期的礼仪和观念，她们的父母辈就是接受了这些礼仪和观念的塑造。男孩们希望长大后要么成为商人，这样或许能够回到英国的某个分公司去；要么成为大型烟草农场或者宝石矿藏的主人。而女孩们长大就嫁给这样的男人，住在大房子里，穿着漂亮的手工缝制的衣服去参加各种茶水会、鸡尾酒会或者晚宴聚餐，聚会上的各种活计都由一堆工作人员和佣人承担，而她们却还要对那些人表现出或多或少的轻蔑和冷淡。

多丽丝·泰勒觉得这样的未来空洞可怕，她想要写作，想要自主，想要成名，想要充满力量。她感觉自己变得越来越与众不同，越来越格格不入。那么，想象一下，当这样的多丽丝读到《非洲农场故事》里的女主人公对她的男性朋友说出如下一番话的时候，她是多么地震撼讶异又欢欣鼓舞：

> 不是世人对待我们的方式，而是他们塑造我们的方式……让我们觉得心怀委屈……这个世道告诉我们该成为怎样的人，将它预定好的结局呈现在我们的面前，并且通过这样来塑造我们……它对你们男人说……你们胳膊壮实有力，知识渊博丰富，而且你们还有力气去劳作，因此你们将会获得人心渴望获得的一切。而对我们女人，它却会说，力气对你没什么用，知识和劳作也是徒劳。你们也会

获得男人得到的一切,只不过会以不同的方式获得。就这样,这个世界有了男女之别。①

"这本书成了我人生的一部分,"在1976年版的《非洲农场故事》的前言里,多丽丝这样写道。从那时候起,她"只要听到这个书名"或是"奥莉芙·施奈纳"的名字,"就会激发出我深深隐藏在内心的自我"②。

但凡有女人告诉莱辛说,读到她的《金色笔记》或者《玛莎·昆斯特》对她们影响如何深远;或者说,虽然她们从未见过莱辛,但感觉跟她非常亲近,因为莱辛展露并确认了她们深埋内心的秘密什么的,莱辛总是采取回避疏远的态度。但是,当她写出自己对施奈纳的小说以及施奈纳本人的强烈认同感,并说对施奈纳"感觉如此亲近,觉得就像自己的姐妹一样"③时,她却并没有嘲笑当年十四岁的自己和这些女人有着同样的反应。

多丽丝通过阅读奥莉芙·施奈纳的作品了解到,自己和施奈纳之间最重要的相似之处,就是她们和父母的关系。读到施奈纳描写她的父亲,说他是个温和善良却过于软弱和太爱梦想的人,他是来南非传教的,却完全应付不了这里艰苦的生活,多丽丝很可能发出了会心一笑。施奈纳描写她的母亲,说她是个满脑子阶级观念的女人,野心勃勃,聪慧过人,冷淡地和女儿保持着距离,至少在施奈纳童年时期,她表现的就是这副样子。施奈纳在写给哈维洛克·埃利斯的一封信中对自己的父母进行了比较,说父亲"小时候对我们比现在要温和得多,不仅如此,他还比母亲要有雅量得多"④。多丽丝·泰勒在年仅十四岁的时候就敢于和自己的家庭决裂,其勇气显然来源于她当时刚刚发掘的这位作家,这位作

---

① 施奈纳:《非洲农场故事》(*The Story of an African Farm*),第171页。
②③ 莱辛:《非洲农场故事》前言(*Introduction, The Story of an African Farm*),第Ⅶ—Ⅷ页。
④ 弗斯特·司格特:《奥莉芙·施奈纳传》(*Oliver Schreiner*),第47页。

第十章
另一段插叙故事

家不仅和自己一样渴望逃离、渴望成功,更重要的是,她已经成功地实现了自己的梦想,为多丽丝开辟了一条可以追随的道路。

而奥莉芙·施奈纳的《非洲农场故事》如何得以出版的故事必然对多丽丝·泰勒产生了巨大的冲击,其作用不亚于小说本身对她的影响。这部小说是施奈纳的处女作。施奈纳带着这部小说的手稿从南非去往伦敦,在那里以当女家庭教师为生。历经多次被拒之后,这部书最终被费舍·安文(T·Fisher Unwin)出版社接纳。1883年,这位二十八岁的南非女家庭教师用拉夫·艾伦(Raph Iron)的笔名发表了这部小说。《南非农场故事》很快风靡一时。这部小说频繁被拒和一夜成名均出于同一个缘由——它在英国读者面前展现了一个他们完全陌生的非洲。

艾伦(施奈纳)在这部小说的前言中写道:"一位好心的批评家曾建议说,如果这本书写写荒野历险的历史,写写牛群被丛林野人赶往不知所踪的牧场,写写迎面遭遇怒吼的狮子,然后命悬一线地逃离出来,他可能会更爱读一些。"但是这位初出茅庐的作者却公然对抗说:"这是不可能的。那样的作品,只有住在繁华的伦敦皮卡迪里大街或是斯特兰德大街里的人才会闭门造车地去编。"①

拉夫·艾伦的身份一经曝光,默默无闻的女家庭教师马上变身为声名赫赫、炙手可热的伦敦知识界精英。英国首相格莱斯顿(Gladstone),爱尔兰作家乔治·摩尔(Geroge Moore)和奥斯卡·韦尔德(Oscar Wilde)这样的大人物都迫不及待要拜会她。政治家查尔斯·迪尔克(Charles Dilke)称她的作品堪比《天路历程》。施奈纳更是和卡尔·马克思的女儿艾琳娜·马克思(Eleanor Marx),以及以描写性爱出名的哈维洛克·埃利斯成了毕生的朋友。

---

① 施奈纳:《非洲农场故事》(*The Story of an African Farm*),第 XXVII 页。

施奈纳几乎每天都和埃利斯通信,他们之间的大量信件都在她的授意下被毁(几千封信只保留了 607 封)。他们在信中孜孜不倦地探讨"女性困惑"以及"性爱困惑"的主题,施奈纳公开发表的作品中也不乏这类话题——女性如何维持"爱情"、"性欲"和个人自由之间的平衡。施奈纳在年纪尚幼之时便体验到了强烈的性爱欲望。她在写给埃利斯的信件中多次宣称自己试图克制强烈的情欲,并说自己经常因为情欲得不到满足而无法写作。

尽管施奈纳和埃利斯非常亲密,但明显他们并没有发展成为情侣。多丽丝·莱辛曾经暗示过,施奈纳发现埃利斯怎么也无法激起她的情欲。埃利斯在回忆录《我的一生》中表示,他们彼此在情欲方面需求不一致,这似乎证实了莱辛的观点。

> 她拥有强烈的肉体热情,并渴求热情的回应……早期很短的一段时间里,她曾想和我发展成能够满足她自身肉欲需求的关系。但是她迅速意识到我不适合扮演……满足她基本的原始欲望的角色。①

施奈纳居住在英国期间(1881—1989 年)一直和国内有联系。她听说了塞西尔·罗德斯挖金矿的事,非常渴望看看发掘金矿和罗德斯的金矿公司到底给她的国家带来了怎样的变化。她同时也因为各种传说对罗德斯这个男人产生了好奇。在强烈的好奇心驱使下,她坐船前往开普敦殖民地,她觉得自己被西塞尔深深迷住,有种"这男人非我莫属"的感觉。②

初次相见,因仰慕罗德斯的精力充沛和政治热情,施奈纳自然而然

---

① 埃利斯:《我的一生》(*My Life*),第 230 页。
② 德拉次宁编:《另一个我》(*My Other Self*),第 441 页。

第十章
另一段插叙故事

被他吸引。虽然罗德斯是个实打实的同性恋,他却仍然享受着来自施奈纳的仰慕,利用着她的盛名。有那么一段时间,他俩经常待在一起,在某些社交场合,施奈纳甚至充当了罗德斯的女主人的角色。但是,随着她对罗德斯满嘴花言巧语、仁义道德背后的帝国主义用心认识越来越深入,她变得越来越尖酸锐利,越来越失望幻灭。她决心向世人揭露西塞尔·罗德斯的真实面目,并很快成了罗德斯最尖锐也最明显的对手。

施奈纳最辛辣的抨击包括一部介于虚构与真实之间的小说,小说的名字叫做《牧师的救赎》,书中严厉斥责了罗德斯支持"皮鞭法案",竟然允许警察对犯了小错的本土居民施以鞭刑,而不是罚款和监禁。施奈纳称这个法案为"人人都来抽打他家黑人法案"。

施奈纳也曾用多年时间来写作一部完全不同的作品,记载她长期以来对女性困惑的研究,书名叫做《女性与劳动》,她曾在给哈维洛克·埃利斯的信件中探讨过这个话题。这是她要为自己写的"性别之书"鸿篇巨著,尝试从史前开始探索女性的生活状况。她想要了解,到底是什么样的历史轨迹,导致了她人生中那些"隐秘的折磨"。

1911年,《女性与劳动》一书的缩写版出版。这部作品很快就被看成是英国正在成长的女性主义的代表作。在这部书里,施奈纳宣称,外出工作、保持经济独立是女性的权利,并警告说,这种权利不可能永远被封禁。无论是政界还是商界,无论是医疗卫生行业还是科学研究领域,所有以前对女性大门紧闭的领域,终将会被迫打开大门。

多丽丝·莱辛认为,施奈纳这种女人,要是生在古代文化里,一定会被当成"部落女先知"。[①] 很显然,奥莉芙·施奈纳具有超人的洞察力和社会敏锐性。她在英国的日子越发坚定了她童年时期的观察——中产阶级和上流社会的妇女们像寄生虫一样依赖大量默默无闻的劳动阶层

[①] 引自克劳恩莱特·施奈纳《奥莉芙·施奈纳传》(*The Life of Oliver Schreiner*),第210页。

的妇女,而劳动阶层的妇女也不会永远满足于生活在别人的阴影之下。施奈纳和多丽丝·莱辛一样,对看到的周围世界直言不讳,她以非凡的远见卓识预言,美国和俄国未来会主导世界。她为反犹太主义侵蚀南非白人生活而感到义愤填膺。她还走在时代的前列,强烈谴责无端残酷猎杀非洲野生动物的行径,并要求进行动物保护立法,建立动物保护区。

多丽丝·莱辛的《暴力之子》系列中的第一部小说《玛莎·昆斯特》,一开头就展现了少年时期的玛莎装模作样地对她的母亲读着埃利斯性别条约,故意惹恼自己的母亲。而这本小说的引导语,就是从施奈纳写给哈维洛克·埃利斯的一封信件中摘录下来的一句话——"我厌倦了一切,甚至厌倦了未来,虽然它尚未到来。"①这句话将读者引向了年轻的玛莎·昆斯特为逃离传统守旧、预先设定了的生活而奋力挣扎的现状。但是莱辛拒绝对这种可以预见的厌倦屈服,这主要得益于施奈纳在《人与人之间》这部书中所表现出的勇气和颇有先见之明的忠告。

> 你自己,你本人,必须拯救自己。弯下你强壮的双手,砸碎你虚弱的腿上的镣铐,治愈你手上弄出的伤口,除去你脚边让你沉陷的沙土吧。
>
> 当伤口愈合,你的双脚变得自由、强壮,你的双脚,就是你的双脚,而不是别的什么,就会带你通往你想去的山巅。②

---

① 莱辛:《非洲农场故事》前言(Introduction,*The Story of an African Farm*),第 XXXIII 页。
② 施奈纳:《人与人之间》(*From Man to Man*),第 224—225 页。

第十一章
借居房客的日子

泰勒家里整整有一年多的时间里争吵不断。多丽丝逐渐绽放的性感挑起了新一轮战争。莫德希望女儿穿得符合小姑娘的身份,或者要是她非要穿更成人化的衣服,那也应该穿得有品位一点,这样才能符合自己的身份地位。莱辛这时才发现,母亲喜欢正统穿着的习惯简直到了非常过分的地步。"我记得,哪怕就是去趟火车站——那里一共才三栋小楼——或者就是去趟肉铺子,她也会戴着帽子,套上白色长手套,配上长筒袜和一套得体的裙子。"①

然而,多丽丝和很多十来岁的小姑娘一样,穿衣品味和自己的母亲格格不入。她靠自己摸索,学会了使用家里的缝纫机,甚至还会杀掉家里的家禽卖给肉店老板——有一回她甚至连枪都懒得用,而是直接把一只母鸡的脖子扭断——这样她就能有钱买一些布料来做一些暴露的短裙,好显摆自己苗条的身段和修长的大腿。莱辛兴高采烈地回忆着自己第一次认识到自己青春肉体的情景。那天,她站在灌木林里,手里端着一把来福枪,撩起裙子看着自己的大腿,自豪地抚慰着自己。

她的脸蛋也长得楚楚动人——一对绿咖色的眼珠嵌在一双丹凤眼里,高耸的颧骨让她红润光泽的皮肤显得尤为醒目;满头的黑头发闪闪发亮,用家用烫发器烫成满头的波浪卷之后,她的模样简直就是后来被

---

① 林克莱特访谈:《诺帝兰故事集》(*Tales of Noddyland*),第 32 页。

第十一章
借居房客的日子

人们津津乐道的美国电影明星吉恩·蒂尔尼的翻版。

不管和母亲因什么而争执,多丽丝再也不能指望麦克站在她这边,帮她和母亲对抗了。因为患了糖尿病,身体每况愈下,麦克已经变成了一个糟老头子,他只关心自己的疾病,纠结于自己没有实现的梦想。当然了,他也无法对妻子和女儿之间的冲突视而不见,但他只想要一个平静和睦的家。最后,他终于发话说,要是多丽丝这么讨厌自己的父母,为什么不离开这个家永远别回来呢?

多丽丝不顾母亲的哭泣和反对,把父亲的话当了真。快快活活、爱笑爱乐的跳跳虎很快就成了居住在索尔兹伯里一对年轻夫妇家里的互助式房客。这对夫妇有一个四岁的儿子,很快还要再生一个。莱辛回忆说,没过多久,她就不光是照看孩子,而是管起整个家来了。但是这种以家庭主妇为起点的人生自然无法让她感到满足,她发觉自己陷入了很多无聊的互助借住者都无法避免的浪漫幻想。她逃避乏味生活的方式跟别人不太一样,在家务之余,她开始试着往杂志社投一些小文章,有好几篇都得到了发表。

第一份工作干了三个月之后,多丽丝搬到了镇上另一个人的家里,她觉得那个地方更便利一点。这是一个非常热爱大英帝国而又传统保守的家庭,家里有一对夫妇和女主人还没有结婚的弟弟。出人意料的是,这家的丈夫支持改善当地土著的生活境况,他觉得现行的制度其实是在损害白人的利益,因为他觉得不让黑人受教育、生活太贫困,他们就不可能成为高效的工人。

虽然这个理由非常实际,又是为自身利益着想,但这也是多丽丝·泰勒第一次从一个保守的家庭里听到有人批判黑人境遇的话。虽然多丽丝经常批判她母亲的殖民主义偏见,但是她的理解还不够成熟,还不能用强有力的论点来驳斥种族主义,所以她经常只好放弃自己的攻击。

多丽丝的新雇主给了她很多书让她读,这些书足以让她有能力在和她母亲争论的时候赢过她。然而,多丽丝生平头一回不再以争过母亲为目标了。对她而言,更为有意义的是她终于睁开眼睛开始关注这些年来发生在她身边的一切;是她渐渐了解,激进的思想是合情合理的,也是让人心潮澎湃的。

这对夫妇四个月大的孩子几乎全靠多丽丝一个人照顾。莱辛描述说,这位母亲非常爱自己的孩子,甚至很以他为荣,"她只是不适合做母亲"①。这是一句非常客观的评述,话里既看不出对孩子的认同,也感受不到对母亲的愤怒。

有一件事颇让多丽丝感到沾沾自喜——她发现这家的男人们都被她迷倒了。她非常笃定,这家的男主人其实很想"引诱"她,只不过他那些保守的价值理念束缚了他,才使得他没有对她做出什么出格的事来。为了弥补缺憾,多丽丝尝试去诱惑那位没结婚的妻弟,然而,他也不愿意如她所愿。他喜欢躺在她的身边,但只会轻轻地亲吻她,他的拥抱充满爱意,却缺乏激情。可笑的是,莱辛后半辈子一直在百般忍受各种拈花惹草的男人,但是此时此刻却因为一家子有着坚定清教信仰的男人而倍感挫败。

孩提时期,多丽丝曾渴望从父母那里得到这样的拥抱。有一次,全家人都得了痢疾,多丽丝也躺在病床上,于是恳求母亲多陪她一会。可是身心疲惫的母亲却学着她请求拥抱的样子取笑她,结果这事成了一家子的笑料。那个时候,多丽丝只有十二岁。现在,她十五岁了,她需要的不再是简单的拥抱。跳跳虎费尽心思想要和情人共浴爱河,而她那不甘不愿的情人却只愿报以温和的爱抚,这实在是让多丽丝愤懑难平。那个时候,温和柔顺的爱情表白对多丽丝而言显得非常苍白无力、一文不值

---

① 莱辛:《我心深处》(*Under My Skin*),第 183 页。

第十一章
借居房客的日子

而又枯燥乏味。

多丽丝·莱辛很理所当然地认为,年轻的女孩子们应该要找年龄大的情人,因为年龄大的情人从一开始就明白,两人之间的关系不可能持久。① 在这个过程里,女孩也许会痛苦心碎,可那又怎么样? 他们的关系迟早会破裂,这是无法避免的事情。莱辛说这话的时候,并无任何指责之意。在性爱和男女关系方面的,莱辛和其他有女性主义倾向的女作家们有较大的分歧。女作家兼出版商弗洛伦萨·豪伊记得自己在1966年时拜访过多丽丝·莱辛。豪伊是《金色笔记》的狂热崇拜者。当她告诉莱辛,自己非常不喜欢小说中所有的男性角色的时候,莱辛非常吃惊,并探问原因。豪伊回答说,书中的男人最终都抛下和他们有过关系的女人离去。多丽丝·莱辛感到豪伊的看法非常好笑。

"好吧,可男人确实终究是会离去的呀,"她说,"不过,这丝毫不会影响他们的魅力。"② 大约三十年之后,莱辛虽然摒弃了许多先前的观点,却在看待女性问题的角度上保持着惊人的连贯性。虽然她直言不讳地批判说,女性会遭遇各种人生障碍,也在社会要求下被迫做出许多行为,但她还是坚定不移地对主流女性主义倡导的性别政治持一种对抗的态度。莱辛曾公然宣称,性爱的满足比忠贞不渝或长相厮守更有价值,因此,她拒绝批判《金色笔记》中的那些持相同观点的男性(或者说所有的男性),也就不足为奇了。有人认为,男性在对待性关系方面,从来不投入感情却又霸道地到处滥交,其实是一种大男子主义,但莱辛从来没有公开表示过认同这一观点。

在《我心深处》中,莱辛对当前人们对待性骚扰行为的态度表示出了激烈的反对。她讲述自己到医院检查时,一个英俊的外科医生刚把手指插入她身体的刹那,就开始变得呼吸浊重。一个简单的健康问题就足以

---

① 莱辛:《我心深处》(*Under My Skin*),第185页。
② 豪伊:《与多丽丝·莱辛对话录》(*A Conversation With Doris Lessing*),第11页。

使一个医生偏离正常的轨道,才刚刚接触到体检部位,便草草收尾。在她看来,这样的事不过是小事一桩而已,她对那些认为可以将这件事上报,然后毁掉一个人职业前途的想法嗤之以鼻。

莱辛对女性主义者们提出的关于外貌和自我价值之间的问题也很不以为然。读她的作品,我们可以从字里行间感受到,她从小就对自己的外貌相当自信,并且对此感到洋洋得意。她从来没有感受过常与青春作伴的各种不安全感。她似乎不能明白,为什么许多女性会在试着将自己的身体与社会期待的理想形象联系起来时感到强烈的不适。这也导致了她对涉及此类话题的女性主义作品一律持一种鄙视的态度。

在1994年的一次采访中,莱辛解释了自己的观点。她举了西蒙·德·波伏娃的例子。波伏娃是和莱辛差不多同时代的作家。莱辛认为波伏娃既不喜欢自己的身体,也对自己身为女性深感厌恶。无论是在当时还是在往后,莱辛都不赞同这样的态度。20世纪30年代,还在索尔兹伯里的时候,多丽丝·泰勒就不仅对自己的模样满怀信心,而且对于真实的男女之间关系也了然于胸。在她看来,"爱情"披上虚情假意的外衣,只不过是为了给满足性欲找个合理的借口罢了。

寻找一个性伴侣并非多丽丝·泰勒在新的寄居家庭面临的唯一困窘,她的创作进行得也很不顺利,她的大多数作品,尤其是诗歌,鲜有发表。但是,她以"跳跳虎"式的热情奔放、云淡风轻、大大咧咧的口气写的一篇文章,投到索尔兹伯里一家报纸后被收纳并且发表了。

一个叫做菲利普·保罗(Philip Paul)的津巴布韦青年还记得报纸上刊登过的那个故事。大约是在1935年还是1936年初的时候,"我从国外留学回来,参加了在索尔兹伯里大饭店举行的一场舞会。我的舞伴就是跳跳虎·泰勒,我非常享受和她一起度过的时光"。但是,在舞会的过程中,朋友们并没有注意到,虽然身为"跳跳虎"的泰勒表面上享受着舞

第十一章
借居房客的日子

会的乐趣，而作为多丽丝的泰勒却在记录着他们的一举一动。

保罗回忆说，没过多久，报纸上就登出了跳跳虎的评论文章。文章嘲笑了舞会中发生的几件小事和卷入这些事件的人们。尽管文中没有点到这些人的姓，但是作者也不愿浪费力气去改一下这些人的教名，因此，凡是知道自己的孩子参加过这场舞会的父母们很容易就能辨别出文章中点到的那些人的真实身份。"我觉得写得挺好的，"保罗先生回忆说，"但是有个和我们一起跳舞的女孩，她的家人非常愤怒，还写了措辞严厉的抗议书，忘了是写给跳跳虎还是写给报纸编辑的了。"

莱辛敏锐的观察力总和她的写作相得益彰——尽管她的风格有时似乎淡漠超然到让人不安的地步。她的写作自相矛盾，总是以深刻的洞察探索人性，却又几乎很少表现出具备这种洞察力的人应有的情感共鸣，她的写作口吻带着独一无二的理智淡漠。这个特点的形成，应该追溯到她早期的郁郁不得志，还在孩提时期，她就必须对周围发生的一切事事警惕，而要了解一个成人的话语和行为背后的真实意图，她自然必须付出艰苦的努力。

随着年岁的增长，她可能不再需要那么过度用力去了解外部世界。但是，她在创作中却仍然保持了那种置身事外的旁观者的视角，即便是在写到最为私密的领域时也是如此。

十七岁时，多丽丝·泰勒离开了索尔兹伯里，回到农场去准备创作一部小说。在索尔兹伯里，不工作她就没法生活，可是工作对她的要求却又使得她根本没法写作。一回到家里，她很快创作了两部长篇小说。这两部小说，至少在她本人看来是令人难堪的败笔之作。她撕毁了这两部作品，再次回头以创作短篇小说的形式来练笔。尽管她一直在写作，但是她仍然觉得自己担当不起"作家"这一称谓。莫德试图劝她去试试别的行当，比如说去当个护士什么的，而多丽丝确实也曾有过那么一瞬间觉得当个兽医也还不错。不过,尽管长篇小说的创作进展不顺,但是她想要写作的意愿却依然强烈。连续创作两部长篇却又撕毁它们,这对大多数作家来说都是毁灭性的打击,不管他们是胸怀大志还是志趣平庸。但是,多丽丝却对这个过程泰然处之。

泰勒一家的生活变得越发艰辛。麦克·泰勒的身体继续每况愈下,他每天都着了魔一样地听无线电广播,可里面传来的消息让他变得越来越愤世嫉俗。希特勒在德国迅速崛起,很明显,另一次世界大战即将爆发。由于莫德总也没有学会开车,多丽丝只得经常驾车送她的父母到索尔兹伯里去给麦克看病。

为了获得一份比互助式寄居更好的工作,多丽丝开始自学打字和速记。离开父母的家到另一个家里去受别人的家规管制,这是件非常荒谬的事情。她想要从一切管束中解脱出来,自立自强,无拘无束。为了获得这种自由,她愿意付出代价——那个时候,她意识不到,这个代价比她想象的要沉重得多——那就是离开非洲丛林。《非洲的笑声——四访津巴布韦》于1992年出版之后,多丽丝·莱辛对南非裔记者菲亚梅塔·洛克(Fiammetta Rocco)说,作为经历过岁月洗礼的女人,她对重返非洲丛林毫无畏惧,并不惧怕暂时迷失在荒郊野外。然而,当年十七岁的多丽丝,尽管对丛林爱之深切,最不愿面对的,其实就是在丛林中迷失。

多丽丝想要逃离的渴望日益强烈。她从一个过路的人那里听说索尔兹伯里的电话转接中心需要人手。对莫德而言,多丽丝找这样一个工作的行为堪称残暴无良。她当时劝女儿去当个护士就已经够她受的了,现在女儿居然还要进入一个更加粗鲁和卑微的世界。这个天资聪颖的孩子,早期用她的才华惹得她母亲喋喋不休地劝说她走进体面光鲜的艺术界,现在,她却居然要去当个电话接线员来羞辱全家。

多丽丝自然对她母亲的请求和愤怒置若罔闻,并立即动身前往索

第十一章
借居房客的日子

尔兹伯里去申请那份工作。刚被录用,她马上就为自己租了一间带窗户的小房子。这一次,她一去就再也不回头,多丽丝·泰勒永远地离开了父母的家。

第十二章
欲火迷人眼

第十二章
欲火迷人眼

因为多丽丝拒绝对莫德谈起她在索尔兹伯里的生活,莫德就亲自到那里去探视。她不仅向房东打听女儿的白天生活,更过分的是,她还打听女儿的夜间生活。打探的结果让她堕入了最黑暗的梦魇。身为母亲,莫德在一封措词辛辣严厉、刻薄尖酸的信中断言,多丽丝以后会在妓院中了此残生。

十八岁的跳跳虎·泰勒在电话公司工作了一年。在这一年里,每当短暂的工作时间结束,她就不知疲倦地加入各种社交活动。年轻人们——男孩比女孩多得多——每个晚上都要进行黄昏聚会。聚会从下午六点开始,几乎持续整整一个晚上。莱辛承认自己沉迷于那些纵酒过度的夜晚,但是她的回忆充满了温情。非洲夜晚甜蜜辛辣的味道跟她不停啜饮着的杜松子酒苦涩的回味混杂在一起;星罗棋布的天空透过朦胧的香烟在雾气中若隐若现。

多丽丝跟她父亲一样,非常擅长跳舞。她紧贴舞伴,在对方的怀中翩翩起舞。

伴舞的《欲火迷人眼》(Smoke Got in Your Eyes)、《贴面起舞》(Dancing Cheek to Cheek)等这些歌曲让她心醉神迷。1993 年十一月份,莱辛就《沙漠岛屿迪斯科》附带她第一部回忆录出版一事接受了采访。节目中,她选了八首自己最喜爱的乐曲,其中一首就是《你在我心深处》,她不久后出版的小说就是以这首乐曲命名的。放完宾·克罗斯比的音乐之后,莱辛回忆说:"现在看来,我当时有三四年的时间里每天晚上都在跳舞。你知道的,那种场合下,音乐总是非常有吸引力,非常多愁善感。总是表达渴望、念想和诉求。"①

即便是在她身体发福的时候——她一辈子时而发福,时而清瘦——多丽丝也为自己的身体颇感得意洋洋,她和那些跟她跳舞的男人或者看着她走过的男人一样,对自己的身体赞赏有加。在性方面的自信本身就让人颇具诱惑力,尤其是当它裹上漂亮的包装之后。因此,多丽丝轻而易举地就能在那些年轻的专业人士或者公务员们中找到想做她舞伴的人,或者做她其他什么伴的人(如果她乐意的话)。战争迫在眉睫,人们愈加渴望及时行乐,一切都令人心醉神迷、心猿意马,最重要的是——令人开心愉快。

电话接线员的工作很快变得没有什么新意,多丽丝又开始寻找另一份工作。尽管多丽丝还是坚持读书,并且书架上除了奥莉芙·施奈纳之外,又增加了弗吉尼亚·伍尔芙的作品,但是她的主要精力还是放在了社交生活方面。在回顾自己的阅读生涯时,莱辛对自己一边工作,一边社交,一边还买了又读了那么多的书感到不可思议。她从英格兰订书,每次书寄到的时候,她都感觉像是收到了最为奢侈的礼物。

后来她才意识到,自己当时太年轻,其实还不太读得懂一些作家的作品,比如卡莱尔、罗斯金等人的作品,但当时她根本没有意识到这一点。她囫囵吞枣地大读特读俄国作家的作品,托尔斯泰、陀思妥耶夫斯基、契科夫、屠格涅夫的作品,让她的头脑里充满了关于创作和人类状态的新思想,这些思想和她周围的生活氛围形成了鲜明的对照。索尔兹伯里和南罗德西亚其他地区一样,思想狭隘,充斥着种族主义。人们的谈话不外乎种族禁令、体育竞技或是无关痛痒且通常心胸狭隘的流言蜚语。文学成了逃离一切的出口,成了把持航向的定锚。

---

① BBC访谈:《沙漠岛屿迪斯科》(*Desert Island Discs*)。

第十二章
欲火迷人眼

因为听说多丽丝变得越来越同情土著居民的困境,有一天,她的一个朋友邀请她去参加"左翼图书俱乐部"的聚会。这个俱乐部是索尔兹伯里一个小型的共产党组织。多丽丝出于好奇,也想到要拜会一下这些勇于和主流政治思潮持不同意见的人,于是就答应去参加聚会。可是,当她真的见到这些人的面孔、听到他们的演讲之后,她却变得越来越不耐烦。男人们诋毁那些甚至连面都懒得露一下的成员们;女人们穿着让她们的身材走样、毫无魅力可言的衣服,而且大部分时间都在抱怨她们的丈夫让自己变成了家庭主妇。

多丽丝很瞧不起那些女人们一副怨妇的样子。又不是别人让她们结婚的,又不是别人让她们生孩子的。她猜想,她们这种郁郁寡欢的气氛,主要是因为看到她们的身边突然多了一个像她这样年轻貌美又自由自在的青年女子,还毫不掩饰地带着一副不以为然的神情看着她们。

尽管他们关于种族偏见的热烈讨论和多丽丝的思想有诸多的共鸣之处,但是在她作为跳跳虎·泰勒的这段人生里,多丽丝并不打算选择和一群她觉得俗气乏味的人结交,那个时候,卷入政治并非她的首要目标。不过,她还是听从了该组织临别时的劝说,不再给权威杂志《观察者》供稿,而是转而向《新政治家》投稿。在其他白人眼里,《新政治家》这本杂志是一本用心险恶、不堪入目的左翼宣传册。

弗兰克·威斯登(Frank Wisdom)之所以吸引多丽丝的原因之一,是因为他不仅对《新政治家》这本杂志很感兴趣,而且非常赞同多丽丝关于种族问题的激进见解。弗兰克·威斯登当时是个公务员〔他是《暴力之子》系列中玛莎·昆斯特第一任丈夫道格拉斯·诺威尔(Douglas Knowell)的原型〕,比多丽丝大十岁。后来,他成了南非高级法院的院长,在南非司法部公务员梯队中担任高级职务。但是多丽丝认识他的时候,他才不过是一个在很一般的职位上想办法往上爬的普通公务员。

除了政治观点,弗兰克在跳跳虎·泰勒身边的男人当中并不算出色。他爱跳舞,经常喝醉酒,也经常做运动;还喜欢和女人们打情骂俏,跟着一帮哥儿们在一起放荡不羁地生活。多丽丝这个女人,在父母跟前信誓旦旦地说:"我不会嫁给他,我真的不会嫁给他",心里却暗暗地下定决心,一定要嫁给这个男人。1939年,她真的就嫁给了这个男人。

在《我心深处》中,莱辛以一种非常漫不经心的口吻谈到了这次婚姻。她暗示说,她根本不是什么下定决心要嫁给那个男人,而是她当时既受到日渐逼近的战争所迫,也被那些让人沉迷陶醉的舞曲和它们那情意绵绵的歌词所蛊惑。大家都结婚了,她也不过是赶个潮流罢了。

莱辛不觉得结婚计划和工作计划有什么不同,也不觉得结婚只关乎个人和内心感受,而不应该受到外界事件的影响。多丽丝·泰勒因遭受过被人拒绝的痛苦而出于自我保护建立的这些防护手段,让人觉得她是一个对爱情和亲密关系毫不在乎的人。但是,防护手段往往会造成相应的后果,她越是拒绝表达任何情感需求,越是会造成她想要极力避免的一种状态。为了不受到伤害,她不让任何人靠近她,这种做法其实会让她永远无法摆脱孤独无助的状态。多丽丝也许可将婚姻看作自己和外界保持关联和获得外界认可的一种方式。

莱辛说她并不爱弗兰克·威斯登。但是,身处喧嚣的时代浪潮当中,她没费什么劲就说服自己,认为自己是爱他的。她也很笃定地认为,弗兰克也并不爱她。事实上,弗兰克本是和一位英国姑娘有过婚约的,但是把他从他的未婚妻那里抢到手,莱辛也没觉得自己要受到什么良心谴责,她甚至有点骄傲,自己有能力把那个姑娘挤走。她认为,凡是经历过岁月沧桑的姑娘,都会觉得这种做法是她们的权利,这种事情不会让她觉得卑鄙可耻或者不讲姐们义气,相反,这样做让她充满了自尊。

婚礼照片上,十九岁的新娘多丽丝·泰勒显得笑容甜蜜、心情愉悦,而隐藏在这个面具背后的姑娘,却对婚礼的各种喜庆狂欢表现得毫不在意、麻木不仁。那些枯燥乏味的繁文缛节让她很不以为然,因为这些和她想要的生活一点都不沾边,可是,又何必沾边呢?!毕竟,用莱辛的

第十二章
欲火迷人眼

话来说:"那是跳跳虎在结婚。"①

不难想象,当莫德和麦克看到自己叛逆不羁、特立独行的女儿这么早就结婚了,而且还嫁给了一个有体面工作的年轻人时,心里有多么地吃惊。麦克猜测,多丽丝肯定是奉子成婚。而多丽丝当时确实是有了身孕,只不过她自己对此毫不知情。在怀孕长达四个半月的时间里,多丽丝居然对此毫无觉察,她真是与自己的现实生活太脱节了。

婚礼之后,多丽丝、弗兰克夫妇和另外一对夫妻一起去度了个蜜月。他们开着车到贝拉去观看索尔兹伯里运动俱乐部的英式橄榄球队比赛。贝拉是东非一个海边城市,当时是葡萄牙的殖民地(现在的莫桑比克)。他们在黑暗曲折的道路上驱车赶路,有些地方的路几乎就是硬从灌木丛中强辟出来。他们在路上遇到了成群结队的大象,还举杯向大象致敬。到达贝拉以后,他们发现那个小镇就像在举行一个大型聚会一般,到处是嚣张粗鄙的运动员和他们的迷粉,还有各类酒水饮料。

威斯登夫妇回到索尔兹伯里之后,住进了一对老年夫妇的小公寓里,这对老年夫妇是弗兰克的朋友。这家的女主人教多丽丝如何完成已婚女人的职责。在她的调教下,跳跳虎兴致勃勃地洗衣做饭,给弗兰克擦皮鞋,擦洗他们的新家具。

晚上,他们继续太阳下山后的活动,在运动俱乐部喝酒、跳舞。俱乐部的一些人注意到多丽丝好像是怀孕了。她先是觉得人家的想法很可笑,后来却意识到这事可能是真的。

多丽丝想都没想就觉得自己应该堕胎,而弗兰克也没有什么异议。她通过一个不很熟的人联系到了一个可能会给她做手术的人之后,就坐上了前往约翰内斯堡的火车,去找一个有可能都联系不到的人。火车上拥挤不堪,她身上没钱,更不知道到那里以后会发生什么。她费了好大的劲才找到那个年轻人住在什么地方,年轻人给她报了一个名字,让她

---

① 莱辛:《我心深处》(*Under My Skin*),第 207 页。

去找那个人,但是这个人却很气愤地拒绝了她的要求。不过,她还是想法子找到了一位愿意给她做手术又和蔼可亲的医生,但是她运气不佳,这个人喝醉了酒。医生的一位女性朋友提醒她,医生喝醉酒做手术会有不良影响,不能让这个医生给她做手术。最终,跳跳虎找到了一个正经的医生,确实也能做流产手术,但是他却告诉她说,怀孕时间太长了,到了这个阶段已经不宜做手术了。

多丽丝·莱辛说,她怀孕是因为老天爷想让年轻女人生孩子。她还认为,自己一直没有意识到自己怀了孕,等到后来发现了,却又没法做流产了,这也是老天爷的意思。多丽丝·泰勒可能不想要孩子,但是老天爷却逼着她顺应自然。令人吃惊的是,莱辛经常在回顾她的生活历程的时候,把自己的行为归结于命运的安排,归结于母性的本能,归结于时代精神的影响,或者归结于看不见的力量和不可逆转的时代潮流。这种被动地将一切屈服于更高力量的态度,出现在一个如此决心强烈地要按自己方式行事、又如此热衷于自我感受的人身上,实在是令人难以理解。然而,这也许是一种可以逃避承担自己行为责任的态度——如果你没法控制事态的发展,你当然不需要为其后果而遭受诟病。

多丽丝的妊娠可谓一帆风顺,整天躺在凉水桶里为了自己和孩子大吃大喝。其他孕妇都生病,还会担心尚未出生的孩子的健康。多丽丝却很笃定自己的怀孕没有什么好担心的,生孩子也会很顺利,孩子也不会有任何问题。

她自称对自己的状况感到非常开心,而开心的主要原因是弗兰克急着要去往前线服役,随时都有可能跟着部队离开。当时索尔兹伯里办了一个皇家空军培训学校,除此以外还有很多别的英国人来到这里从事与战争相关的工作。按照多丽丝的想法,弗兰克离开她和孩子去打仗的时候,她可以幻想和这些新来的士兵搞点婚外情什么的。她还信心满满地认为,弗兰克离开以后,她能够写出一部长篇小说和很多比过去水平高得多的短篇小说。

第十二章
欲火迷人眼

事实上,跳跳虎生孩子可谓受尽了折磨,而且忙昏了头的护士几乎没怎么顾得上她。最终,她的儿子约翰降临到了这个世上,她的痛苦才得以解除。还没有去服役的弗兰克一朝得子,觉得志得意满,在多丽丝产后修养的那段时间里,他经常会领着一帮狐朋狗友到月子中心来闹哄哄地庆贺一番。

《暴力之子》的第二部《体面婚姻》为多丽丝赢得了最虔诚的书迷,因为这部小说不仅去掉了笼罩在怀孕和生育这些事情上的神话色彩,也揭示了为人之母的矛盾心情。以前从来没有人将生孩子的经历和情感体验表述出来,至少没有如此开诚布公地表述过。读者在感到震惊的同时,也觉得不再耿耿于怀自己曾有过同样的体验——既觉得心怀委屈也充满了母爱慈和,既觉得自己从此一辈子被孩子捆住,也会有保护孩子的本能冲动。莱辛在小说中用高超的写作技巧,深入细致地描述了一切。"负疚和挑衅在她的生活里循环往复,她算是知道了。"莱辛在《玛莎·昆斯特》里这样描写她玛莎和女儿的关系:

> 她一开始并不了解这一切意味着什么……她一边擦着奶水和食浆,一边自言自语地说,噢,上帝啊,我真烦这些事啊,我真的痛恨这一切!她心里很清楚,她其实是想说她讨厌自己的女儿。但是很快,这炎炎怒火就渐渐消退下去,随之而来的,是经久不衰的负疚感。

在月子中心,莱辛记得自己总想多抱一会孩子,而不是按照月子中心的习惯,仅仅抱那么短短的几分钟。她还希望只要孩子一饿,就立刻给他喂奶,而不是像护士那样坚持每四个小时喂一次。但是,让多丽丝婴儿时期饿得躺在床上大声哭闹的那些规矩如今仍然适用,月子中心的地板上到处躺满了饿得咕咕叫、哭得撕心裂肺的婴儿。颇有讽刺意味的是,当莫德来看女儿的时候,居然说等四个小时才喂奶对新生儿来说实在是太久了。她的这番话却让多丽丝转而立刻赞成月子中心的限制,目的就是为了防止她母亲去和工作人员吵一场不可能吵赢的架。

回到家里后,虽然约翰显而易见的饥饿感让她觉得难过心酸,但是多丽丝仍然继续按照医院的规矩来喂养孩子。而且,在她的回忆录里,她也并没有将自己小时候饿肚子的体验和儿子可能会有的感觉联系起来。

莱辛后来发现约翰婴儿时期和儿童时期其实患有后来人们所说的多动症。她回忆说,自己当时精疲力竭,对儿子的饥饿和需求感到绝望无助,但是她很庆幸当时还不存在"多动症"这个概念。因为一旦贴上那样的标签,可以确定儿子不仅会受到侮辱,而且还会被喂进一大堆各种致命的化学药品去控制他的行为。由于奶水满足不了儿子的需求,喂奶的过程又太费事,有点得不偿失,多丽丝索性让儿子喝牛奶了。莫德因此指责多丽丝自私自利。

莫德坚持不懈地来探望,而多丽丝逐渐发现,能确保她母亲受到心理折磨的方式,绝对不是去和她争吵,而是心平气和地同意她所说的一切,却又把她的话当耳边风。每次莫德来,多丽丝就用这种策略应付她,直到莫德离开。但是,等到门一关,家里就只剩下她和儿子孤零零两人了,那个情形就和《体面婚姻》里的玛莎·昆斯特和她女儿孤零零地待在一起的样子如出一辙。

多丽丝很坦率地承认,《体面婚姻》中描写的生孩子的体验和她自己生约翰时的体验是有联系的。而玛莎的产后生活经历,似乎也是和莱辛自己的产后生活脱不了干系。如果把她的回忆录和她写玛莎的那段话联系起来看,可以断定这段话是对她自己亲身经历的一番非常贴切的总结:"她的整个生活匆匆往前推进着,去度过这段时光……匆匆,匆匆,再匆匆;然而,她虽然这样地匆忙,却并不知到自己会奔向何方。"[1]

---

[1] 莱辛:《体面婚姻》(*A Proper Marriage*),第 201 页。

第十三章
痛苦的割舍

让莫德非常欣慰的是,哈里进了英国海军,驻地在英国的达特茅斯,他在那里接受成为军官所需的各种训练。弗兰克对于从军也兴奋不已,他和运动俱乐部的一帮朋友一起也在离家不远的乌姆塔利(Umtali)接受训练。多丽丝也和别的妻子一样,带着襁褓中的约翰,跟着弗兰克随军。严格的饮食控制已经让她恢复了身材,头发也重新变得黝黑亮泽。但是他们在乌姆塔利住的那间廉价旅馆,对于重新回归自我的多丽丝而言,实在有点差强人意。孩子生病的时候,有时甚至身体好的时候,他也总是哭哭啼啼的。于是,多丽丝经常推着婴儿车,带着儿子在不熟悉的街道上来回穿梭着,偶尔梦想着某个英勇的士兵,即便知道他们最终会分手,也会不可救药地爱上自己。

不过,她等来的却是弗兰克,是弗兰克和她再也不会分离的结局。弗兰克三十岁了,腿脚不灵便,军队最终没有接受他。威斯登夫妇回到了索尔兹伯里,弗兰克成了镇上被军队拒之门外的人之一,这让他颇感耻辱。夫妇俩还是会去运动俱乐部,但是那个地方变得跟以前不一样了。神经大条的姑娘们会取笑弗兰克太老,而多丽丝也发现,男人们不仅越来越少,而且很多都是身体多少有点残疾的人,而她自己又当了妈妈,渴盼的异性关注几乎完全没有指望。住房变得很紧张,他们不断地从一所房子搬到另一所大不了多少的房子里,都是那种只配备了简单的机器造的廉价家具的房子。弗兰克上班走了以后,多丽丝就带着儿子跟

第十三章
痛苦的割舍

一堆妈妈们喝早茶。

她讨厌这些女人。

她讨厌弗兰克。

她讨厌自己的生活。

多丽丝从来都不是一个会美化婚姻生活的人。1972年,乔伊斯·卡罗尔·奥茨(Joice Carol Oates)拜访了莱辛,他们一起探讨了莱辛刚刚写完的一部名为《天黑前的夏天》的小说的情节设计。这部小说写的是一个"刚失去了丈夫的女人,人生分崩离析"。奥茨记得莱辛当时执迷于一种看法,觉得一个女人的人生完全是"由她的婚姻塑造的"。[1]

1980年,一位西班牙记者问到了她为什么独身多年,莱辛说,她觉得两个人在一起也并不能提高成效,两人之间的关系太不平等了。男人们总想占主导地位,而女人们则失去了一切独立自主的地位和力量。20世纪80年代,莱辛的一位美国朋友结婚前给她写了一封信,诉说她对自己的伴侣感到非常的困惑:"我在信中说,我觉得我们的灵魂分为三个层面——身体层面、情感层面和智力层面。我希望自己恋爱的时候,这三个中心都能得到满足。但是我发现事情根本不是那么回事,因此心里觉得惶恐不安,所以我想问她,我是否该等到一个能和我在三个层次都能契合的人才结婚。"莱辛却回信说:"等待毫无意义。"

多丽丝·泰勒·威斯登觉得嫁给弗兰克这件事一点都不开心。她好不容易跳出了与父母之间的相互依赖关系,现在却又和一个男人纠缠不清,日日夜夜、月月年年、每时每刻都受到限制,受到干扰。不过,多丽丝还是想方设法一边推着婴儿车一边写诗。然而,她的这种做法并没有缓解她的处境,反而让她和弗兰克的矛盾激化,因为多丽丝在

---

[1] 奥茨:《不断前行者》(*One Keeps Going*),第36页。

新的作品中对罗德西亚社会的轻蔑鄙视，达到了让弗兰克无法接受的程度。

毫无疑问，弗兰克也有自由思想，但是，他觉得多丽丝有点太过了。妻子对大多数别人都信仰的事物冷嘲热讽，这显然很不利于他的事业发展。而且，写作占用了她太多的时间，太多本该跟他一起共度的时间。弗兰克的每一句抱怨，都让多丽丝越来越觉得自己深受束缚。她幻想从海角镇那些狂欢作乐的艺术家那里找到一种超波西米亚的方式来解脱自己。

如果说多丽丝觉得自己受到了情感困境的威胁，跳跳虎却知道将各种过激的情绪暂时化解。约翰九个月大的时候，她决定再次怀孕。1941年，多丽丝很快就怀了女儿吉恩，又顺利地将她生了下来。可就在这时，房东却对威斯登夫妇说，他把房子租给军队和皇家空军赚的钱更多。新当了父亲的弗兰克觉得，自己受够了看房东脸色的日子，所以这次他们搬家的时候，就决定买一栋房子来安置他们这个添丁进口的家庭。跳跳虎对此表现出一副欢呼雀跃的样子，而多丽丝的内心深处却觉得自己越来越无法摆脱一切。

很快，威斯登一家就搬到了索尔兹伯里一条比较繁华的街道。房子里配备的家具正是莫德想要给女儿置办的家具，只不过女儿却对她的满心欢喜冷嘲热讽。多丽丝也不准莫德差遣她的三个仆人。三个仆人分别是一个厨师、一个管家和一个叫做"小黑妹"的十岁小女孩，这个女孩子专门负责擦鞋、跑腿和临时照看一下孩子。

仆人们住在一条小巷的砖房里，这些房子是用来储藏洗浴用品的，仓储每天两次用牛车运到这里来。警察们经常会到这里来视察，看看住在这里的人有没有未经批准就留宿妻子、女朋友，或者是离开国内的母亲、祖母或者姑姑，来到这里探望父亲的女儿们。尽管多丽丝·威斯登会应仆人们的要求，给他们写证明说，自己允许他们的亲人住在他们房子里，但她实际很少去拜访他们，很少去了解他们的生活状况。她和仆

第十三章
痛苦的割舍

人们没有什么私下的关系,所以没有必要出于礼节去拜访他们,何况她也觉得要尊重他们的隐私。

约翰是个特别爱生气的孩子,每次多丽丝照顾小女儿的时候,他就会大发雷霆,甚至有时候她刚刚给吉恩喂完奶,约翰嫉妒的怒火就已经压都压不下去了。吉恩倒是一个安静乖巧的孩子,可是,就算是一家人都帮忙照顾,多丽丝也觉得自己疲惫不堪。她变得萎靡不振、精力不济,总觉得自己濒临崩溃的边缘。晕倒过几次之后,她决定带约翰到海边去休一个月的假,把婴儿吉恩留在朋友家里。莱辛解释说,婴儿的确需要拥抱和安慰,但是这种事不一定非要母亲来做。因为这个原因,她说:"这件事,我过去没有感觉愧疚,现在也同样没有觉得愧疚。"①但是,她有一次也说过这样的话:"因为我不是个占有欲很强的母亲,吉恩一辈子都会对此耿耿于怀。我女儿应该有一个像我母亲那样的母亲。"②

哈里从海军休假回家的时候,去他姐姐在海边度假的地方待了两天。他们坐在旅馆的阳台上互相欣赏彼此的容貌。多年未见,他们基本不了解彼此的生活。可是多丽丝还做出跟他打情骂俏的样子,她解释说,自己这样做,多少是为了给旅馆里那些推着婴儿车、在这一对璧人面前来来回回走动的女人们一点颜色看看。

《一个男人和两个女人的故事》出版之后(1963年),有人要求莱辛从中选出两篇来放到一个文集里面。她选了一篇名为《彼此之间》的小说,描写的是一对叫做弗莱德和弗莱达的姐弟,"他们彼此相爱。但这根本不是什么自身经历,真的"。她这样解释,是因为预料到人们可能会问她这个问题,她觉得这是有关她人生经历中最让她恼火问题之一。但她又加了一句:"也许我倒有点盼着这真是我自己的亲身经历呢!"③

---

① 莱辛:《我心深处》(*Under My Skin*),第245页。
② 柯诺利:《多丽丝·莱辛的童年》(*A Childhood:Doris Lessing*)。
③ 纽奎斯特访谈:《像人一样交谈》(*Talking as a Person*),第8页。

多丽丝·莱辛是开笔大师，寥寥数语，就能够完全用文字牢牢吸引读者。在《彼此之间》里，她采用了一个看似寡淡无味、平常到有悖常理的开头来架构故事情节。故事的开头写道："我想你弟弟又要来了？"①弟弟明天早上会来，后天早上会来，大后天早上还是会来。姐姐名叫福莱达，弟弟名叫弗莱德。

高度相似的名字表现了他们之间的彼此联系，高度相似的外貌也同样体现了这一点。两人都长得又高又瘦，有着黑黑的头发和黑黑的眼珠。福莱达的丈夫上班去了以后，她就和弟弟弗莱德做爱。他们通过做爱加深彼此的联结，激情澎湃地想要彼此交融。故事里没有提到他们的父母，但是很明显，福莱达的丈夫和弗莱德的女朋友只是充当了替代品的角色。这对姐弟心居心不良，通过欺骗周围那些固守传统的人来满足自己的欢愉。

故事中还有另一个很扭曲的情节。尽管鱼水之欢让他们彼此愉悦癫狂，但这对姐弟会彼此拥抱着，在高潮之前戛然而止。他们通过观察彼此身体分离之前，到底能够有多么接近性高潮中去寻找乐趣。福莱达说他们之所以有这样独特的做爱方式，是因为他们还可以分头到查理和爱丽丝那里去"释放"。就这样，丈夫和女朋友被姐弟俩双倍地利用和欺骗，可福莱达却觉得这种状态尤其让她深深迷醉。

认为《彼此之间》是自传性的真实乱伦故事其实是毫无根据的。但是如果以多丽丝·莱辛的家庭生活为背景来解读故事，就可以让人联想到她和哈里的关系。《彼此之间》里的姐弟俩除了男女有别，其他都根本无法分辨，而姐姐想要与弟弟融为一体，成为一个人，因此，就是性别上的不同也可以完全忽略。多丽丝·莱辛这样写的目的到底是什么？要是她成为了哈里的一部分，她是不是就可以体会到成为宠儿的感觉呢？

---

① 莱辛：《一个男人和两个女人的故事》（*A Man and Two Women*），第209页。

第十三章
痛苦的割舍

《彼此之间》也是一个关于情感控制的故事。福莱达在高潮之际抽身而退,其实是更享受彼此交融的乐趣,而不是性发泄的乐趣。多丽丝·莱辛拒绝承认自己对哈里的愤怒,可能最起码有一部分的原因,是为了抵御自己的愤怒。她已经被自己对母亲的愤怒弄得筋疲力尽,要是再承认自己对弟弟也有着同样愤怒,这可能会让她自己面临情感崩溃的危险。

一个跳跳虎偶然遇到的男人对她求欢,但是她却拒绝了他进一步的行为,因为她和对方的妻子是很好的朋友。不过,她想要找个情人的愿望,还是让她下定决心和弗兰克离婚。她明白,他俩做夫妻的时候,自己对弗兰克很不好,而弗兰克也不知道该怎么去改变她。

度完假回到家里之后,多丽丝就告诉弗兰克,她需要时间来追求自己的兴趣爱好。她做出了让母亲和朋友们大为震惊的事情,请来了一个名叫肖娜的女子住到家里来当吉恩的保姆。莫德不停地抱怨这种不合常规的安排。但是,多丽丝好不容易躲到外面,过了几周不受母亲没完没了干涉的日子,怎么可能还能继续忍受得下去呢?不过,她总算没有离婚。弗兰克指责她跟别的男人打情骂俏有点过,甚至说她有更过分的行为时,她并不觉得这些指责是一种侮辱,而是觉得一切跟自己毫不相干。而她的一生里,似乎总被各种不相干的事情包围着。

吉恩和约翰开始蹒跚学步的时候得了百日咳,多丽丝也受到了传染。为了让多丽丝恢复健康,孩子们被送到莫德那里照顾。等到他们都康复了,多丽丝就开车到农场把吉恩和约翰接回了家里。那段日子,她顶多也就是偶尔回家看看,父亲消瘦憔悴的样子让她非常震惊。父女俩没什么话好说,就那样站在草地上,看着可爱的孩子们玩耍。消瘦憔悴、意志消沉的麦克嘴里念念叨叨地说道:"看看,你小时候就是这样,可爱的小东西!看看现在都变成什么样子了。太不值得了。"①

---

① 莱辛:《我心深处》(*Under My Skin*),第 256 页。

《体面婚姻》里也写到过类似的母女分别的情景。玛莎·昆斯特把生病的女儿送到母亲那里去照顾,女儿不在家的时候,她把女儿完全抛之脑后:"就好像卡洛琳不存在,从来都不存在一样。"①

多丽丝·威斯登站在了人生的十字路口。她不想和家庭分离,但是她也不能继续假装自己是一位心满意足的妻子和母亲。跳跳虎那种装出来的样子已经起不了什么作用了,多丽丝必须结束婚姻才能开始新的生活。然后才能势不可挡地发展出那些后续的思想,那些不为人接受的思想,那些勇敢无畏、大胆刺激、具有解放意义的思想。要想真正逃脱一切,她就得连孩子一同放弃。她十四岁就逃离了学校,十五岁就逃离家庭,二十四岁的时候,她又要逃离丈夫和两个孩子。

1973年,研究莱辛的学者笛·瑟里格曼(Dee Saligman)去往罗德西亚拜访了哈里·泰勒。哈里回忆了她姐姐背弃家庭的那段非常恼人的时光。他说,在她对家庭造成伤害的所有行为当中,抛下孩子"让我父母心都碎了"②。

在《体面婚姻》当中,玛莎·昆斯特离开她三岁大的女儿时,内心非常平静坚定。玛莎只是做了她必须做的事情,母亲和孩子的生活还会继续,根据书中暗示,他们的生活甚至还会变得比以前更好。"你会获得完全的自由,卡洛琳。"玛莎对着女儿说道,"我放你自由"③。

莱辛在回忆录中写到自己离开两个孩子这件事的时候,你可以感受到同样理性的语气。她辩解说,她并没有让孩子们孤独飘零,他们的周围都是照顾他们、爱惜他们的人,他们能够得到特别好的照顾。记者们想要和莱辛讨论她抛下两个孩子的事情时,她表现出一副完全不屑一顾

---

① 莱辛:《体面婚姻》(*A Proper Marriage*),第201页。
② 瑟里格曼:《四面小说家》(*The Four Faced Novelist*),第8页。
③ 莱辛:《体面婚姻》(*A Proper Marriage*),第340页。

第十三章
痛苦的割舍

的样子。"想问我该不该离开我的孩子们?该。要是我不离开他们,我就会崩溃,或者沦落成一个酒鬼。"①

她觉得为此遗憾痛苦毫无意义。在她看来,沿着那条道路走下去,她会变得痛苦万分、自怜自艾,而这两样东西对她的晚年生活毫无用处。为了安抚读她传记的许多读者对她行为的不解——既然她母亲的拒绝让她深受伤害,那么多丽丝·莱辛怎么能做得这么决绝,去抛下她的两个孩子?——她再一次用命运的安排这样的话来回应读者们的质疑。她觉得自己承载着某种"秘密的厄运",她自己在童年深受其害,而她认为她的孩子们也难于幸免。"一切都是重复的套路,许多的套路不停地重复。"②

而她所畏惧的重复,不是什么抽象的"厄运",而是扮演不好母亲的角色。莱辛内心的感觉非常复杂,她非常厌恶自己令人窒息的婚姻,但是面对孩子,心里也会觉得非常矛盾。也许她最害怕的,是在罗德西亚当一辈子家庭主妇,这样的生活会让她变成像母亲那样的人,而自己却一直怨恨母亲思想落后、怨天尤人,确切地说,她害怕和弗兰克一起生活会把多丽丝·威斯登变成莫德·泰勒。

和多丽丝·莱辛亲近的人,或者说在她能接纳程度范围内和她亲近的人,都认为多丽丝其实并不像自己表现出来的那样冰冷疏离。她的私人信件也证实了这个看法。1983年,莱辛的儿子约翰在多次车祸之后又一次遭遇事故,伤势严重。莱辛在写给她的编辑罗伯特·戈特列波(Robert Gottlieb)的信中,设想自己当年如果做出了不同的选择,结果到底会怎么样。

"我一直觉得,"她的一个朋友说道,"多丽丝一直挣扎着想要原谅自己过去的行为,然后继续生活下去。在冷漠的外表下,她其实一辈子都沉陷在那次极度痛苦的割舍中不能自拔。"

---

①② 本尼特:《都怨时代风潮》(*Blame Me On The Zeitgeist*),第55页。

第十四章
找到新的家

第十四章
找到新的家

多丽丝一心想要逃离却没有勇气去行动,连着好几周都觉得受尽折磨。这段时间里,她在一个地下激进组织里寻求到了巨大的安慰。一天下午,她碰到了老朋友多萝西·舒瓦茨(Dorothy Schwartz),多萝西就是四年前带她去参加左翼图书俱乐部聚会的人。两个女人站在开着淡紫色花儿的紫薇树下,彼此倾诉着分别之后的生活。多丽丝因为需要掩饰自己混乱动荡的内心,于是继续将自己伪装成跳跳虎的样子,用生动活泼的方式讲述着自己生活中呆板无趣的丈夫,愚蠢无知的朋友和白人社会欺压苛责的本性。

听完她的故事,多萝西·舒瓦茨再次鼓励这位不安分的朋友更积极地参与政治活动。她向跳跳虎保证说,她这次邀请多丽丝加入的这个学习组是真正的革命组织,跟她上次带她去的那个效率低下的群体不一样。多萝西还说,那里有很多人都听说跳跳虎对土著颇表同情,因此都想要结识她。

知道一群激进知识分子想要结识她,这让她感到了极大的心理满足。在她的日常生活里,她觉得没有什么事物能让她产生哪怕一丝丝的兴致,或者觉得有那么一丁点的意义。她现在的生活空落落的,根本无法展现真正的自我——虽然她还不知道,她真实的自我到底是什么样子。莱辛说过,她觉得自己能成为一个作家。可是,在她人生的那个当口,虽然她偶尔也能卖出去一两首诗歌,但她还是觉得自己的豪言壮语不过是一番空谈而已。除了那位跟自己生活在不同时代的奥莉芙·施奈纳——而且毕竟，奥利芙没有卷入为人之母的命运——多丽丝没有发现还有其他跟她背景一样的女人以切实可行的方式成为了作家。

被介绍加入那个群体后，多丽丝的心里看到了希望，觉得自己苍白的生活可能会有很大的改善。这个群体里大多数人是皇家空军里的英国工人阶级和欧洲难民，很多都是犹太人。因为割断了情感上与弗兰克还有孩子们的联系，加上每次回娘家就像一潭死水一样，她和父母之间的感情越来越淡漠疏离。多丽丝像玛莎·昆斯特后来那样，在一群妙趣横生、自尊自信的男男女女那里获得了滋养，这个群体让她体验到了以前从未有过的归属感。

那时她刷着皮鞋、缝着衣服和推着婴儿车闲逛的时候，心里总在渴盼着某个时刻，自己能脱下牢牢绑在身上的妻子和母亲的外衣。现在，每到下午时分，她就会离开家前往美可斯酒店（Meikles）大堂，和朋友们在那里聚在一起喝喝啤酒；或者去镇上一个很不起眼的地方的某家茶屋，跟他们一起喝杯咖啡或者品品茶，一边按地道英国人的方式往司康饼上涂着黄油，一边热情澎湃地为反帝国主义出谋划策。每次她打开那扇门，大家就会给她腾地方，大声欢迎跳跳虎同志。

尽管共产党还没有正式承认他们的地位，但这群组织松散的自由主义者、激进分子、社会主义者和劳动改革家纷纷宣称自己就是共产党员。虽然即便承认了正式地位之后，共产党官方也并不怎么重视这个罗德西亚分部，这个分部的成员们却很把自己当回事。而在这群人里，没有谁比跳跳虎·泰勒更热心于实现组织的目标了，她非常乐于完成同志们给予的任务，不管她做的事对于弗兰克那些保守的公务员同事们而言有多么不顺眼。

有时候，也许是为了安抚弗兰克，她会骑着自行车带着孩子们跟她一起去完成政治活动任务，比如去领一堆传单到处发等等。她会把约翰

第十四章
找到新的家

或者吉恩放在自行车把手上面的那个帆布框子里。通常,约翰非常享受这样的旅行。母亲光着腿用力蹬着自行车——多丽丝总喜欢把自己修长的大腿露在外面,朝着目的地能跑多快就跑多快,这时候,他就在框子里一会蹦起来,一会坐下去。而吉恩从来没有觉得这些事有什么值得高兴的地方。自行车跑得太快,一路上经常磕磕碰碰,这些都让她觉得害怕。多丽丝注意到了小女孩的恐惧,并向她保证没什么好怕的,但是她不会一路不停地跟女儿说这些话。承认吉恩的需要,就意味着要打开那扇通向她自己深藏内心的情感大门,而她还没有准备好去面对。这个曾经恳求着"妈妈,过来抱抱我,过来抱抱我"的女人,对于女儿对自己的需要却也没有做出及时的回应。

过了没多久,每个晚上,外加每个白天里的好几个小时,多丽丝都是和她的同志们在一起度过的。而不和同志们待在一起的时候,她就是在读关于共产党的历史和理论的书籍。她过去曾经专心致志地读过普鲁斯特和伍尔芙的书,现在却经常熬通宵读列宁、马克思和斯大林的书。对于一个十四岁就离开校园的年轻女人而言,共产党组织就好像一所大学,很多党员都是她学识上的老师和精神上的导师。她越是和这些人接触,越是了解他们大胆的思想,就越急切地想要脱离眼前的生活。

莱辛晚年时期曾经说过,她之所以被罗德西亚共产党吸引,是出于情感的需要而不是出于心智的需要。作为一个自学成才的人,多丽丝可以无所顾虑地捍卫自己的观点。没有什么教授和同学来跟她辩解她的逻辑和结论,她可以拒绝那些她不喜欢的想法,而去拥抱那些触动她个人需求的全新思想,却不需要面对教授的质疑。爱情,性欲,孩子,甚至是她的写作,都比不上接受和完善党的光荣计划来得重要。多年来,多丽丝一方面想保持独立人格,一方面却又渴望和他人产生联系,如今,她对组织信念热烈真诚的赞同,却让数年来折磨她的这两种矛盾力量得到了化解。作为共产主义者,因为无法接受罗德西亚社会,她在社交上和政治上表现得和整个社会格格不入,而如今,她发现身边有了别人和她并肩站在一起。相应地,她既害怕依赖他人又害怕与世隔绝的双重恐惧,也变得不再具有震慑力。在这个组织里,她不会与世隔绝,在这个组织里,彼此依赖的关系是一种同志关系,建立在强大而不是脆弱的基础之上。

迄今为止,多丽丝都是主要通过提出反对意见,宣称自己不是某类人来寻找自我。她和母亲不是一类人,和弗兰克不是一类人,跟其他白人殖民者不是一类人,跟别的年轻妻子也不是一类人。平生头一回,她觉得自己正在朝真正的自我走去。她所信仰的一切,不仅被她所敬重的人赞同,更通过一些书本和思想得到了肯定,而她所敬重的那些人,也都将这些书本和思想奉为自己的行为准则。她觉得自己终于能够躲开那些把她逼到她厌恶的人生里去的力量了。她可以放慢脚步,想好了再行动。像《风暴中的涟漪》里的玛莎·昆斯特一样,在和新的朋友们沉浸在共产主义的氛围里时,她不再急着去证明什么。

能够成为唯一一个了解要怎样做才能拯救人类的组织里的一员,莱辛有一种满足的优越感。后来,莱辛自己也嘲讽当年那个年轻幼稚、洋洋自得、充满幻想的自己,她对南非采访人员说,当年她和朋友们都觉得他们能够改变这个世界,觉得他们的眼光能够改变无数人的冥顽不化,而那些人多年来都太愚昧无知、蒙昧蠢笨了。①

弗兰克·威斯登越来越属于蒙昧无知的那一类人了,莫德和麦克自然也不例外。不过,多丽丝真心喜欢来和他们一起生活的弗兰克的嫂子多拉(Dora)。虽然从来都没有要离婚的想法,但是多拉和她丈夫基本上一直处于分居的状态。她自己生了两个儿子,因此她特别喜欢吉恩,并

---

① 博特尔森访谈录:《认识新前沿》(Acknowledging a New Frontier),第 142 页。

第十四章
找到新的家

且身体力行地给予吉恩多丽丝所不能给予的关爱。还有一个帮忙照看吉恩的邻居也对吉恩非常温和。多丽丝暗自思量着,吉恩有这样两个细心周到的女人帮着照顾,比让她这个母爱尚未开化的母亲来照顾要强得多。

多丽丝的同志们都赞成她离开家庭更积极地投入政治生涯,不过,他们很快就对她的模棱两可失去了耐心。对于这样一件小资产阶级情调的事情如此摇摆不定,实在是浪费时间、效率低下,这世上有远比这个重要得多的事情要去处理,她最好能和他们并肩前进。

在莱辛的描述当中,最理解她的人是她的两个孩子。她就像一个小偷强词夺理地解释自己有意的偷盗行为一样,告诉孩子们,说她万不得已要离开他们,是为了让他们生活的这个世界更加美好。可能是为了让自己心里好过一点,她觉得约翰尤其支持她的想法。如果说那时她对女儿没有一丁点传统的母爱的话,"我和约翰之间一直是一种朋友关系。我们俩一直就'很对路'"。①

莱辛暗示,她对孩子们没有产生应有的感情,并非因为她自己缺乏母性本能,而是由于内心深处知道自己必须离开,由此形成了一种天然的自我保护机制。没有一点蛛丝马迹表明,莱辛意识到自己通过离开儿子女儿来甩掉生活中的问题这件事,不论是对于孩子们,还是对于她自己,未来都可能会产生痛苦的负面影响。在《我心深处》里,莱辛也承认记忆是有选择的,在我们自己的故事里,被遗忘的那些事和被记住的那些事同等重要。但是,她并没有深入挖掘保护性遗忘现象,她感兴趣的,是自己的行为方式,而不是行为背后的真实原因。

玛莎·昆斯特系列小说所产生的影响,《金色笔记》以及其他一些早

---

① 莱辛:《我心深处》(Under My Skin),第 261 页。

期作品带来的冲击,主要应该归功于莱辛有能力通过小说去挖掘她自己在现实生活中无法面对或者不愿面对的一切。玛莎·昆斯特和安娜·沃尔夫也都是通过自己的成长故事才更为深刻地了解了自己。

玛莎·昆斯特曾试图压抑情感,却怀疑自己最终不可能做到这一点。她让自己看到了过去和现在之间的联系,敞开接纳那些通常不愿意去回忆的痛苦片段。她担心,因为过去和现在之间存在着某些空白,所以她的思想才总是杂乱无章、没有重点。她对女儿的情感也会有偶尔无法控制的悲伤时刻——"想到卡洛琳,她内心感到一阵刺痛。她处心积虑建立起来的冰冷外壳瓦解殆尽。她想念女儿。"[1]多丽丝自己的冷淡疏离和精心防护的现实状况,就通过这样的描写得到了升华,取而代之以让人似乎感同身受的洞察与觉悟。

莱辛用来对付痛苦回忆的武器,就是她平时强烈反对的理性。20世纪80年代早期,吉恩带着两个对外祖母完全陌生的女儿到伦敦拜访她的母亲(1998年,其中一个外孙女上大学的时候还和莱辛生活过一段时间)。莱辛的私人助理回忆说,他们快要来到的那些日子里,家里气氛非常紧张。"多丽丝感到非常害怕——我真的只能用害怕这个词来形容。"吉恩离开以后,莱辛对罗伯特·戈特列波讲述了这次相会。她说自己很高兴,因为吉恩看起来是个不错的女人,自己很有兴趣去对她进行更多的了解。不过,她又说,她们相处的日子里,气氛非常紧张。莱辛描述着和女儿团聚时挥之不去、让人无法忍受的痛苦,语气里似乎弥漫着遗憾。然而,另一种更为人熟知的语气很快就占了上风。毕竟,她对戈特列波写道,吉恩的伤痛只是过去的一部分,而不是她现在的生活,现在再滞留在过去的感情里停步不前已经毫无意义。

---

[1] 莱辛:《风暴中的涟漪》(*Ripple From the Storm*),第22页。

第十五章
同志

在《我心深处》里，多丽丝·莱辛提到了她和弗兰克·威斯登之间的一些冲突，这些冲突促使她最终离开了弗兰克。不过，她从来没有详细写出弗兰克到底具体做了些什么事情。但是，不管两人之间吵得如何不可开交，弗兰克终究还是开着车拉着行李，把多丽丝送到了她借宿的地方。

没有什么具体的事实能够证明，现实生活中莱辛和弗兰克的矛盾非常激烈，糟糕到她在《体面婚姻》这部小说中的化身玛莎·昆斯特所遭受的一切那个程度。在小说里，暴怒的丈夫道格拉斯因无法接受玛莎要离开家庭的事实，威胁说要强奸玛莎并杀了玛莎和他们的女儿卡洛琳。不过，毋庸置疑的是，莱辛自己和家庭决裂的经历，为在她描写那样的场景时增加了不少的想象。

多丽丝很快找到了一份打字员的工作。她的薪水是每月十二英镑，交了房租就剩不下几个钱来买吃的和穿的了。但是，在那个时候，这样的困难都是生活中非常无足轻重的小事。当时大家奉行的道德标准，是不要看重金钱和财产，甚至连吃得好不好也无关紧要。她所有的朋友都对婚姻不屑一顾，这是联结他们之间的另一个乌托邦式的观念。虽然已经摆脱了过去阻止她进行性爱尝试的常规束缚，但是多丽丝·威斯登当时一门心思都扑在对知识的探索上。

人生首要目标发生这样的转换，是符合她当时的情形的。过去她和男人们之间的关系也并非什么情感的升华。多丽丝人生中那个能让她

第十五章
同志

的生命彻底觉醒的伟大情人,只不过是个越来越模糊的幻象而已。尽管同志们的意识形态里也不乏对两性关系的看法,认为两性关系必须超越婚姻这样的反动资产阶级传统制约,但是他们的热情主要还是放在了政治上。虽然多丽丝做不到完全放弃寻找一个理想的性伴侣——因为她发现性也可以高尚到令人窒息——但是她也开始接受她的新朋友们的观点,认为将精力集中在身体的欢愉上会阻碍她成为一个对社会负责的人,而她非常急切地想成为一个对社会负责的人。

《暴力之子》第三部《风暴中的涟漪》开头就写道,玛莎·昆斯特热情洋溢地投入到政治教育当中,她是一名积极主动、求知若渴的学子。这部小说的主题之一,就是探讨个人和群体或者说集体之间的关系。多丽丝生平头一回心甘情愿奉行将集体利益置于她个人目标、个人情感之上的原则。"我们大家"这种感觉,对于一个年龄虽不大,但是过往的日子里一直是个局外人的多丽丝来说,必然是一付效果奇佳的镇痛膏药。而对于一个非常强烈地保护自己个性的人而言,无论从哪方面来看,这都是一个巨大的转变。

一位当时非常了解她生活状态的人试着解释她的这种转变。"多丽丝曾经是,在我看来现在也还是,一个崇尚意识形态的人。"他说,"人们之所以会成为崇尚意识形态的人,是因为他们失去了希望。性解放只是她自我解放的一部分,但是这不仅不管用,反而让她觉得更加孤单。共产主义令人兴奋,因为那是去尝试一切和理解一切的另一种方法。莱辛在1980年一次接受采访时曾经谈到,共产主义的吸引力就在于其理想主义的视野,她这番话似乎印证了上面的推理。她将共产主义的魅力和宗教的诱惑相提并论,认为他们对人的心理吸引力可以互相媲美。二者的信条都是能够解脱个人孤独的天堂。① 当年积极投身共产主义事业的

---

① 托伦兹访谈:《神秘主义见证》(*Testimony to Mysticism*),第65页。

时候,多丽丝和她的同志们都确信,二战后十年之内,世界将会在共产主义新哲学的引领下消除一切不完美的事物。但是她觉得,按如今的观点来看,持这种信仰的人都可以被看成是疯子。

然而,不管莱辛后来觉得这群人有多么愚蠢,这群奇怪的社会改革家在莱辛当时的人生中显得意义非凡。在这个群体里有一群核心人物,他们专门抨击罗德西亚的白人至上主义者,其中有一个叫做弗兰克·库柏(Frank Cooper)的人,是一个来自伦敦东区的皇家空军下士,他对英国社会的阶级制度恨之入骨、决绝无情。当年,多丽丝非常崇拜他激情澎湃的信念,可是后来,她却形容库柏是个狂热的疯子。

多丽丝的朋友多萝西·舒瓦茨和另一个叫做纳森·泽尔特(Nathan Zelter)的英俊青年也是圈子里的核心人物之一。多丽丝非常尊重纳森的聪明才智和社交才干。纳森和他的女朋友,也叫做多萝西,没有结婚就在一起同居,一直到多萝西怀孕。这件事直到如今还被当成是索尔兹伯里最见不得人的丑闻之一。

泽尔特是从罗马尼亚来的难民,靠帮一个亲戚打点进出口生意谋生。但是他对钱的兴趣比多丽丝对钱的兴趣还要淡漠。他是最激情澎湃的共产主义者,根据莱辛的说法——她这样说似乎是为了讥讽他的天真——直到生命的最后一刻,他仍然相信自己可以在新建立的君主制国家津巴布韦创立一个理想世界。泽尔特有着源源不绝的各种计划,每个计划他都付之以同样的热忱。其中一个计划是创办一本杂志,多丽丝的很多短篇小说就是在这本杂志上发表的。多丽丝经常向泽尔特讨教写作方面的事情,不过他经常会很懊恼地发现,多丽丝的作品意识形态上不过关,比如她塑造的某个非洲人物形象和白人对黑人的固有形象太接近了,于是就会提出激烈的反对意见。

莱辛承认纳森·泽尔特是一个温暖慷慨的人,但是她还是认为他宁折不弯、不切实际的信仰非常荒谬。1956年她回非洲的时候,和泽尔特

第十五章
同志

相处了一段时间,她发现了一件很有意思的事情,那就是泽尔特一边坚信共产主义意识形态,一边却成了一个非常有钱的人。他仍然管莱辛叫"跳跳虎",所以不管他怎么热情好客,莱辛也觉得于事无补,因为莱辛早就将"跳跳虎"这个名字排除在她的生活之外了。

私下里,多丽丝其实根本瞧不起为了掩盖自己的孤单寂寞而装作朝气蓬勃、爱开玩笑又兴高采烈的自己。因此,一旦离开只有"跳跳虎"才能飞横腾达的社会环境,多丽丝立刻就抛弃了她,虽然也并非将它永弃身后。20 世纪 60 年代,莱辛沉迷于迷幻药的时候,发现自己有一个人格似乎不过是长大了的"跳跳虎"的变异。莱辛将这个人格叫做"女主人",是一个非常乐意按照别人的期待去行动的人格。不难想见,多丽丝一点都不喜欢这个人格。

事实上,莱辛满怀怒气地责怪给她毒品的那对夫妻诱出了"女主人"这个人格,说那对夫妻不应该在她吸毒后还留在她的身边。当时他们应该留下她独自一人,这样她就可以放肆地不停地哭泣,其实看到她哭的样子,那夫妻俩当时明显吓到了。不过,莱辛说,她发现"女主人"的人格有助于让她隐藏真实的自我。

罗德西亚共产主义核心人物里还有一位流亡者,名叫戈特弗莱德·莱辛(Gottfried Lessing)。莱辛描述说戈特弗莱德·安东·尼克拉·莱辛长得文质彬彬,像 19 世纪 20 年代到 30 年代的德国演员康纳德·韦德特,韦德特后来成了好莱坞的性格演员。而戈特弗莱德 1917 年出生在俄罗斯圣彼得堡一个非常富有的家庭。

在《我心深处》里,莱辛说戈特弗莱德的曾曾祖父是个白手起家的犹太富豪,为家族创立了小到制作马钉、大到制造坦克和修建铁路等多种产业。戈特弗莱德的父亲继承了家族事业,但是内心深处却是一位学者。莱辛带着明显的不满指出,戈特弗莱德的母亲没有他父亲的品味,她出身于一个德裔俄国家庭,热衷于各种聚会,她在外面花天酒地,而她

戈特弗莱德·莱辛

丈夫却将大部分时间花在书房中学习历史。

据莱辛说,俄国大革命期间,保姆抱着还是个婴儿的戈特弗莱德,跟他的母亲、祖母和姐姐一起逃到了德国。戈特弗莱德的姐姐伊丽娜·莱辛·吉西(Irene Lessing Gysi)对她弟弟的早期生活却有一番不太一样的描述。她说他们的父母在第一次世界大战的时候分开了四年时间。两个孩子跟着母亲到了一个叫彭萨的小镇,而他们的父亲却加入德国军队与母亲的兄弟们对战。吉西谈起母亲的时候语气里充满了爱意,她回忆说,父亲在消失四年之后才回来接自己的家人(也就是说戈特弗莱德到了柏林的时候根本就不是什么婴儿了),那时儿子和女儿根本不认识他。伊丽娜和戈特(家里人都这样叫他)内心漂泊无助的感觉在跟着刚回家的父亲返回柏林后变得更加强烈。在柏林,两个孩子"对于其他德国孩子来说也是陌生人"。尽管莱辛一家生活不喜欢铺张浪费,但是他们的房子的确很漂亮。家里人通常说三种语言——德语、俄语和法语。

第十五章
同志

他们的父母之间经常说法语,因为戈特和伊丽娜的奶奶的家族是比利时人,法语是她的家乡语言。

戈特在柏林完成了大学教育,学的是法律专业。1939年,他来到伦敦,在伊丽娜一位朋友的父亲开的保险公司里当了个律师。在《我心深处》里,多丽丝·莱辛对戈特弗莱德移居伦敦的原因解释得含混不清。她在书里写道,虽然戈特弗莱德的母亲觉得希特勒不过是个无足轻重的俗物,根本不配她去关注,可是希特勒上台,却让戈特弗莱德敏锐地意识到了自己的犹太血统。莱辛一家已经被完全同化了,戈特弗莱德只有四分之一的犹太血统,但即使这样他也不愿意去冒被召唤到希特勒的军队中去效力的风险。根据莱辛的说法,纳粹德国驱逐犹太人的《纽伦堡法案》被修改后,戈特弗莱德才有资格被应征入伍。

然而,多丽丝指的具体是哪一条修正案就不得而知了。1989年赛琪·汤普森(Sedge Thompson)采访她的时候,多丽丝说戈特弗莱德的姐姐伊丽娜有一半犹太血统,这样说来,那戈特弗莱德本人也就变成有一半犹太血统了,就(更加)不可能被征入纳粹德国的军队,虽然这种说法为他离开自己恐怖的反犹太主义国家提供了充分的理由。

戈特弗莱德来到伦敦的时候虽然一穷二白,但是还是颇有几分人脉的。他父亲的商业伙伴每周都会邀请他到自家豪华的餐桌上就餐。尽管吃这样的饭能够勉强支撑他的开销,但是这也会让他黯然神伤,想起自己命运的没落。多丽丝·莱辛对于戈特弗莱德投入共产主义信仰的原因给出了一个非常轻佻的解释,她坚持说戈特弗莱德初到英国时对政治根本不感兴趣,但是后来他爱上了一个年轻可爱的共产主义者,然后对她非常纯洁的信仰产生了兴趣。最终结果就是他将共产主义意识形态的每一个细节都全面贯彻到底。多丽丝没有进一步挖掘,戈特弗莱德与纳粹主义打交道的经历,是否是他转而成为左派的一个动力因素。

戈特弗莱德之所以会来到南罗德西亚，混迹于"天真无邪"的共产主义者之间，是因为随着二战来临，英国不欢迎德国难民，因此德国难民只能在移民去加拿大还是去南罗得西亚之间选择。戈特弗莱德选择来到南罗德西亚，到豪伊—伊莱法律公司工作，而这家公司也恰好聘用了多丽丝·威斯登。多丽丝写道，公司发的工资非常对不起戈特弗莱德的勤奋努力和天资聪颖。

　　戈特弗莱德·莱辛身上有一层特殊的光环，他热烈虔诚，自信满满，又有着出生在一个先前家底丰厚却在20世纪二三十年代没落的个人家族历史，这一切都令非洲的共产主义者对他非常敬畏。多丽丝也不能例外。在回忆录里，莱辛将戈特弗莱德的形象塑造得模棱两可。有时候，他是个细心体贴、大公无私的人，但是更多的时候，他被描绘成一个生性冷静，喜欢冷嘲热讽，权威霸气，靠着冷静理智的逻辑生活的人。当同志们之间就什么问题争论不休没有结果的时候，他就会坚持将每个观点进行深入分析，接着就剥掉那些华丽花哨的语言外壳，直接进入问题的实质，根本不容人打断。

　　多丽丝·莱辛似乎对戈特弗莱德的姐姐伊丽娜·吉西也有两种不同的看法。她曾以贬抑的口吻谈及伊丽娜在柏林时端庄高雅、长袖善舞的女儿风范，但是尽管吉西属于多丽丝后来看不起的那一类非常有使命感的共产主义者，她也不吝将这位前大姑子描写成一位勇气非凡的女子。战争爆发前夜，伊丽娜·吉西身处巴黎，并因为犹太身份背景而被捕。令人震惊不已的是，她被自己的犹太情人搭救出来之后，却双双决定回到纳粹德国，因为他们觉得这是自己的共产主义使命。战争当中，伊丽娜将情人藏了起来，这种行为要是被发现，伊丽娜就会被处以死刑。为了给情人和其他几名藏匿者提供吃的，她经常步行好几英里到乡下去找食物。

　　伊丽娜·吉西在伦敦拜访了多丽丝·莱辛好几次，并且很高兴地回

第十五章
同志

忆说,她的前弟媳在她买的《金色笔记》上写了一段温暖的题词。后来,伊丽娜很想知道为什么莱辛不愿意进一步跟她保持联系,更重要的是,她很想知道为什么她在回忆录里或者在访谈中,将戈特弗莱德树立成一个如此负面的形象。

吉西只不过是许多对多丽丝·莱辛将戈特弗莱德·莱辛刻画成一个不讨喜的形象而备受困扰的人之一。一个非常亲近的朋友说,戈特弗莱德"非常善良,是个好人。我完全不能理解多丽丝描写他时那种尖酸刻薄的语气。他是一个对持不同信仰的人也非常包容的人。"

还有其他人也发现,多丽丝树立的戈特弗莱德的形象与他们心中对他的印象不符。一个戈特弗莱德在德国时的旧相识回忆说,他是一个"非常温和,非常善解人意的人"。

伊丽娜·吉西很明显仍然怀念和多丽丝·莱辛之间的关系。虽然她很喜欢多丽丝,但是她的情感没有得到对方的回应。多丽丝曾经歌颂过的那个不畏纳粹强权、勇敢无畏的朋友,现在疏远成了每年只寄一张圣诞贺卡的关系。

第十六章
假如起初不成功

第十六章
假如起初不成功

多丽丝离开弗兰克和孩子们不久就病倒了。吃得不好、睡得很少,加上自找的变化带来的生活压力都让她难以承受,她和她母亲多年前一样,躺在床上一病不起。她的那些激进派朋友会在下班以后非常贴心地来她的出租屋看她。也就是在这段时间里,多丽丝对戈特弗莱德·莱辛有了深刻的印象。后来戈特弗莱德告诉她说,他起先看到多丽丝躺在病床上的时候,只不过是想跟她来点风流韵事而已。这样的出发点带来的结果,从多丽丝的角度来看,自然是十分让人失望的。她说,戈特弗莱德"是个非常克制、反对纵欲的人"[1],因此床上功夫很不怎么样。然而,多丽丝一反常态,虽然性生活不和谐,却继续保持和戈特弗莱德的关系。

戈特弗莱德被看成一个外来的敌对分子,已经因共产主义活动被怀疑,在这种状况下,和一个已婚妇女搞在一起,实在不是什么明智之举。他必须谨言慎行,否则就会被抓去坐牢,甚至被驱逐出境。但是,如果戈特弗莱德有一个英国籍的南罗德西亚妻子,那么他不仅会免于被南罗德西亚政府惩罚,而且还会大大增加他成为英国人的机会。

多丽丝·莱辛解释说,她同意嫁给戈特弗莱德·莱辛其实是出于一种政治义务。根据她的说法,当时她的圈子里有很多人都为了政治上的方便保持这种婚姻。在《风暴中的涟漪》里,玛莎·昆斯特告诉安东·赫

---

[1] 莱辛:《我心深处》(*Under My Skin*),第303页。

思(Anton Hesse),自己会嫁给他,然而却发现对方的确是真心地喜欢她,她当时的感觉就是非常震惊和惶惶不安。莱辛说,小说中安东·赫思这个人物形象,不仅在外貌上是根据戈特弗莱德刻画的,而且在"心理上也非常相似"。① 不过,小说中的玛莎·昆斯特并没有让自己更为深入地去探究对方的情感,她自身成长和转变的需要才是第一位的。"她已经感觉到百爪挠心,急不可耐,迫切地需要继续向前。似乎和安东结婚,以及结婚后她该扮演什么角色这两件事,她已经完成任务,大功告成了。"②

多丽丝·泰勒·威斯登和戈特弗莱德·莱辛1943年在当地地方法院注册结婚。那天两人参加了两个共产党委员会会议,于是趁着中间休息的档口去进行了登记。多丽丝·莱辛说,婚礼当天的情形,以及婚礼前发生的一切,都在《风暴中的涟漪》里面有着精确到令人不舒服的描写。

小说中,玛莎在和安东·赫思结婚的当天睡过头了,原因是头天晚上她和同志们一起一直熬夜到清晨。他们一整晚都在忙着起草一份长达150页的条款,弄得自己筋疲力尽。条款中列出了许多细节,规划了假如共产党掌权之后,他们该如何运作这个国家。讨论的时候,很多人说话都显得模棱两可、故作高深。最终,一个叫做梅西(Maisie)的女孩一点破了他们的问题。梅西就像童话故事《皇帝的新装》里面那个小孩一样,直言不讳地质问安东,他们熬夜讨论这一切究竟有何意义——他们这群人里,哪一个都不是任何选举中的候选人,压根就没有任何机会去实践他们的计划。

安东回答说,大家共同的责任,就是让那些非共产党员们懂得他们

---

① 英格索尔访谈:《描写这个美丽而龌龊的世界》(*Describing This Beautiful and Nasty Planet*),第230页。
② 莱辛:《风暴中的涟漪》(*Ripple From the Storm*),第175页。

第十六章
假如起初不成功

这一个群体的立场。而就这样的回答,梅西又提出了另一个问题——要是他们这群人总是秘密活动,别人又怎么能够了解他们的想法呢?这时书里有一个叫艾森(Athen)的人对梅西耐心地进行了政治教育。他巧舌如簧地告诉梅西,对外面的世界而言,他们这个群体代表的就是共产主义思想,这一点每个人都有神圣不可推卸的责任。他还说,哪怕他们在一个陌生的环境中孤立无援的时候,哪怕他们在监狱里孤零零地等死的时候,只要一想到他们并不是真正地孤立无援,而是有着广大的共产主义者站在他们的身后,他们立刻就会得到心理安慰。如果人们了解了安东这段说辞的源头,就会觉得这个场景其实让人无比心酸。

莱辛是以艾森·苟利亚米斯(Athen Gouliamis)为原型塑造了艾森这个形象。尽管莱辛非常不喜欢将人划成各种类型,但是她还是觉得艾森这个人是个"好人"。根据她是说法,她在小说中用他的真实姓名和他说的原话,是为了悼念他那纯真的性情。艾森是个希腊人,却成了英国皇家空军的一员,和二十多个希腊年轻人一起来到了非洲接受空军训练,他们都是反对纳粹占领希腊的共产党员,个个有着过硬的政治生涯。根据莱辛的说法,他的经历跟一名穷苦的黑人也不相上下。他在政治活动和个人生活中都经历过很多磨难,却仍然是一个超级温和的人,对他人的遭遇充满同情,这一点让莱辛觉得非常震惊,她从未听到他说出过任何愤世嫉俗或者尖酸刻薄的话语。

艾森最终回到了希腊,隐身在希腊的崇山峻岭之间。因为他的政治信仰,他知道自己身处危险当中。后来,莱辛听到传言,说他被逮捕了,并且在准备逃跑的时候被人射杀。但是也有人暗示说他还活着,并且还给了莱辛一个他的具体地址。

多丽丝写了好几封信给弗洛伦斯·豪伊,但是从没有收到过回信,尽管她还保留着艾森的地址,她没有再去找艾森。虽然艾森的确触动了莱辛非常难得的同情心,可当她一如既往地用深植于心的宿命论来解释她和艾森这段私人关系时,她的语气却又难免显得轻佻敷衍,这是她的一贯做派。她解释说,如果她真的去了希腊,她一定会去找他的,可是她非常确信,她和艾森俩人都明白见面后会发生什么——到那时,他就真的会要么被捕,要么被人杀死了。

多丽丝·莱辛描写艾森如何教育梅西的时候,其实是在描述她自己政治成长道路的开端。那个时候,年轻的多丽丝需要去相信,集体的思辨能够抵御得了任何个体成员的疑问。而后来成熟了之后的多丽丝,却开始为自己的个体思想辩护,并且确信,任何社会机构,包括那些和现存文化对立的机构,都会抹杀个体的基本特性。1992 年,莱辛写了一篇文章,专门抨击了共产主义对语言和思想的影响,在文章里,她痛斥了作家必须要"尽忠"的观点。她也同样谴责了所谓"激发良心"这样的观念,尽管她也勉为其难地承认,这种观念会对人产生一些作用,但她认为这个过程会毫无例外地导致学生全盘接受导师鼓吹的观念,从而演变成过去专制的政党路线的另一种形式。①

在《暴力之子》系列里,玛莎·昆斯特变得成熟的步骤之一,就是从各种政治条件的束缚中解脱开来。莱辛经常将这个系列的最后一部作品《四门之城》称为成长小说。而很多学者将这部书分别诠释为一部关乎教育、学习、青春和启蒙的小说。这种小说在 19 世纪非常流行,通常展现年轻的主人公——成长小说很少有女主角——渐渐融入外部的世界,遭遇种种社会问题,然后通过应对这些问题变得成熟,长大成人。

莱辛将《四门之城》仅仅称作一部成长小说,并且解释了自己对于成长小说这种文体的看法。前面四部小说描写了玛莎·昆斯特从孩提时代到长大成人的发展历程——传统的成长小说情节都是这样写的。《四门之城》是从玛莎三十岁开始的,传统的成长小说通常写到三十岁就接

---

① 莱辛:《语言与疯狂的边缘》(*Language and the Lunatic Fringe*),第 A27 页。

第十六章
假如起初不成功

近尾声了,而玛莎·昆斯特到这个年龄才实际开始人生新的旅程,因为她意识到她以前的人生阶段并不是一个通往自我的旅程,而是一直在逃避自我毁灭的过去。作为作家,莱辛在这一点上是想有点突破的。《暴力之子》系列的前三部小说,包括第四部的一小部分,都掺杂了莱辛自己生活中的一些小片段。《四门之城》因为没有点明她自己生活中的具体阶段,所以从这点来看,它称不上是自传体小说。而玛莎·昆斯特在这里也不再代表多丽丝·莱辛了。相反,作者本人的不同侧面,正如莱辛自己所说,"分散"到好几个角色身上了。①

莱辛在这个系列的早期作品里就采用了这样的技巧,例如,在《风暴中的涟漪》里,关于梅西的情节里就可以见到她自己的生活经历。莱辛通过描写梅西屈服于群体的意识形态,展现了社会机构常常将一套价值观强加给个人的现实,而个人要是不遵照群体的要求去做,就会觉得非常内疚。对莱辛来说,有一件事已经见怪不怪了,那就是,她又一次从自己的童年经历去挖掘这种现象的根源,并将她的家庭列为第一个给她下套的社会机构。

从幼年时期起,儿童们就被告知要按照父母的标准来衡量自己是好孩子还是坏孩子,要想抛却这种训练带来的枷锁相当困难。长时间挑剔地监视一个孩子的行为,就会让这个孩子不仅无法表达独立的思想,也不会相信自己的本能反应。

戈特弗莱德回忆童年的时候,感受到的是一个孤独、畏怯的孩子,经常被一个很有保护欲的保姆安慰着。"过来抱抱我!……过来抱抱我!……"多丽丝·莱辛也许是从他的回忆中找到了心灵的共鸣。作为前妻的多丽丝后来回忆说,戈特弗莱德·莱辛所需要的其实是一个

---

① 博特尔森采访:《认识新前沿》(Acknowledging a New Frontier),第 142 页。

慷慨有爱的女人，愿意将自己所能给予的一切温暖柔情和关心照顾全部施与一个总会半夜失眠、心情抑郁的孩子。

然而，多丽丝·泰勒·威斯登·莱辛并非那样的女人。她自己的内心就充斥着各种情绪，而且一直在不断地挣扎着想从这些情绪中脱离出来。她处理不好和许多人的关系，备受困扰，心里根本没有多余的空间留给戈特弗莱德去满足他的需要。

她的父母仍然耗费着她大量的精力。莫德·泰勒终于还是说服丈夫搬到了索尔兹伯里郊区一套窄小的房屋里，那里离医院近了许多。同时也意味着，他们离多丽丝也近了许多，从此他们的怨言和指责就会一直在多丽丝的耳边萦绕。眼下，他们对多丽丝的不满比以前更甚了，无论戈特弗莱德对泰勒夫妇怎么尊重有加，他们对女儿竟然嫁给了一个德国佬这事还是觉得耿耿于怀。

年轻的莱辛夫妇一周去泰勒家几次，这样莫德就可以稍稍修整一下。她可以打扮打扮去见个邻居，在别人家里待一个小时，暂时逃避她生活中没完没了的烦恼。多年来，她生活上一直穷困潦倒，又没有任何个人成就；深爱的儿子上了战场，丈夫行将就木，而女儿又非常地讨厌她。多丽丝跟母亲的谈话非常冷淡，完全是为了完成义务。她在回忆录里描述说，戈特弗莱德的到来增加了母亲的烦闷，她应付冷淡疏离的女儿还不够，现在又多了一个不善言辞的德国女婿，这让她觉得和女儿之间更是有了不可跨越的鸿沟。①

尽管有戈特弗莱德扶持，多丽丝还是觉得很难接受一个事实，那就是每次她见到的那个病得奄奄一息、变得完全陌生的人居然是自己的父亲。多年之后，她还是会梦见父亲快要过世前的那段日子，梦见他那副忧郁瘦弱得只剩一具躯壳的模样。

---

① 莱辛：《我心深处》(*Under My Skin*)，第 326 页。

第十六章
假如起初不成功

多丽丝的母亲说,多丽丝没有良心,但是她不清楚,多丽丝这根立在那里冷眼旁观的大柱子,其实是多么希望自己真的没有心肝。许多年之后,莱辛在一篇名为《我是如何变得没有良心的》短篇小说里,写一个女人真的开膛破肚,将自己的心脏摘了下来,捧在手里走了一圈之后,将它送给了在伦敦地铁上碰到的一个女孩,然后女主角如释重负地继续前行,心里默默想着:"没有心了,彻底没有心了。这多让人欢喜,多让人觉得自由!"①

可是多丽丝·莱辛的心还是在它该在的地方,所以她一边适应着自己的第二次婚姻,一边继续在寻找自我的征程上前进。

---

① 莱辛:《故事集》(*Stories*),第 257 页。

第十七章
"你好吗,跳跳虎!"

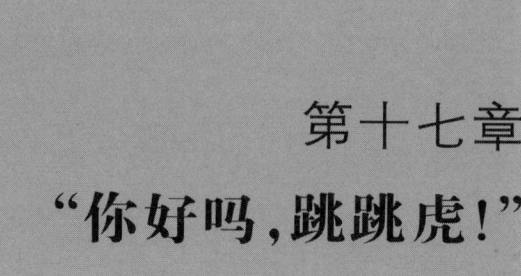

第十七章
"你好吗,跳跳虎!"

年轻的时候,多丽丝·莱辛通过寻求性爱结合的方式来表达自己想要融入生活、建立和他人联系的迫切愿望。作为新婚的戈特弗莱德夫人,她认为自己依然有权到婚姻之外去寻求性爱的满足。戈特弗莱德的床上功夫不行,这的确是件让人遗憾的事,但是她也没觉得她有必要因为怜悯或者同情,更不会因为道德传统而去变得灰心丧气。很显然,她从来没有疑心过,有可能戈特弗莱德在和别的女人做爱的时候更加水乳交融。

多丽丝的崩溃感在这个阶段变得更加强烈。她无法协调自己复杂的性情和丰富的经历,也承受不了各种矛盾的情感和思想之间糅杂在一起所产生的巨大力量。对她本人而言,她似乎变成了一堆功能的集合体,而不再是一个有血有肉的人。在《暴力之子》的第四部《壅域之中》里,被感情的分裂所困扰的玛莎·昆斯特,觉得自己就是一所有十二间房子的房屋,莱辛经常打这个比方来形容自己的性格。玛莎觉得住在不同房间里的人都和别的房间里的人彼此没有联系,却都和她本人有联系。"最终,她只得接受这个现实,在人生的这个阶段,她的角色就是像个管家一样,在不同的房间进进出出,而各个房间里的人却无法彼此相见,也无法相互理解,而玛莎也一定不愿意他们彼此相见、相互理解。"[①]

---

① 莱辛:《壅域之中》(*Landlocked*),第15页。

玛莎问自己到底为什么会留在这所混乱的房子里,她到底在期待什么呢?答案很快就来了——一个男人,一个能将她各个割裂的部分联系起来的男人。"一个能将她各个部分联合起来的男人,一个像屋顶一样的男人,或者像一团火一样在屋子里空地中央燃烧的男人。"①爱情虽然不是寻找自我的唯一途径,但是多丽丝却觉得爱情可以给她一种圆满的感觉,尤其是那种因为性爱的满足而染上了非常强烈的浪漫主义的爱情。想想看,她多年来一直对弗洛伊德嗤之以鼻,年轻时却又以一种近乎意识形态狂热的心理追求弗洛伊德所描写的性爱高潮,这简直太让人不可思议了。

晚年时期,她对女性主义将性爱高潮上升到政治高度的做法觉得非常震惊,同时也嗤之以鼻。在《四门之城》里,她继续以解放者和整合者的姿态表达她对性爱的崇尚:"当达到真正的性爱高度时,一切就会真的联合起来……但是人们不认为性爱能创造能量,反而觉得它会消耗能量、放空能量。"②

就对待男女关系的态度而言,莱辛居然非常乐于接受传统的男权主义,这真的令人非常意外。她曾不止一次地说过,她非常同情男性,很喜欢他们那副趾高气昂、颐指气使的样子。也许是因为她见过自己的父亲奄奄一息的样子,因此她更加渴望强悍的男人。每次看到父亲那具瘦得皮包骨头的身体,都会让她印象深刻,并时刻提醒她,脆弱带来的代价。父亲眼下的这副样子,和过去那个年轻活泼的形象形成了鲜明的对比,小时候骑在马背上,她随时可以将自己小小的身体缩在他的怀抱里,而父亲也会为了逗趣使劲地咯吱她。在家里,她曾非常热烈地渴望这个男人的爱,因为母亲只喜欢弟弟,却留给女儿一个拒人千里、冷淡漠然、只知索取控制的形象。她一直很清楚,她的父母之间没有什么性生活,甚

---

① 莱辛:《壅域之中》(*Landlocked*),第 30 页。
② 莱辛:《四门之城》(*The Four-Gated City*),第 64 页。

第十七章
"你好吗,跳跳虎!"

至有可能根本就没有性生活。父母的卧室门大肆敞开的时候,她也没有发现他们之间有什么亲密举动。如果说她亲眼看到的还不足为证,那么麦克也会偶尔漫不经心地透露一些这方面的信息。

对多丽丝而言,知道麦克曾经不是现在这幅模样,而是喜欢和女人混在一起,并且如鱼得水的人,对她来说意义重大。她非常珍视父亲讲述他战前在卢顿时期的生活故事,喜欢他每天夜里和一大堆性格可爱、和他女儿一样脚步轻盈的女孩子跳舞的那段经历。参军之前,麦克还和一个有夫之妇相好过,他告诉多丽丝,他到如今还在想着她。虽然他承认他也许不应该跟一个已婚的女人混在一起,但是多丽丝感觉他并不后悔和那个女人之间的关系。

尽管麦克在快要去世前很不赞同女儿的生活方式,莱辛却描写说,父亲在临终前给她讲过他头天晚上做的一个梦。他梦到了他爱过的一个女人,也许是那个已婚女子,梦里他站在一个高高的山顶上的一间厨房里,怀里紧紧抱着那个可爱的女孩。麦克回顾自己的一生,觉得自己充满了遗憾,传统的道德标准夺去了他肉体的快乐,他告诫女儿不要像他一样。他已经完全记不得自己曾经充当过多丽丝尽力反抗的那些道德标准的卫道士这个事实了。

多丽丝周围有很多看不惯她、对她感到非常恼怒的人,而这些人里面对她最口无遮拦的就是莫德。尽管多丽丝确实经常去看约翰和吉恩,可在莫德看来,多丽丝做得远远不够,因此她经常会故意设计一些场合,让多丽丝和孩子们多接触。而多丽丝却觉得,在她母亲挑剔的目光注视下去和孩子们见面,实在让人难以忍受。弗兰克的嫂子、善良的多拉·威斯登偶尔会带着孩子们来多丽丝工作的律师事务所看看,多丽丝觉得这种情况下和孩子们见面,她心里要觉得自在得多。1973 年,研究多丽丝·莱辛的迪·赛里格曼去南罗德西亚的时候,拜会了多丽丝·莱辛那个时期的两位朋友,菲利帕·贝林(Philipa Berlyn)和乔恩·弗克(Joan Falk)。贝林是多丽丝在豪伊·伊莱律师事务所的同事,她对有一次多丽丝的一个孩子来律师事务所的事情记得特别清楚。她说,约翰当时刚刚六岁,突然就朝他妈妈的办公桌走过去,看着妈妈的手指在打字机上飞舞,他漫不经心地来了一句:"喂,跳跳虎!你好吗?我好久都没见你了。"

贝林从20世纪30年代就认识了"跳跳虎"·泰勒,泰勒去左翼俱乐部的时候,贝林也偶尔会跟她一起去参加会议。贝林对她以前这位离经叛道的朋友非常不满,她觉得"跳跳虎"的政治观点太极端,而且总体来说她这个人"情绪太不稳定","太过内向"[1]。

乔恩·弗克是个罗德西亚人,和多丽丝之间的友谊始于1938年,在她们早期的交往中,乔恩曾经非常崇拜多丽丝。她1938年从英国来到罗德西亚当家庭教师,而且当时她嫁的那个男人是个德国逃难来的犹太人,跟戈特弗莱德成了朋友,事实上,他们结婚的时候,戈特弗莱德还给他们当过伴郎。他们两对夫妇之间一旦产生什么争执,那也主要都是因为他们的政治观点不同造成的。弗克夫妇虽然既不是保守派也不是激进派,但是他们也绝对不是什么共产主义的支持者。

同时,乔恩·弗克非常喜欢莫德·泰勒。弗克的姨妈和莫德在波斯的时候就认识了,而且还真的在多丽丝生下来之后充当了一个重要的角色——多丽丝在当地的教母。弗克非常清楚莫德的控制欲,但是她也非常仰慕莫德应对自己不幸人生的能力。麦克去世后,莫德几乎就跟弗克家孩子的亲奶奶一样,时不时和这家人聚在一起。乔恩·弗克记得和莫德相处的日子,觉得非常动情,非常温暖。尽管乔恩知道多丽丝和莫德的个性大相径庭,却对她们双方都很同情。

弗克说戈特弗莱德有着"燃烧的智慧",她觉得他特别有男子气概,

---

[1] 瑟里格曼:《四面小说家》(*The Four-Faced Novelist*),第10页。

第十七章
"你好吗,跳跳虎!"

认为她那个好色的朋友多丽丝自然是被他的身体魅力所吸引。不管多丽丝和戈特弗莱德真实的性爱关系是怎样的一番光景,反正乔恩·弗克认为他们结婚的动力就是肉体的吸引和欲望。弗克觉得莱辛夫妇想要过一种波西米亚式的生活,可她觉得他们这样的想法是不道德的。她还说了一件事来证明这一点,她说有天晚上,大家在弗克家里聚餐,戈特弗莱德居然不动声色地跟着她到厨房里,说要和她约会!

赛里格曼在采访中说,乔恩·弗克之所以对莱辛夫妇的生活方式感动颇为震惊,其实是和她不赞同莱辛夫妇的政治观点分不开的。赛里格曼找到哈里·泰勒的时候,发现哈里也把莱辛夫妇的生活方式和他们的政治观点联系在一起。一旦哈里想要更多的证据来证明他姐姐的道德堕落——甚至到了无视父母需求和抛夫弃子的地步——他就会去谴责多丽丝在戈特弗莱德·莱辛的影响下投入共产主义信仰一事。哈里说戈特弗莱德是个"冷酷无情的人",他和多丽丝过着"堕落的"生活。

不管别人如何评价他们,多丽丝觉得自己和戈特弗莱德只不过是两个对婚姻不抱任何幻想的文明人而已。她告诉自己,她从来就没有爱过戈特弗莱德,也没有哪时哪刻认为戈特弗莱德是爱她的。尽管他们也各自到别处寻求鱼水之欢,但大多数时候,他们之间还是相敬如宾的。多丽丝觉得,既然他们的婚姻是暂时的,一点都不重要,那就没有什么理由要去吵架翻脸了。战争一结束,他们就会分道扬镳,在彼此的生活里不会激起一丁点的涟漪。

20 世纪 50 年代,英国油画家和插图画家保罗·霍加斯(Paul Hogarth)曾经和多丽丝合作过一个项目,后来他去了德国。那个时候,戈特弗莱德·莱辛在东德已经坐到了比较高的位置上。霍加斯回忆说,有一次在一个聚会上他被吓了一跳,因为一个女人走过来跟他说:"戈特弗莱德·莱辛想见你。"霍加斯跟着那个女人去了戈特弗莱德的办公室——"一座高大的德式大楼里的一间宽大的房子里。我被好几个工作人员一个接一个地领着，好不容易才见到他本人。他长相英俊，让人难忘。不过，他脸上带着温暖亲切的笑容，一点都不严厉，也一点都不冷淡，跟我之前从多丽丝对他只言片语的评价里感受到的形象一点都不一样。"

霍加斯说，戈特弗莱德迫切想知道多丽丝的情况，问了很多的问题，他都觉得吓了一跳。"他想了解她的一切，问她对生活是否满意，身体是不是健康。很明显，他在感情上还是离不开她。"

尽管在多丽丝的心里，她和丈夫之间的结合主要是因为共同政治信仰，但她感觉，她丈夫从来不认为她真正地践行了共产主义原则。多丽丝会因为这样的评价和戈特弗莱德愤怒而真诚地争吵。她和戈特弗莱德一样确信，未来人类一定会打破没落的资本主义体系，取而代之以社会主义的天堂。尽管她对戈特弗莱德并不满意，但是她很尊重戈特弗莱德。她不仅对艾森·苟利亚米斯也有着很深的感情，也对组织里的大约五十名核心成员同样心怀敬佩。她仍然想取悦这些对自己的信仰坚定到让人嫉妒的人们。

多丽丝的政治信仰确实给她带来了一些个人收获。为反对种族隔离发声，散发"反政府"传单这些事情，满足了她的叛逆心理；生活在一个更广阔的外部世界让她感受到了真正的自由；而直接加入行动让她不再心怀恐惧，担心自己的人生会成为母亲的翻版，变成母亲那样没有意义的存在。就算睡不够、吃不饱，也没有时间来照顾自己，那又怎么样？为构建一个新社会而奉献力量会拯救自己的人生，让她跟得上别人的步伐。

回顾那段日子，多丽丝感到震惊，他们的组织在两到三年的时间里，居然做了那么多的事情。他们发起并运行了多个社团和俱乐部，左翼俱乐部、讨论俱乐部等。他们聚集在这些俱乐部里彼此交谈、彼此倾听。

第十七章
"你好吗,跳跳虎!"

他们带着极大的热忱阅读大量政治文章,并为手头的革命任务做好准备——比如去劝说索尔兹伯里的家庭主妇们购买共产主义的报纸等。她还记得,自己和另一个目标坚定的女孩骑着自行车,到索尔兹伯里的一个郊区的豪宅区里去,满心希望住在这些豪宅里的女人们能对她们的共产主义宣传产生点兴趣。

莱辛还记得,自己也去给一群住在索尔兹伯里本土社区的黑人发送过共产主义传单。但是,在她给他们大声讲述自己的社会主义理想的时候,很多人都会扯着嗓子问他们怎么才能去美国,他们认为到美国就能挣大钱。而莱辛则用一番长篇大论的说辞来回应他们满怀希望提出来的问题,告诉他们,考虑群体的利益要比考虑个人利益重要得多。

后来,莱辛回忆起当年那个年轻而又自以为是的自己时,总是觉得特别尴尬。她的自我贬抑显得非常真诚,令人耳目一新。多丽丝·莱辛是一个随时准备揭露别人的短处和不足的人,而她对于自己的不足也同样坦诚。但是,就算在自我嘲笑的时候,她似乎也不忘借机表达一下对昔日同事们继续忠于他们事业的轻蔑之情。

她轻松自如地否认了当年那个坚持共产主义理想的自己,这表明她已经度过了人生的迷茫时期,进入到了一个淡化自己年轻时代理想的阶段。莱辛迫不及待地想要表明,当年她没有认识到自己的执迷不悟,现在她显然已经非常清楚了。这也许是因为,莱辛并没有从那个年轻的罗德西亚社会活动家身上找到自我。多丽丝·莱辛的思想转变并不是一个直线过程。她经历过各种身份,她拥抱它们,然后摒弃它们。在她穷其一生追寻真正自我的过程里,她似乎总会不知不觉地陷入各种形式的"跳跳虎"人格之中,这些人格在某个环境里移动得非常缓慢,它们拽着莱辛不放,不让她找到自己真正的自我。回顾过去的时候,多丽丝对自己在寻找自我的道路上遇到的这些叛徒毫不留情。

第十八章
打破种族隔离

第十八章
打破种族隔离

"在非洲长大的作家们有许多的优势,他们处在现代战场的中心,是急速、剧烈变化的社会的一分子。"多丽丝·莱辛说道。但同时,因为处在有组织的压迫之下,这也可能成为一种制约,不管你多么努力想要寻求不同的切入点,"生活中除了面对不公正,还会面对许多别的不足,即使自己是受害者,也不能幸免"[①]。当年轻的她还生活在一个不公正的社会时,莱辛可能确实会偶尔对无法逃离种族隔离社会带来的各种影响深感挫败。但是,到了二战之后那个阶段,消除种族隔几乎成了她唯一关注的事情。日日夜夜,在办公室里打字的时候,在大街上为党工作的时候,或者是在公寓里和戈特弗莱德探讨的时候,破除种族隔离成了她最关注的事情。

多丽丝记得他们的公寓当年总是挤满了革命朋友。她厨艺向来不错,有时候,在家里窄小的简易厨房里,她一晚上要用两个电炉子为二十多个人做出美味可口的饭菜。当然,来一两个客人在家里留宿的时候也不少,如果床和沙发不够用,就让客人睡在浴缸里。

在大多数马拉松式冗长的会议里,大量的时间都用在探讨共产主义者该如何渗透到充斥着种族主义思想的罗德西亚社会里去。多丽丝觉得这些会议令人精神抖擞,也觉得冒着风险到黑人社区去散发组织材

[①] 莱辛:《非洲故事》(*African Stories*),第 6 页。

料,或者通过帮助个人处理福利问题做一些"社会工作"令她觉得斗志昂扬。莱辛解释说,没有加入左翼组织的时候,她从来没有在平等的层面上和黑人打过交道。在此之前,她要么是黑人们的老板,要么是高高在上的殖民者。但是不论她觉得种族隔离多么不对,她都找不到和黑人平等交往的机会。

由于罗德西亚法律体系的恶劣,黑人共产党员通常不能全程参与制定战略的会议。其中一条严重限制黑人自由的法令就是宵禁,这条法令规定所有不住在索尔兹伯里的黑人必须在晚上九点返回城外的土著保留区。这样一来,那些要熬夜开的会都只能在他们不在场的情况下召开。就是在九点以前会议进行的时候,大家也是经常聚在附近只能白人进出的餐馆。不管大家的出发点多么真挚,可就是没有一种意识形态能够平衡白人和黑人之间的关系。还有一些别的法律也从不同的方面对黑人进行压迫。冷眼旁观索尔兹伯里大街上日常发生的一切,多丽丝和她的朋友感觉有点不寒而栗,他们经常会看到一队带着手铐的黑人走在街上,两头站着警察防卫,警察的身后通常会站着一群黑人妇女,跟着他们的丈夫上法庭。最过分的是,黑人们犯的事通常是小到有点荒谬的地步,比如到保留区外面去见人的时候没有带通行证,或者骑了一辆没有尾灯的自行车什么的。

有几次,围绕种族隔离这个话题召开的会议影响了共产党组织的内部团结。其中有一次,大家在讨论是否应该从社会福利的角度来解决种族隔离问题——莱辛现在认为这是她当时做的唯一一件有意义的事情——即号召各种机构为饥饿的黑人家庭提供食物,或者资助黑人儿童上学;或者通过政治途径来解决种族隔离问题,也就是让黑人完全融入政治体。

大家在讨论是否通过政治途径来解决种族隔离的方式的时候,又产生了一个新的分歧。莫斯科方面的高层认为,黑人应该由黑人来领导,

第十八章
打破种族隔离

而不是由白人来领导。莱辛说，之所以会有这样的理论，是因为当时非洲的黑人人口还没有从政治上组织起来。当时和她唯一有实质性接触的黑人是一位名叫查尔斯·莫辛杰勒（Charles Mzingele）的男子，她说，查尔斯一直是"左翼读书俱乐部的黑人'标志'"①。

《风暴中的涟漪》这部小说里那位马突士先生，可能就是以查尔斯·莫辛杰勒为原型的，查尔斯和他在小说中的角色一样，总是因为镇上的通行证法案不断受到处罚。每当莫辛杰勒因为宵禁不得不离开莱辛以及其他白人同志时，大家总因为觉得自己特别无能而感到消沉沮丧。只有像戈特弗莱德一样热烈地投入到共产主义事业的人，才从来不会觉得革命精力和动力有不够用的时候。对于多丽丝本人而言，这些心灵的侵蚀初步激发了她心中经常会出现的那股不满。

然而，另一条能够让她觉得跟他人产生联系、认清自我的道路也走到了死胡同。

二战期间，由于苏联成了同盟国的一员，红色人员在罗德西亚暂时得到了包容。但是，随着战争的结束，隐藏已久的敌意逐渐浮现出来。当局对这个组织想要颠覆政府的怀疑逐步升级，尤其他们还发现，这些人居然还为黑人要求平等权利的活动推波助澜。多丽丝·莱辛对自己扮演推波助澜的角色感到非常自豪。公开挑衅当权者是非常刺激的事情，一些了解莱辛的人说，公开挑衅当权者这件事本身带来的刺激远远比这些做法到底能够获得什么样的成就要强烈得多。

这个时期，共产党组织最主要的成就，就是在一名名叫格莱迪斯·玛斯多普（Gladys Maasdorp）的杰出白人妇女的指导下，成立了南罗德西亚工党非洲黑人支部。玛斯多普并不是共产主义者，而是一名坚定的

---

① 莱辛：《我心深处》（*Under My Skin*），第 304 页。

社会主义者。玛斯多普人到中年,按照传统结婚生子,是索尔兹伯里市政委员会的成员,1942—1943年担任索尔兹伯里市市长,罗德西亚工党总书记。不难发现,《暴力之子》系列里的梵·德·白尔特夫人(Van der Bylt)其实是以玛斯多普为原型的,多丽丝在字里行间明显对这一人物表现出了相当的好感。玛斯多普是查尔斯·莫辛杰勒的好友和支持者,她决心建立一个黑人工党支部,由莫辛杰勒来领导。

尽管大多数工党的支持者对当地共产主义党员都非常敌视,尽管玛斯多普本人也对共产主义并没有什么好感,但她还是说服莱辛夫妇和他们那一群人加入工党,以便他们能够在建立非洲支部的问题上和她一起投票。多增加的这些选票让他们最终大获全胜,非洲共党支部建立起来,玛斯多普对于多种族主义的深切愿望得到了实现。

尽管现在从政治正确的角度来看,"多种族主义"这个词让多丽丝·莱辛觉得深恶痛绝,但是她当时却热烈支持玛斯多普的各项目标——让拥有选举权就必须先拥有财产的法律条款得到松动;改变类似禁止黑人在白人居住区工作的歧视性立法;让公务员性质的工作向黑人开放;改善卫生、福利、教育制度,为黑人人口在这些方面的迫切需求提供服务。

一些非洲学者认为这样的目标其实是从福利的角度来进行种族隔离,虽然可以缓解现状,但是不能实现真正的平等。回顾当年,格莱迪斯·玛斯多普到底是不是真的想让黑人在白人的政治框架中拥有自主权,的确是一件让人质疑的事情。正如很多实际的政治家都会声援理想主义的事业一样,玛斯多普和她的支持者们其实也经常是在赌一把运气而已。通过1944年南罗得西亚杂志《共党前沿》发表的一篇不署名的文章可以看出,激进派认为黑人对政治的参与少到几乎让人怀疑他们是否真的活在世上的地步。为了缓解白人们对于黑人加入共产党的恐惧,这篇文章写道:"敬告全体选民","国家执行委员会希望对非洲成员加入本党清晰地表明立场。本党出于同情,希望能够提供一个渠道,让非洲居民可以将他们的不满和

第十八章
打破种族隔离

强烈愿望诉诸那些与他们的切身利益相关的机构。"①

后来,在 1944 年,多丽丝·莱辛为同一本杂志撰写了一篇关于为黑人争取扩大耕地的文章。"对于刚从原始社会转化过来的人们而言,集体农耕是比资本主义丛林法则更加适合这些人的生存方式。"②这段刺耳的话非常具有代表性,是早期的白人激进主义者常用的一番说辞,表现出他们对黑人既同情又傲慢的矛盾态度,连莱辛这样的人也不能例外。就在几年前,奥莉芙·施奈纳也写过同样矛盾的一段话。

> 说我们喜欢黑人,这是一句假话,如果这话的意思是说,我们爱他们像我们爱白人一样的话。但是我们决心要对他们公正、仁慈。我们要装作我们真的爱他们,并那样去对待他们,那么到了某一天,爱就会真的到来……到那个时候,我们会彼此注视,相对而笑,就像父母和孩子之间一样。③

不容质疑,多丽丝·莱辛很早就非常清楚,用父母与孩子之间的关系来形容白人和黑人之间的关系,这种想法显得多么屈尊俯就。历经岁月洗礼之后,她设法对津巴布韦的种族分歧双方都表达同情(也有愤怒)。20 世纪 80 年代末,多丽丝在津巴布韦访问的时候非常担心,黑人们虽然开始宣称对土地的所有权,但是他们是否真的有能力让土地繁荣起来。她告诉南非记者菲亚梅塔·洛克,在白人统治这片土地的几代人里,白人已经成长为成熟的农民,他们非常关心自己的土地。莱辛伤感地指出,黑人们没有意识到白人有多么关心津巴布韦,而白人们却总在

---

① 引自贝克《多丽丝·莱辛和殖民经历》(*Doris Lessing and the Colonial Experience*),第 68 页。
② 同上书,第 69 页。
③ 施奈纳:《关于南非的一些想法》(*Thoughts on South Africa*),第 361 页。

谈论如何改善土地。"黑人们不了解这些,他们也不愿意相信这些。"①

她所说的这群白人里包括她的儿子约翰。约翰是津巴布韦一个种咖啡的农场主,1992年因心脏病去世。在《非洲的笑声》里,莱辛回忆说,自己听到约翰和他的朋友们坐在阳台上聊天,他们的谈话很多都是关于怎么帮助黑人的,只不过说话的语气里带着点她非常熟悉的居高临下的口气而已。

1944年2月12日至14日,南罗得西亚工党在索尔兹伯里的哈拉雷大厅举行了黑人支部会议,这件事在全国引起了很大的争议。南罗得西亚工党的白人领导们始料未及,黑人成员们居然抗议战时义务劳动法和其他一些严酷的规定。与会的南罗得西亚工党的白人代表敦促黑人们建立自己的工会。身处会议大厅里的人们一阵狂喜,因为他们真正用心感受到了欧洲人在通过行动来对他们的抱怨和痛苦表达同情。而多丽丝·莱辛却更加感到一切都是白费力气,从那个时候起,她开始对一切改革都不抱任何希望。这些自由散漫、乐于助人的白人们,包括她自己在内,到底有没有真的做出点什么来改变黑人们的命运,而他们的做法又到底是对是错呢?

媒体毫不掩饰对这次会议的敌意。格莱迪斯·玛斯多普在给国外的一位朋友的信中写道:"所有身涉其中的人都感觉很不愉快,我们,无论是欧洲人还是非洲人都陷入了激烈而又恶毒的媒体大战。"②记者们用殖民地的老伎俩指责南罗得西亚工党,说他们煽动当地土著。只不过,记者们还套用了最近的新伎俩——指责南罗德西亚工党涉及二战后的

---

① 洛克访谈:《非洲白人之殇》(The White Wounded of Africa)。
② 引自斯蒂尔《〈暴力之子〉与罗德西亚——作为历史观察者的多丽丝·莱辛研究》,('Children of Violence' and Rhodesia: A Study of Doris Lessing as Historical Observer),第19页。

第十八章
打破种族隔离

红色恐怖。他们指责南罗得西亚工党变成了外国颠覆主义激进分子的温床,这些外国人通过煽动当地黑人,宣传马克思主义理念,意图削弱南罗德西亚政府的领导。

这些指控其实毫无根据。如果说,像多丽丝和她的朋友们这样的罗德西亚共产主义者对这样的活动欢呼雀跃,这或许倒是真的,但是说整个南罗得西亚工党抑或是由玛斯多普领导的那部分进步工党成员们有这样的想法,那却是毫无道理的。这次会议其实是黑人社区委屈的集体大爆发,而并非什么南罗得西亚工党激进分子鼓动的结果。

现在,当地红色共产主义者已经完全变成了一心想要改变白人现有地位的可疑的煽动者。为了使南罗得西亚工党不要进一步遭到破坏,工党中的几个"异端分子"提出退出工党,这其中就包括多丽丝,她之所以被列为"异端分子",是因为她嫁给了戈特弗莱德这个德国人的缘故。工党不想屈服于外界压力,坚持原则,拒绝接受这些人的退党要求。然而,形势急转直下,工党黑人支部持续成为南罗得西亚工党内部和外部的攻击对象。

随着战争在欧洲接近尾声,工党的影响力日渐式微。但是多丽丝却还是坚持继续她的福利工作。也许,只有将自己看成一个在充满敌意的世界里为绝望无助的党员们奋战的人,才能让多丽丝在生活中遭遇的那些不幸带来的伤痛得到缓解。当莱辛回顾当年这段时光的时候,她自己也提出了质疑,并开诚布公地反思,自己当年那些目标含混的行动的动力到底来自哪里。

"可以说,想要反抗父母以及他们代表的势力,自然是要反抗白人的优越性了。"虽然她补充说,这个并非是她厌恶种族禁令的根源,但是,"要是你想和父母作对,手边只要有棍子,你就会拾起来用来狠狠打击他们"[①]。

---

① 阿大拉:《奥狄访谈》(*The Oldie Interview*),第12页。

第十九章
取得胜利却没有获得解放

第十九章
取得胜利却没有获得解放

在法国经典电影《天堂的孩子》的结尾部分，满脸严肃的让·路易·巴劳特奋力想要从一群穿着各种服装、挤在一起参加嘉年华的狂欢者们中挤出来，穿过巴黎的街道。当读到《我心深处》中多丽丝·莱辛在1945年5月8日欧洲胜利日穿行在索尔兹伯里的大街上时，人们不由得会想起《天堂的孩子》里结尾时的情景。那天莱辛刚去看过她那位一直没有从上一次世界大战中缓过神来的父亲，一路赶着回去看她的丈夫。她丈夫上一周大部分的时间里都是坐在收音机前听报道，报道里讲述着他的祖国在进行过战争史上最大规模的单国入侵之后，正遭受这次入侵失败的后果带来毁灭性打击。

那个并不轻松的解放日，可以看作是多丽丝战后生活中的转折点——以行将就木、日渐式微父亲为象征的命运多舛的过去即将消逝，她的生活进入了由戈特弗莱德为代表的前途未卜的欧洲时代。无论是当时还是后来，这都不是莱辛个人可以控制的。但是，她对家庭的关注和正在变化的世界都让她觉得压抑。当穿着军装的男人和穿着宴会裙子的女人们满心欢喜、轻松愉快地涌上索尔兹伯里大街的时候，莱辛心中五味杂陈，让她无法融入到寻欢作乐的人群之中去。

战争加深了共产党的变化，随着政治活动进入一个新的阶段，马克思主义思想里注入了新的调子。一批与罗德西亚白人格格不入的新居民来到了罗德西亚,他们居然天真地去质疑白人文化中的道德系统和思想概念。

由于好多黑人也涌入城市,加上城市化进程加快,索尔兹伯里本来就拥挤不堪的土著保留区更是变得人口密集。这里住着一个叫劳伦斯·万比(Lawrence Vambe)的年轻人,正努力奋斗在即将成为第一代黑人作家领袖的路上。他出生于1917年,在一个关系亲密、传统保守的本地家庭长大,后来设法突破限制获得了更好的教育机会。尽管二战前和二战中,南罗德西亚的黑人受教育非常困难,万比却实实在在取得了高等学历。

万比开始了自己作为记者的职业生涯,主要报道战后不断成长的非洲民族主义,他自己也积极投身其中。和当时很多非洲黑人知识分子一样,他决心在个人生活和职业领域内获得全面的社会进步。在他的心目中,只有一个多种族共同生活的社会,才会是一个真正平等进步的社会。1946年,他开始为非洲报业集团工作,他奋笔用修纳语或者英语写出的新闻故事,对罗德西亚黑人的生活进行了生动的描述。他敦促白人社会为黑人创造更好的工作机会,同时呼吁本民族的人坚守自己的传统价值和道德标准。

二战结束不久,万比就和南罗德西亚工党搭上了关系,他在工党里遇到了多丽丝·莱辛和戈特弗莱德·莱辛夫妇,以及其他一些共产主义者或者社会主义者党员。万比记得,多丽丝·莱辛不仅对他的文学创作产生过重大影响,而且鼎力支持他进行文学创作。他非常信任多丽丝、戈特弗莱德夫妇、纳森·泽尔特和多萝西·泽尔特夫妇以及其他一些同志,他们公开为"建立非洲工人阶级和欧洲工人阶级在经济公平斗争中的统一战线而奋斗。……想想他们当时面临的阻力,"他补充说,"我觉得他们是一群勇敢的人。……南罗德西亚工党内部和白人工会里面的反黑人势力是非常可怕的。"①

---

① 万比:《从南罗德西亚到津巴布韦》(*From Rhodesia to Zimbabwe*),第161页。

第十九章
取得胜利却没有获得解放

万比的赞美之词,是一个深受种族禁令之害的人情感的自然流露。他和多丽丝这样的人,都想从思想上去粉碎种族禁令。在比较自己在激进的白人那里和在政治上积极的黑人那里受到的影响时,他说:"我不否认,我从我认识的那些白人身上学到了很多,但是他们对我的影响不如我的黑人同胞那样深刻。然而,我承认,遇到这些人,并和他们平等讨论我们的问题,让我突破了当时自己对白人群体固执的种族偏见。"①

万比认为,反对种族混居的法令,在战后甚至比战前还要严厉,因为殖民政府想要控制大量涌往白人城市的黑人人口。无论走到哪里都需要通行证,只要出现在黑人不能出现的场所,被罚款便成了家常便饭。黑人商人们在新的环境里挣扎着闯荡事业,可是色情业和其他非法行业也渐渐兴起。因为太多的人都想在恶劣的环境里找到工作或发现自我,这些变化使得暴力冲突不断升级。与此相应而来的,是警方的干预也逐步升级,黑人经常处在紧张不安和疑神疑鬼的状态中。这些和战后反赤阻击联系起来,多丽丝和她的同志们很难实现他们想要帮助南罗德西亚的黑人朋友实现种族平等的目标。

不可否认,在当时的政治气候下站出来为种族平等说话,的确需要非凡的勇气和使命感。从这个角度来看,多丽丝·莱辛当时却跟那些从事她所倡导的事业的同志们保持一定的距离,这实在显得非常奇怪。因为这一点,菲丽帕·贝林曾在1973年对迪·赛里格曼说,她觉得莱辛"非常虚伪"。贝林认为,一直以来,尽管黑人面临身体上的限制,但是跨越种族禁令去和黑人之间建立一种真正的友谊是完全可能的。她批判莱辛没有像她自己那样,通过听本土音乐,或者通过学习修纳语,翻译、阅读修纳诗歌,去欣赏非洲文化。②

站在莱辛的立场,贝林的观点太过天真。莱辛的好多关于黑人的作

---

① 引自维特·威尔德《老师、牧师和怀疑者》(*Teachers, Preachers, Non-Believers*),第29页。
② 赛里格曼:《四面小说家》(*The Four-Faced Novelist*),第10页。

品都是在反映住在同一区域的不同种族的人之间的鸿沟产生的原因,并很肯定地认为,即便意愿再良好,黑人和白人之间也永远都是彼此陌生的。在她的小说《小泰比》里,一个没有孩子的白人女子非常依恋一个本土黑人孩子,而当她自己有了孩子以后,她对黑人孩子的热情逐渐淡漠。而黑人孩子开始变得越来越麻烦,越来越讨厌,最终发展到偷盗。当他被捕以后,他拒绝白人女子为他逃脱警方惩罚提供帮助。当孩子被警察抓走以后,白人女子变得暴怒抓狂。

"他到底想要什么?威力?"她带着满怀委屈和疑惑不解问自己的丈夫:"这段时间以来,他到底想要什么?"①

颇具讽刺意味的是,一些读者评论说,莱辛自己的作品本身就非常幼稚,而这恰恰是她自己反复强调和描写的那种无法相互融入的感觉造成的。还有一篇刊登在《津巴布韦人》上,总体比较正面的评论特别指出,多丽丝的自传,反映了她根本没有近距离接触过非洲儿童或者仆人们。评论家这样评说:"也许这可以解释,为什么她书中的很多黑人角色,从洛本古拉王到《善良的恐怖分子》中虚构的鼓手吉米,这些人都是像帕丁顿熊一样的角色——让她想要去拥抱,又甜得像糖一样的人物。如果她真的把非洲人放在他们自己的文化中去了解,她就肯定会明白,那些人多么讨厌自己被看成那样的角色。"②

莱辛本人也承认,她过去总会对有色人种特别地好,虽然她跟他们之间并没有像跟白人那样直接打过交道。在她的第二部自传《行走在阴影之下》里,她回忆起她如何第一次意识到,自己总在逃避高度敏感的种族限制问题。20世纪50年代,她在伦敦的时候发生了一件事。有一天,一个她并不喜欢的印度人突然出现在她的公寓里,她想都没想就让他离开了。这次经历让她开始转变,她认为自己没有必要仅仅因为对方是个

---

① 莱辛:《非洲故事》(*African Stories*),第151页。
② 哈特纳克:《再访莱辛》(*Lessing Revisited*),第4页。

第十九章
取得胜利却没有获得解放

黑人就必须要欢迎他来拜访。

她在别处也表现出这样的局限,细节随处可见,散落在她对种族问题、社会政治问题以及女性问题的评论里。她写作她的太空小说系列的时候,因为罗伯特·戈特列波反对她嘲讽"我们会克服困难"这句话而大为光火。在和这位编辑的通信中,她直言不讳地指出,她认为这句话既空洞又愚蠢。她说戈特列波跟她不同,已经明显虔诚过度,误入歧途,并被这把大钳子紧紧地夹住了。菲亚梅塔·洛克在《非洲笑声——四访津巴布韦》出版之后采访过多丽丝·莱辛,其中有几句评价,说多丽丝笔下的非洲人形象都是总体性的,缺乏个性。这样的评价弄得她有点下不来台。

洛克指出:"她批评她在津巴布韦遇到的那些白人,说他们太过盛气凌人,可是她自己也没有高到哪里去,她每次说起津巴布韦黑人的时候,都是用'这些人',说什么'这些人,他们非常幽默。'"①

不过,不管白人是善意友好还是盛气凌人,他们与黑人之间似乎一直就存在隔阂。莱辛的小说经常描写黑人面对白人的行为时所表现出的外在反应,而且着墨非常有力。但是她很少涉及黑人们的内心情感。黑人仆人在听到老板辱骂的时候,到底静静地站在那里想些什么呢?照料白人孩子的保姆一次又一次遭受侮辱,在主人眼里轻贱得像一只蚊子一样,自尊心被帝国主义的白人孩子消磨殆尽的时候,她到底在想些什么?

这种现状既复杂又矛盾,尽管多丽丝一辈子都在反对因为肤色拒绝走近对方的行为,但恰恰是因为肤色,让她没有拿自己的生活和他们的生活进行平行对比。在《回家》里,有一段关于她 1956 年回到非洲购买食品的真实叙述,她说自己七年不在,好多商店的外在环境有了很大的

---

① 洛克:《非洲白人之殇》(*The White Wounded of Africa*)。

提高，但是他们对待顾客的方式却没有太大的改变。

在一家蔬菜市场，她看到了两个白人售货员坐在柜台后面，这时柜台外来了两个黑人，手里挎着装得满满的篮子。"我站在两个黑人后面看事态到底会如何进展。坐在柜台后面的白人妇女冷冷地看了一眼两个黑人，接着用一种我非常熟悉的冷淡而轻蔑的语气说道：'小伙子们，你们没看见后面有位女士吗？站到后面去！'两个黑人照她的话做了，让多丽丝换到了前面，就这样被晾在了后面。两个黑人还没来得及继续往前的时候，又来了一个白人妇女，于是两个人的位置再一次被掉换了。"①

莱辛写道，她曾试着去设想，如果一个人一辈子都被这样轻慢，那将是一种什么样的感觉。她说，尽管她能够想象得到某一个场景下黑人的痛苦，但是她无法真正体会常年累月的侮辱、轻视和嘲讽到底会让人作何感想。这些都是实实在在的真话，但是要说她自己的生活里没有任何类似经历，可以让她体会到什么叫感同身受，那可就奇怪了。数不清有多少次，她母亲因为更偏爱哈里而忽略了她的感受。而事实上，她整个童年都没有从莫德那里得到爱的原因，就跟那些人因为肤色受到轻视的原因一样毫无道理——仅仅因为她弟弟有幸身为男子，而她却不是。

人们甚至可以怀疑，她是否就是在发泄那件特殊的事情带来的各种情绪。黑人们一辈子遭受不公的痛苦给她带来的愤怒，远远没有在西比尔·索恩戴克那天晚上她被母亲忽视感受到的愤怒强烈。她没有去建议社会应该以人为本，而仅仅只是冷眼旁观，记录下非洲白人对非洲黑人说话时那种"特别的语气，不耐的手势和蔑视的态度"。

很奇怪的是，多丽丝的那些描写，听起来非常像是她在和什么人闹脾气似的。20世纪50年代曾经和莱辛有着同样政治信仰的英国剧作家伯纳德·柯普斯（Bernard Kops）就在莱辛和左翼闹翻之后，感受过一回

---

① 莱辛：《回家》(Going Home)，第52页。

第十九章
取得胜利却没有获得解放

她闹脾气的事。多年以后,科普斯在汉姆普斯德·西斯(Hampstead Heath)遇到了多丽丝·莱辛。下面这段话就是他记录的当时的情形。

柯普斯急切地向她的桌旁走去:"多丽丝,你好!"

莱辛抬头冷冷地看着他。

柯普斯(有点不自在了):"我是伯纳德。"莱辛表现出一副不认识他的样子,于是他又说了一遍:"是伯纳德,伯纳德·柯普斯。"

多丽丝冷冷地瞪着他说:"我知道。"

莱辛低头看着自己的茶杯,柯普斯呆呆地站在那里不知道怎么回事。于是他转身离开,回到自己的桌子旁,他妻子等在那里,看到了他疑惑不解又尴尬难堪的样子。

柯普斯认为,莱辛偶尔发点小脾气的情形,和她对白人殖民者批判贬抑的态度不仅仅是一种巧合。"尽管她反叛自己殖民者的出身,但我并不认为多丽丝完全消除了出身带来的影响。毕竟,打个比方说,母亲的奶水是最好的营养。"

这样的评价和很多其他人的看法一致,他们都觉得多丽丝傲慢、粗鲁、势利,偶尔还会爆发出敌意。她在对抗殖民压迫的战役里没有付出过任何代价,这么看来,她似乎更像是大英帝国的子民,只不过她自己看不到这点罢了。

当然,住在战后的罗德西亚的多丽丝·莱辛,从来不会觉得大英帝国有什么她需要吸收或者沉淀的东西。然而,她想要从非洲逃到英国去的决心却越来越坚定,而她想要逃走的原因,却跟她写作中提到的种族关系一点都不沾边。

尽管她涉及沉重的种族话题是出于很实际的目的,尤其是为了她即将写完的那部小说《青草在歌唱》,但她还是反对人们的一个观念,认为既然这种模式塑造了她的生活,她就有义务写出这一切。

莱辛的日记里记下了好多她决心要写出来的故事,但是这种热情却变得越来越淡。种族问题影响如此广泛,基本上主导了她设计的各个情节,她对此感到非常挫败无奈。要想真实地记录非洲,不可避免就要提到种族问题。因此,她如此努力地写作《青草在歌唱》的主要动力也许——这和奥莉芙·施奈纳的动力一样——是因为,这部关于非洲的小说会给她带来国际声誉,这样她就能逃脱囿于种族平等问题带来的创作局限。

接下来,正当她再次开始向渴盼已久,而如今渴望更加强烈的自由迈进,想要逃离干扰她集中精力写作的一切——她的母亲、她的父亲、戈特弗莱德、非洲、她和弗兰克·威斯登的孩子们时——她第三次怀孕了。

第二十章

好爱角

当多丽丝告诉父亲她怀孕的消息时,她父亲躺在病床上质问她为什么要放弃前两个孩子却又开始一个新的家庭。莫德也用尖酸刻薄的言辞迎合麦克,指责多丽丝。而他们的女儿此时正心情愉悦,对他们的愤怒丝毫不以为意。事实上,她根本就没有花什么时间去考虑过自己的选择。跟她对以前的行为所做的解释一样,这次怀孕,她也不觉得这是自己的选择。一些莱辛的回忆录评论家谴责莱辛的行为过于随意、毫无责任心,他们认为这些事都是多丽丝按照自己的意愿来决定的,而莱辛却并不这么认为。她觉得自己并不是自愿怀孕的,这次怀孕跟上两次怀孕的原因一样,是大自然母亲决定她必须怀孕的,而她多丽丝·莱辛只不过是大自然选中,去为增加战争损耗的人口做出贡献的那个人罢了。

多丽丝·莱辛矛盾的人格再一次让人震惊。她坚决果断、激烈反抗,坚持争取自由做主的权利。可与此同时,她似乎又觉得自己的决定是受生理原因和历史环境所驱动。多丽丝还认为,尽管戈特弗莱德是个冷淡而讲究逻辑的人,但在这件事情上,他也不得不屈从这些不可抗拒的外力。她觉得,戈特弗莱德应该也想过去"分析"此时要孩子是不是明智,因为在多丽丝看来,他们彼此都很清楚,他们很快就会离婚了。不过,多丽丝解释说,他们的理性对他们要不要孩子的决定并没有产生丝毫的影响。

第二十章
好爱角

尽管多丽丝·莱辛一直觉得自己是个坚定理智的人，总是会用逻辑战胜情感，可是理智的判断对于多丽丝来说远远没有命中注定这个观念来得重要。她之所以认为，人的行为是由比理性强大得多的力量来决定，其实是因为她想要为自己突然特别想当母亲的冲动寻求一个合理的解释。她在书中提到，她特别渴望一个新的孩子的到来，所以她并不想回答父亲的质问。

可她在放弃了两个孩子之后，为什么又会想要第三个孩子呢？是因为她抛弃了两个孩子的负疚感让她想再要一个孩子吗？还是因为她想要寻求共产主义圈子之外的情感联结？多丽丝·莱辛在她的书里并没有提及这些问题。成为一个不断进步的自我，随着人生的变化不断地成长，这并非多丽丝·莱辛寻求自我身份所遵循的道路。莱辛的成长道路，不以过去的自我为基础，她完全抹掉过去的自我，抛弃过去的自我，然后再重新塑造一个新的自我。

决定怀孕之前和之后，多丽丝和戈特弗莱德两个人都在拼命工作。戈特弗莱德兼了两份工作，其中一份工作逼得他不得不凌晨就起床。而多丽丝已经离开了律师事务所，为三个政府委员会打字，并且抓住一切空闲时间进行写作。夫妇二人仍然活跃于政治事务，虽然多丽丝私下里非常清楚，自己对共产主义的热情和使命感已经消失了大半。随之消失的，还有很多因为战争而聚集在索尔兹伯里的有趣的人们。随着南罗德西亚的战士们回到故土重拾旧日的工作，那些曾经代替他们工作的同志们都开始了别的工作，当然，大多也去了别的城市。

哈里·泰勒就是战后返回故土的人员之一。他本来打算要到爱丁堡去学习兽医的，可是当他看到父亲病重，而母亲生活艰难，一边量入为出，一边还要照顾自己，就放弃了自己的计划，决定留在索尔兹伯里做点生意。哈里认为家人应该待在一起，所以他姐姐弃家庭于不顾的做法，自然成为了姐弟情深的障碍。

哈里和多丽丝经常相遇在父亲的病榻之前，此时的他们，比以往任何时候都显得格格不入。他们很少说话，多丽丝很清楚，哈里非常痛恨她那些"古里古怪的想法"，而她也对哈里那些顽固的殖民主义观念感到非常愤怒。不过，他们彼此之间的憎恨还是有一些价值的。多丽丝其实一直在脑海里记录那些她从情感上想要远离的场景，她跟哈里的见面，为她的写作提供了很多的素材，就因为这一点，她勉强忍受了这些碰面，甚至还能从尴尬中找到一些满足感。

看着床对面抱着父亲的弟弟，多丽丝仿佛看到了熟悉得不能再熟悉的场景，固执而又狭隘的殖民者，执着地抵制着一切变化。作为姐姐，身处其中的多丽丝感觉非常紧张，但是作为作家和观察者，多丽丝却深深沉迷于这样的见面。从社会学的镜头下来看，哈里是一个非常迷人的角色。他酗酒，总是追随那些因为恐惧而不读严肃文学的人，多丽丝觉得，他们不读严肃文学，是因为担心在书中发现和他们自我满足的感觉相对立的思想。她在写作《青草在歌唱》和一些短篇小说的时候，已经开始抓住这类人进行描写，而这些小说，哈里可能一辈子都不会读到。

父亲过世很多年之后，多丽丝还因为发现哈里喜欢没有营养的流行小说而大发雷霆。她质问哈里，难道他不记得小时候母亲书架上那些好书了？难道他忘了小时候莫德给他们讲过的那些情节复杂的睡前故事了？她说这番话的时候，一点都没有察觉到，她在为她母亲的文学品味辩护的时候，完全忽略了一个颇具讽刺意味的事实——莫德的书房里从来都没有把多丽丝·莱辛的那些经典作品收罗在列。

相反，哈里从来都不会对他姐姐的书生气大加挞伐。迪·赛里格曼去拜访他的时候，发现他的书架上有几本莱辛的作品。尽管他声明自己从来没有读过那些书，但是他既没有觉得姐姐献身文学是愚蠢荒诞的行为，也没有觉得她有多么光荣伟大。哈里在说起他姐姐如何饱读诗书的时候，总是自然流露出非常高兴的神情，他还很骄傲地回忆起姐姐在考

第二十章
好爱角

试前扫了一眼书，第二天就能倒背如流的事。

多丽丝的打字员工作让她平时有很多空闲时间来构思诗歌和短篇小说，她把这些作品投到由约翰内斯堡出版的两本杂志——《民主人士》和《却克》——上去发表。她还给英国和南罗德西亚的一些报纸投稿。虽然偶尔也会为文章的发表感到欢呼雀跃，但是她对这些零星努力换来的成就并不看重。她觉得这些文章也只有那么十来篇有点价值，她甚至宁愿没人记得，也没有人谈及这些文章。

在这位颇有抱负的作家看来，剧本创作比诗歌创作有意思多了。那个没能跟寄宿学校的同学去看西比尔·桑戴克演麦克白夫人的小女孩，仍然保持着对戏剧的热爱。她和索尔兹伯里的朋友们总是尽可能去剧院观看当地轮演剧团的演出。多年来，多丽丝总会津津乐道地谈起自己沉迷于剧院，无可救药地被舞台深深吸引。她说，有时候尽管她也担心上演的剧目可能会不尽人意，可是看见帷幕拉开的刹那，她还是会本能地感到兴奋。

当然，她的主要精力仍然集中在《青草在歌唱》这部小说上。这部书的第一部手稿是通过船运寄往伦敦的，内容比后来实际出版的要长三倍。莱辛当时没有图书代理商，她挑选出版社也是非常随机的。小说辗转六周以后才到了出版商手里，又历经数月才回到这位不知名的作家跟前——出版商没有答应出版。这个过程不断重复，一次都没有让她离日思夜想的成功更近一步。

然而，她不允许自己去想，她其实走的是一条不切实际的道路。她对复杂多变的艺术品味盲目无知，却又坚定不移。戈特弗莱德给了多丽丝很多的帮助，他非常重视多丽丝的写作，虽然他有时并不赞同她的主题。还有其他一些同志也对多丽丝的创作一边鼓励，一边却又提出异议，尤其是纳森·泽尔特和多萝西·泽尔特夫妇。而莱辛却认为，他们提出负面意见,是因为他们无法脱离他们的意识形态。泽尔特夫妇不喜欢《青草在歌唱》这部作品,他们觉得这部书似乎在昭告天下,黑人和白人之间的关系永远不可能有实质上的改变。他们不看好这部作品还有另一个原因,对于像他们这样虔诚的红色党员来说,追求纯粹的艺术目标是微不足道的资产阶级情调。

尽管多丽丝也很想完成《青草在歌唱》的另一稿,尽管她也对宣称要做妈妈了感到很兴奋,但是在1946年年初的时候,她却突然决定自己要出门旅游一趟,以免孩子出生之后带来的一大堆事情让自己不能成行。在戈特弗莱德的大力支持下,多丽丝在怀孕三个月的时候,坐了五天的火车来到了湾角镇。路途漫漫,多丽丝却丝毫不以为然。她又变得自由自在了,这才是她最喜欢的状态。

她变得自由自在,却又并不孤独寂寞,因为她决定在《卫报》工作几周,她曾经在索尔兹伯里的大街上满怀热情地到处散发过这份报纸。她在湾角镇被分配到发行部,工作是写写广告,然后到镇上工业机构去推广报纸。她去卖报纸的时候,发现有需求的"有色"(含混血儿)人,还有印裔社区的人会大摇大摆地来买份报纸,同时也顺便打听打听哪有住处,到哪能找到工作,或者到哪找人看病什么的。她给这些人,还有那些她硬着头皮闯进他们的社区去拜会的人们,放送着社会福利,在索尔兹伯里的时候她也曾为此而不懈奋斗。

有趣的是,做这件事本来是去承担社会责任,是去和另一些共产党员融为一体,而多丽丝的首要目的却完全跟这个不沾边。多丽丝·莱辛下定决心要谈一场恋爱。她觉得这是自己的权利,这是生活亏欠了她的。可她凭什么有这个权利?难道就因为她怀孕了?而谁又亏欠了她呢?戈特弗莱德亏欠了她,命运亏欠了她,还是大自然母亲亏欠了她?尽管在《我心深处》里,她自己也质疑过,她为什么如此强烈地觉得自己

第二十章
好爱角

该谈场恋爱,但是她并没有回答自己提出的问题。

在拒绝了两个人的求爱之后,多丽丝选了一个和她自己一样,将艺术野心和激进政治混为一谈的人作为情人。她没有说出这个人真实姓名。在《我心深处》里,她热情洋溢地描写着这个男人,并给他起了个名字叫何内(Hene);而在她早期的一本名为《追随英国》的自传里,她又管他叫皮埃特(Piet)。在多丽丝的书里,这位叫何内或者皮埃特的人,生活在巴黎或者伦敦,而实际上,他只不过是一个挣扎在生存线上、想要在南非生活下去的艺术家而已。他身材高大,精力充沛,穿着华丽,油嘴滑舌,举止浪荡。为了方便每天等他回来,莱辛离开了《卫报》的住所,搬进了他杂乱无章的小工作室,甚至在他带着另一个情人到别的城市逍遥了好几天的时候,她还是痴痴等着他回来。

她毫不介意他有一堆女人追着他跑,也不介意他到处招蜂引蝶。所以,就算他并没有通知她,他要娶一个怀了他的孩子的女人,那又有什么关系呢?何内毫不掩饰他对女人们的爱,他爱女人们的脸蛋,爱女人们的香味,爱女人们的声音。莱辛在《我心深处》里写道,如果一个女人爱上这样一个男人,毫无疑问会欲罢不能,她还按捺不住地想要教育女性读者们,说如果碰到这样一个男人,就不要指望用一夫一妻制去拴住他了。① 十年之后,当克兰西·西格尔(Clancy Sigal)进入她的生活之后,莱辛对待婚姻忠诚的态度有了一定的改变。在她二十多岁的时候,她并不要求戈特弗莱德或者她的情人们对她忠贞不渝。

年轻的多丽丝·莱辛似乎觉得满足自身的渴求对她来说意义更加重大。这不过是她想要掌控生活、自我定义的另一种方式罢了。莱辛曾经说过,长得漂亮的女人什么也不用做,只要往屋子里一站,立刻就能吸引一大堆人的注意。多年以后,莱辛才意识到,通过外貌去认证自我,其

---

① 莱辛:《我心深处》(*Under My Skin*),第 353 页。

实是枉费心机。

莱辛不觉得自己需要对这种错误的自我完善方式承担什么责任，在她看来，这只不过是年轻女人的生理需求罢了。女人们总自以为是地觉得，一定是自己身上某个特别之处引得那些男人们垂涎欲滴，而对于这样的想法，莱辛觉得非常不可思议。在莱辛看来，这个想法荒谬至极。女人俘获的一切，其实跟她说了什么和做了什么毫无关系，一切只不过是纯粹而自然的青春诱惑而已。

何内散心回来之后，带着莱辛借住在一个朋友的房子里过了几天。他不顾莱辛害怕发胖的心理，教会了莱辛做饭，教会她享用辛辣的食物，看着莱辛的肚子一天天变得越来越大，他感到无比满足。莱辛喜欢为他摆出各种造型，在他欣赏自己美妙的裸体时，目不转睛地盯着他的脸看着。"我总觉得，"莱辛写道，"那时我备受何内欣赏的肉体，像一幅挂在墙上的画一样美。"[①]

男欢女爱之后，他们就一起去完成何内的政治工作。通常而言，就是何内站在有色人种社区的一个肥皂箱子上，做一场鼓动人心的演讲，而那些站在他周围的人群，还有那些斜靠在寒酸的公寓窗户上的黑人们，会爆发出阵阵笑声和喊叫，莱辛也是人群中的一员。

他们在湾角镇外面的海边租了一间小窝棚，做爱的时候，还能听见海涛的撞击声。这是一段美妙的享乐时光，完全活在当下。但是消沉的乌云还是悄悄在她的心里集聚，内心有个声音在不断小声地告诉她，眼前这段丰富的生活会很快消逝，成为一生渴求的过去。

两个月之后，她强迫自己离开了他。而让她尤其觉得痛苦的是，她强迫自己离开了她在湾角镇体会到了的让人欲罢不能的自由。在回程

[①] 莱辛：《我心深处》(*Under My Skin*)，第 354 页。

第二十章
好爱角

的火车上,莱辛躺在那狭窄的铺位里,想着自己就要回到她一心想要逃离的那个家,心里感到非常心烦意乱。尽管她还是没有后悔怀孕,但她却不得不面对怀孕会改变她未来生活的现实。要是没有怀孕,她的生活会是什么样呢?那她就可以待在湾角镇,只要何内有空,他们就可以腻在一起。更重要的是,她甚至可以为自己订一个船位,去伦敦或者巴黎逛逛。

而现实是,她正蜷缩在嘈杂的火车上,海水和沙子美妙的味道,已经被吹进车厢的浑浊肮脏的尘土所覆盖。这样的旅途已经够糟糕的了,可她还得去担心这次旅行带来的后果。旅途结束之后,哪里才会是她落脚的地方?那就是和她不爱的戈特弗莱德待在一起,继续忙于先前的那些政治活动,还要被迫站在父亲的床前,看着他慢慢死去,受尽折磨。

然而,尽管伤心欲绝,尽管万分不愿,她仍然认为,因为命运决定性格,自己无力改变当时的处境。虽然多年以后多丽丝也曾简要地反思过卡尔·荣格的思想,可是当时坐在这趟通往错误方向的列车上的莱辛,可能并不认同荣格的观念:"如果人不能意识到自己的内心状况,这种状况就会发生在外部世界,以命中注定的方式出现。"[1]

---

[1] 荣格:《心理与符号》(*Psyche and Symbol*),第71页。

第二十一章
新的人生

第二十一章
新的人生

戈特弗莱德很高兴,他的妻子觉得假期过得不错,这也许能缓解他们之间的关系呢。多丽丝自然是闷闷不乐的,虽然她表面看起来非常健康快乐。多丽丝·莱辛在她回忆录中反思时,以一种一贯让大家非常吃惊的率真和泰然,说一个人的内心感觉和外在表现往往截然相反。莱辛总是那么标新立异。

为了对抗无聊,多丽丝决心采取远古时代艺术家们就开始奉行的方式——创作。她在南罗德西亚的最后三年半里,写过短篇小说《青草在歌唱》的初稿,以及数不清的诗歌,这些作品部分得到了发表。这些成就满足了多丽丝想要成为作家的梦想。有人评论说,多丽丝的创作,其实是她进行心理防卫的一种方式。"我曾经一直觉得她总有点颓废。"20世纪50年代和莱辛相识于伦敦的作家兼文化研究专家史都华·霍尔说(Stuard Hall)说,"一个已经学会与颓废相伴的人,……她对付颓废的方式就是写作。"莱辛对待写作的狠劲——她不能容忍任何人、任何事来破坏她的写作——证明了这番话的确非常中肯。

莱辛自己也承认,要是她把注意力放到了一本新书上,她生活中的一切其他方面都会淡化。尽管她也很喜欢去看戏,去听音乐会,也喜欢去参加有她想结识的人在场的聚会,但是一旦她开始写作,她就很少读书,很少去看戏,也很少与人来往。她惊人的作品数量,就得益于她能集中精力去做一件事情的能力。"有时你好几天都见不到她的人影,"曾和她在伦敦同租一间屋子的人回忆说,"只能见到她留下的……剩饭或者别的什么东西。她整天不停地写作。"

尽管莱辛本人对自己的诗歌评价不高,有一本叫做《新罗德西亚》的杂志,却在1943年至1949年之间发表了十四首莱辛写的诗歌。这些诗歌的主题多样,有的描写大自然,有的涉及传说,有的是讽刺诗歌,有的是非常直接的政治诗歌。但是,因为渐渐意识到诗歌不是表达她所关注的主题的最佳载体,她更多地趋向于用小说来作为自我表达和自我保护的方式。

莱辛曾经暗下决心,一旦战争爆发,她立刻就离开罗德西亚。但是戈特弗莱德却想要成为一个英国公民,而且他觉得离婚会给他成为英国公民带来不良影响。他已经没能顾忌当局对难民在罗德西亚从事政治活动的限制,所以担心离婚会成为对他不利的另一个显著因素。最后,他只得恳求多丽丝等到他获得英国身份之后再离婚。多丽丝自己也需要重新申请英国公民身份,因为按照当时的法律,和敌对国的公民结婚就意味着失去英国公民身份。

在她的回忆录里曾经多次讽刺母亲对英国的景仰的多丽丝,突然非常矛盾地意外流露出对自己不再具有双重国际感到遗憾。似乎对她来说,人生最大的损失,就是不再拥有英国护照,并且还真的得要去重新申请恢复身份。要是考虑一下,英国对她展开新的人生而言是多么好的一个跳板,就不难理解她为什么会有这种矛盾心理了。莱辛非常清楚,很多艺术家都是漂洋过海去创立声名的。很多外地人都在大英帝国的首都功成名就,因此她的未来是和她的英国护照紧紧地绑在一起的。因此,当她意识到自己很长时间里都无法离开罗德西亚,她深受束缚的感觉就变得非常强烈。政府部门里挤满了申请英国签证的难民,就算她和戈特弗莱德的法律关系存在,他们也没法加快办理的进程。

第二十一章
新的人生

戈特弗莱德与来自东德办公室的助理参加贸易展销会

尽管戈特弗莱德的共产主义意识形态并没有消减,但他还是计划到伦敦去做一个商业顾问。莱辛对于一个人身体里有两个自我这样的事见怪不怪,因此觉得戈特弗莱德的行为合情合理。戈特弗莱德也可能像多丽丝一样,有好多个自我。他身体里那个精明强干的商人,不仅会帮他在伦敦找到一份报酬丰厚的职业,还能和另一个对金钱不屑一顾的反资本主义者和平共处。

1946年10月,彼得·莱辛出生。戈特弗莱德欣喜若狂,经常去医院看望他的妻子,有时和他们的朋友一起,有时一个人去。护士想要限制孩子和母亲相处的时间,他们还和以前一样,践行除了母亲照顾的时间之外孩子只能单独待着的原则。而戈特弗莱德却总要求他们把彼得带到房间里来。彼得是共产党队伍里的第一个孩子,彼时人们还沉浸在战争结束的乐观气氛里,彼得似乎成了一个象征,预示着一个更好的新世界。甚至

戈特弗莱德与儿子彼德 1949年在伦敦

连他母亲都觉得自己获得了重生。

戈特弗莱德喜得贵子，成了一个细心的父亲。他毫无顾忌地悉心照料彼得，给他洗澡，给他喂奶，给他穿衣。他根本没有像当时殖民地很多其他父亲那样，因为害怕自己显得不够男人，就离孩子远远的。

尽管当母亲这事干扰了多丽丝的写作，但是她怀孕的时候偶尔担心孩子有问题的焦虑，在孩子一出生的时候立刻就消失殆尽了。她爱儿子，喜欢和儿子待在一起。她经常带着儿子去拜访她父亲。她经常把手舞足蹈的孩子放在被困在床上一动也不能动的老头旁边。想想那个画面，确实让人难忘，孩子是一个充满各种潜力的新生命，而祖父却是一具等待咽下最后一口气的躯壳。当父亲真的咽下最后一口气的时候，多丽丝却拒绝待在他的身边。那天多丽丝正在给孩子洗澡，这时她得到口信，说她的父亲进了医院，马上就要咽气了。要是她真的想在父亲临死前再见他一面，她当时应该马上就赶过去的。

在《我心深处》里，多丽丝解释了她为什么没有赶过去。她说她拒绝去看他的一部分原因，是她有点不相信这个消息。莫德那个人总是爱大惊小怪的，多丽丝对她的那一套再熟悉不过了，她总是催着多丽丝，说她父亲要死了，快去看看，结果她父亲活得好好的。但是更令人信服的原因，是她觉得这个消息很可能是真的。她觉得自己对此感到非常愤怒，需要找个出口发泄心中积攒多时的挫败感。她不想带着这种可怕的愤怒，去到让她恼火的地方，在父亲的病床前发泄一通。但是，有一番话她本人虽然没有说出来，却值得引起注意。多丽丝爱她的父亲，看着自己爱的人在自己面前死去，让她难以承受。

麦克去世后，她跟母亲的关系比她父亲去世以前更加糟糕，没法相处。父亲生病虽然让她觉得压抑，却也消耗了母亲大量的时间。现在守寡了，没了根，她就开始干扰女儿的生活，这就一触即发，引发了多丽丝长久以来因她的干涉和指责所导致的痛苦。

第二十一章
新的人生

莫德经常出现在莱辛的公寓里。她发现女儿的屋子里总是挤满了人，而她很快意识到，这些人并不是她想要结交的朋友。她的愤怒和失望激怒了多丽丝。多丽丝不管做了什么，都无法消除莫德对她女儿的人生不可磨灭的影响。多丽丝结两次婚也好，多丽丝当了母亲也好，多丽丝通过政治活动去反抗也罢，都是白费力气。莫德一直杵在那里，总想塑造多丽丝，就像玛丽·昆斯特总想改变玛莎·昆斯特一样。"施加一堆让人厌烦的小压力，就像一个手艺不精的雕琢者，徒劳无益地推搡、拍打一件雕琢得不成功的作品一样。"① 多丽丝的回应，就是拒绝一切莫德觉得至高无上的东西。卡尔·荣格在表述他的"对抗"理念的时候，这样描述这种负面形象对一个女儿的困境的影响："什么都行，只要不像妈妈那样！……这类女儿非常明确地知道自己不想要什么，却对自己到底要选择怎样的命运完全没有想法。她所有的本能都集中在抵制母亲的负面形象上，对她如何建设自己的人生根本没有起到任何作用。"②

多丽丝和母亲的矛盾，让她想在创作方面获得成功的梦想更加强烈。矛盾和梦想都导致她采取了同一个行动——飞往英国。莱辛从来没有说过，想要自己的生活与莫德远隔千里是她的动力，但是她一定考虑过，这样做可以解决不止一个问题。戈特弗莱德也很想去英国，他们等着离开罗德西亚的日子似乎变得度日如年。

戈特弗莱德经常通过和朋友聊天、读书或者学习俄语来打发晚上的时光。他也许是在为成为国际商人做准备，也许是为了进一步发展他的政治活动做准备。而多丽丝总是独自出门，在黑暗的大街上来来回回地闲逛，倾听从灯火通明的店铺里的收音机里流淌而出的音乐。这些歌曲和她曾经跳舞时听过的歌曲类似，是一些关于爱情和希望的歌曲，它们满足了她期待浪漫的冒险和身体逃离的渴望。

---

① 莱辛:《玛莎·昆斯特》(*Martha Quest*)，第91页。
② 荣格:《四类原型》(*Four Archetypes*)，第24—25页。

她从她的一大堆熟人里挑选了一个情人来满足自己的欲望。每个下午,她的情人都会来到莱辛在索尔兹伯里的家中。莱辛一家搬到这里,是因为这里的房子更大。邻居们就在各自的窗户里窥探他的到来。因为多丽丝根本没有想过或者决定锁门,他们的幽会总会被突然来访的客人打断。不管怎样,让情人躲到卧室的衣柜里,偷偷听她如何用谎言打发来客,这的确是一件很刺激的事情。

莱辛根本无意分析自己这种矛盾的行为,她回忆说,自己突然就爱上了这个生活闲适的已婚男人。她像是在讲述别人的思想和情感经历一样,说因为自己陷入了爱情,想要飞离南罗德西亚的所有渴望立刻消失殆尽。她再也没有想过要去伦敦生活和写作,一心只想着让她的情人离婚,然后跟她结婚,之后他们就在罗德西亚幸福地生活下去。对方却说她太荒谬了,并且告诉她,他一点都没有那样的想法,还说多丽丝其实不仅一直都清楚这一点,而且也和他有一样的想法。

多丽丝再一次从生理的角度来解释自己的行为和做出的决定。她之所以认定对方想和自己结婚,是出于天性无休止的需求。为了回应这种生理召唤,即便她不能嫁给这个激发她激情的男人,她也要为他生个孩子。

在没有采取行动去回应不断紧迫的天性需求之前,她因为背痛去看了医生。医生说她子宫后位,要做一个小手术,并且建议她做输卵管结扎。多丽丝认为,不管是否出于好意,医生提出这样的建议,其实是对她的生活方式感到不满,因为他了解自己的过去。管他出于什么原因呢,她最终还是很感谢医生的,因为作为被天性利用的工具,她很清楚,在自己还没有绝育之前,她还会陷入数不清的爱恋纠葛,那样就会不得已为每个情人生一个孩子。因此,尽管戈特弗莱德建议她不要做手术,尽管她自己的身体也抗拒这个手术,她还是强迫自己压抑着生理冲动,同意去做手术。

第二十一章
新的人生

等待离开罗德西亚的日子还在继续。

莱辛一家经常带着彼得一起去野炊。偶尔,他们会和弗兰克·威斯登还有他的第二任妻子,带上吉恩和约翰一起去。吉恩和约翰就在旁边看着弃他们而去的母亲,和她新生的孩子在一起玩耍嬉戏。莫德总是在场。弗兰克的嫂子多拉还有她的两个孩子,总能让莫德心中的鄙视和不满得到一些缓解。除了这些人,莱辛发现一个怪异的现象,戈特弗莱德还请来了两个善于打情骂俏的姑娘,好让他自己开心。

对于邀请她两个大一些的孩子参加野炊的事情,多丽丝心里也很矛盾,但是她还是没法停止这样做。在她一生中为数不多觉得内疚的时刻,她曾解释说,一旦你觉得对某个问题负有责任,想要做到态度坚决就绝非易事。她记得自己一直很感性地坚持认为,在自己赢得一定社会地位以前,不跟第一次婚姻中的孩子们联系可能会更好。如果从了解自己的个性、尊重自己的个性的角度而言,她觉得自己离开孩子们无可指责。同样地,她还认为孩子们也会理解她。

1948年画上了句号,终于,她在索尔兹伯里的生活也画上了句号。戈特弗莱德和多丽丝双双成为了英国公民,两人开始商讨离婚事宜,并兴致勃勃地计划着各自的未来。多丽丝负责抚养彼得到十五岁,而戈特弗莱德负责在他成人之后管教他。虽然父母双方分开了,但是因为两人都在伦敦生活,彼得还是可以有和父母生活在一起的时间。戈特弗莱德会给多丽丝一小点钱负责彼得的生活,剩下的由多丽丝负担。莱辛觉得这样的安排还是比较合理的,她谴责当今很多女性在两性关系充满敌意的环境下去提出一些惩罚性的离婚条件。

他们计划彼得和多丽丝先走一步前往伦敦,戈特弗莱德很快跟过去。多丽丝的回忆录里没有提及她跟母亲、弟弟和前面的两个孩子告别的情景。无论她对这些告别感想如何,她将这种感想深埋在了自己的心底,或者说,也许是不愿再去想起了。

多丽丝在约翰内斯堡待了很短的一段时间,住在戈特弗莱德一个有钱的朋友家里(多丽丝离开他家,是因为女主人确定多丽丝和她丈夫有染),之后多丽丝带着两岁的儿子出发前往湾角镇,等着派发去往英国的通行证。

多丽丝很缺钱,因此在到达伦敦之前,她一分钱都不愿意浪费,因而她订了一间最便宜的房子。这个寄宿家庭里拥挤不堪,房子摇摇欲坠,房东是个非洲土著,一副萎靡不振、邋里邋遢的样子。多丽丝毫不掩饰,自己对这里住着很多英国房客感到深恶痛绝。大多数房客为年轻女子,她们和多丽丝的行程刚好相反,都是南非士兵娶的战地新娘,想要在湾角镇找个地方立足常驻。

因为彼得的缘故,多丽丝在寄宿家庭的生活完全是封闭的。这段时间里,她唯一的欢乐时光,就是她的旧情人"何内"来看她,还给她带来了鲜花、水果和一条大鱼,他误以为那个小气的房东会把鱼煮了给多丽丝吃呢。"何内"给多丽丝大讲自己继续在女人中所向披靡的故事,说女人们在性爱泛泛的男人那里欲求不满之后,就争相对他投怀送抱。他听说多丽丝要到英国去,吓了一跳,说英国女人是世界上最缺乏性爱的人。多年以后,多丽丝·莱辛曾指责一位英国记者"居然让我谈谈英国男人的床上功夫。好吧,他们没有我听说的那么糟糕"[1]。

终于,过了一个多月以后,多丽丝和彼得要乘坐前往伦敦的那艘荷兰轮船终于来到了湾角镇。多丽丝踏上了匝道,就那么几步路,她的人生就永远地发生了改变。到了海上,多丽丝胜利大逃亡的感觉逐渐开始消退。待在寄宿家庭的日子是封闭的,而船上的日子让她精疲力竭。两岁大的彼得总是不好好睡觉,在这次经历中变得特别兴奋,到处跑动,每

---

[1] 凯利:《我讨厌性虚伪和女权主义骗子》(*I Hate Sexual Hypocrisy and Feminist Humbug*),第31页。

第二十一章
新的人生

天都折腾到半夜才睡,凌晨就起床。

还在湾角镇的时候,多丽丝就已经意识到孤身一人带个小孩太难了。她没了她在索尔兹伯里的时候觉得理所当然的关系网——丈夫、祖母,还有帮忙照看彼得的保姆。眼下,当她把彼得从危险的甲板上拽回来,或者用尽办法哄他睡觉的时候,她有点担心,作为一个单亲妈妈,在伦敦等着她的,到底会是什么样的日子。

有一个非常重要的原因,让她觉得自己的生活还是很有希望的,觉得她的生活不会消解在繁冗的家务里,也不会被为人之母的身份所局限。她的小包里可能只有二十镑,但是她的箱子里还有《青草在歌唱》的手稿。她最终将手稿卖给了约翰内斯堡的一个出版商,尽管很清楚合约很不公平——出版商要抽取她版税的百分之五十提成。她有点担心这个合约会妨碍小说在英国的出版,但是她决定想个办法来解决这个问题。既然她现在离开了非洲,那就一切皆有可能。

本来,多丽丝的感觉应该跟七十年前离开非洲的奥莉芙·施奈纳感觉一样,只不过她还得时不时留意她儿子各种淘气的行为。她对《青草在歌唱》进行了修剪和润色,她充分相信修改后的小说对自己这一代的读者而言,是具有开创性的,其效果堪比当年施奈纳的小说《非洲农场故事》对她那一代的读者的影响。十四岁时,多丽丝·泰勒第一次读到了施奈纳的小说,她通过分享另一个女人在非洲草原的经历,找到了安慰和希望。如今二十九岁了,她踏上了施奈纳走过的老路,准备去重演她成功征服伦敦的故事。她很确信,自己多年来追寻的身份,那个能让吉恩和约翰理解她为何弃他们而去的身份,就在前方等着她。到了英国,她一定会成为一个成功的作家。

第二十二章
追寻未来

第二十二章
追寻未来

从小到大,多丽丝一直听到人们警告年轻的白人女子,说有"黑人恐怖"——野蛮的黑人躲在某处,见到白人女性就强奸她们,屠杀她们。有一个真实的故事令她终生难忘,人们常用这个故事来生动地证明黑人危险是真实存在的——洛马贡迪的一个黑人男仆残忍地杀害了他的白人女雇主。莱辛还记得小时候发生的另一段与此相关的经历——一群男人在阳台上扯闲话,说一个新来的白人女子居然允许她的男仆帮她扣衣服扣子,帮她梳头发。因为这种做法太不可思议了,这件事就成了大家唯一的话题。"他们说话的各种语气都被写进了小说里。"①

多丽丝·莱辛的第一部小说《青草在歌唱》里记录了这些回忆。莱辛还根据 T. S. 艾略特的《荒原》来为她的小说命名,并引用了其中一段诗文作为开头:

在群山中,这个坍塌的洞穴里,
在黯淡的月光下,青草在歌唱。

她还用下面这句诗作为小说的结尾:

---

① 伯特尔森访谈:《认识新前沿》(Acknowledging a New Frontier),第 128 页。

> 丛林蜷伏，
>
> 默默地蜷伏，
>
> 于是雷声开始发言。

书中还有另一句不知名的诗文，加深了莱辛书中的人物注定逃不脱绝望和毁灭的感觉："文明中的失败与残缺，最能印证其脆弱。"

《青草在歌唱》在现实和情感两方面都激发了创作这部小说的女人。这部书中的很多主题都是她后期创作的萌芽。小说以一份（虚构的）报纸上刊登的男仆残杀白人女主人的故事开头。财产清单证明家里没有失窃，除了男仆摩西本人被动认罪的证词，也找不出任何作案动机。

非洲殖民地社区都深深同情受害者，却没有人关心凶手的状况，因为人们觉得黑人只会触犯规范文明行为的法律。农场主们私下里议论说，被杀的女人玛丽·特纳可能有点活该。第一章讲述完开头的谋杀和邻里们的反应之后，小说开始追溯玛丽·特纳的人生故事，讲述她为什么会不可避免地导致最终的下场。

玛丽·特纳的原型，是莱辛刚到索尔兹伯里的时候遇到的一个女人。那时多丽丝刚离开农场，她第一次认识很少到乡下去的城里人。有个女人，只要是她到树林里去野炊，就会把自己从头到脚遮得严严实实的，以防自己被小虫子叮咬。这个女人让多丽丝一下子想起自己的母亲在草原上的失意人生，她开始设想，要是这个娇气的女人嫁给了一个农场主，她该怎么办？她也会在如牢笼般的农场变得不可救药地自怜，甚至失去理智吗？

玛丽·特纳从来不和邻居来往，她脾气暴躁，和仆人相处不好。更糟糕的是，玛丽·特纳居然让摩西和自己熟络起来，这是绝对禁止的。事实上，摩西被捕的时候，都不能和玛丽的尸体共用同一辆汽车，因为

第二十二章
追寻未来

"黑人被禁止靠近白人女性,即便是她已经死了,抑或被他杀的。"①

肤色禁令让玛丽所处的社会变成了一个僵化压抑的社会,而玛丽本人也是一个在情感上受到压制的女人。她的童年在动荡的氛围中度过,她父亲是个酒鬼,当她的心脏因恐惧而狂跳不止时,她母亲却在一边冷眼旁观。

跟多丽丝一样,玛丽一有机会,就逃离了家里的农场,到一个小镇上找了一份速记员的工作。经过童年动荡的生活,她迎来了平常有序的日子。父母去世时,她除了感到松了一口气,再没有任何别的感觉。

玛丽没有独自居住,而是住到了一个女子俱乐部。因为在那里她能找到她喜欢的那种浅薄的同伴。她们都是无足轻重的小人物,不会让她觉得不自在,但是这些年轻女子的存在,却能转移她的注意力,帮她抑制住时不时想冒出来的一堆想法。她的日子过得平静如水,到了三十岁,她还打扮得很年轻,外表看起来也比实际年龄要小。

然而,有一天她偶然听到几个熟人议论她。很显然,人们并不羡慕她年轻的生活方式,反而觉得她很"怪异"。她为什么穿得像个小女孩一样呢?为什么到这把年纪还不结婚呀?为什么对男人没有兴趣呢?玛丽突然觉得自己不再清新自在,而是像个又傻又老的老处女了。这种新的视角带来的紧张感将她送到了她遇到的第一个男人的怀里。

玛丽不仅不爱迪克·特纳,而且还非常讨厌迪克带她去生活的农场,尤其当她发觉迪克对土地的热情并没有转化为耕作农场的技能之后,就对这样的生活更是百般轻视。迪克是个好人,但是和麦克·泰勒一样,他也是一个半吊子,一个不切实际的梦想家。

玛丽也尝试着想去管理迪克那个不像样的家,但是她的心不在这里。当农场的失败导致家里越来越衰败的时候,玛丽对自己的生活忧心忡忡,过去的回忆不可控制地涌上心头。她一边情不自禁地想起了过去

---

① 莱辛:《青草在歌唱》(*The Grass Is Singing*),第 20 页。

的生活,一边和自己的绝望对抗。意识到自己无法承受的时候,她把自己的愤怒和委屈发泄到了黑人劳工们的身上。她带着怒气监视他们工作,比迪克要苛刻严厉得多。有一次,她还用鞭子抽打了摩西的脸。摩西杀死玛丽时,脸上还带着没有痊愈的伤疤。玛丽对自己滥施刑罚的行为从不悔改,她对黑人的印象顽固刻板。

后来,经历过一系列家庭管理失败之后,迪克失去了耐心,把摩西从户外劳工转成了男仆,并明确地对玛丽说,他不想再看到玛丽像解雇前几个男仆那样解雇摩西。

迪克在外面徒劳无望地挣扎着想要把农场弄好,而玛丽则在家里私下经营着她的梦幻世界。她变得越发与世隔绝,尽管她的种族观念强烈,她还是抑制不住寻求摩西的关注。她允许摩西给自己梳头发,帮她穿衣服,甚至还让他到床上帮她入睡。

根据莱辛诗句里的描述,摩西是个心静如水、恬静寡淡的人,身材非常匀称。

玛丽·特纳甚至还偷看她的男仆洗澡。这和莱辛自己小时候的经历有点类似,有一天莫德让她去叫一个男仆,她在一棵树底下找到了他,发现他一丝不挂。因为泰勒一家规矩森严,这是多丽丝头一回看到一个赤身裸体的成年男子,尤其,这是她头一回看到了赤裸裸的阴茎。

莱辛通过摩西让玛丽满怀警惕地回忆起自己的父亲,事实上,摩西的身体变成了玛丽父亲的身体。"他们重叠在一起,成了一个人,她鼻子里嗅到的,不是土著的气息,而是她那满身污垢的父亲散发出的气味。"①

"满身污垢"这个词,莱辛在《我心深处》里曾用来形容她自己的父亲。玛丽还梦到过和她父亲兴味索然地玩挠痒痒的游戏,这也和莱辛在回忆录里描写的场景很相似。虽然莱辛回忆录里的父亲和小说里的父

---

① 莱辛:《青草在歌唱》(*The Grass Is Singing*),第 192 页。

第二十二章
追寻未来

亲有很大的区别（比如两位父亲的外貌没有任何相似的地方），但很明显，莱辛在小说中混杂了很多自己生活中的细节。

有一次，玛丽在摩西面前彻底崩溃，流泪啜泣，她觉得自己在摩西面前残存的一点力量也完全消失，一切都反转了。摩西曾象征着她压在心底的幻觉，他们的出现，让玛丽无法继续生活下去。愤怒地发作一番之后，她命令摩西滚出她的家，滚出她的生活，她这样做的时候，心里很清楚摩西会返回来杀了她。

玛丽被自己的预感吓到，在心里不停地琢磨自己是怎么一步步走上这条不归之路的，可她找不到原因。她过去无力改变自己的命运，现在也同样无能为力。

小说的结尾，莱辛再次回到小说开始时的那段诗句。黑夜降临，玛丽站在阳台上等待摩西从树林里冒出来，结束她的命运。

小说更早的草稿里，多丽丝集中描写了一个叫做托尼·马斯顿的人，他是一个从英国来的移民，在玛丽被杀那段时间来到罗德西亚。马斯顿代表了一些会定期到罗德西亚来的年轻的理想主义者——莱辛说，他们大多数从来不会在那里生活超过一年的时间——他们一开始会对殖民者们毫不掩饰的种族主义观点感到非常震惊。他们四处游逛，对看到的一切都横加指责一番之后，要么很快离开那里，要么接受那些令人反感的价值观，往往会变得比常年在那里生活的人还要古板。

在开始创作这部小说的时候，正是莱辛政治理想幻灭之时，因此她在描写书里的人物形象时，颇有点玩世不恭的意味。托尼·马斯顿有着肤浅的自由主义观点，带着刻意显得进步的观点看待肤色禁令。莱辛认为，如果不是真诚地发自内心秉持反肤色禁令的信念，这些人就无法战胜自私自利的心理。莱辛在后来的手稿中删减了马斯顿的分量，因为她放弃了初衷，不再想把这部小说写成一部关于罗德西亚白人社区的讽刺作品。等到写出来之后,她发现这样写行不通,因为她从来没有在罗德西亚殖民地以外的地方生活过,而她一直坚信,一个作家要想写讽刺小说,起码得和别的文化进行比较才能说得过去。

有些评论家误解莱辛,说她塑造的摩西形象不够完整,不够清晰。她辩解说,她就是要通过这个无名小卒来表现白人对黑人的真实看法——觉得黑人就没有什么个性特征。如果她把摩西写成一个个性鲜明的人,这部小说的重心就会被转换,这个故事就会变得面目全非。

迪克·特纳的形象,展现了多丽丝过去对父亲的想法,确切地来说,就是一个男人的脆弱,会摧毁他周围的女人们。玛丽鄙视自己的丈夫,因为他看起来特别无能,而她的愤怒导致了她最终的情感崩溃。

玛丽的状态越变越糟,她产生了幻觉,将摩西当成了她父亲的幻影,逼着她乱伦,以此来展现玛丽无法区分过去和现在、现实与幻想的困境。这些想法都来源于多丽丝小时候在非洲的生活环境,在那个地方,现实和幻境不像他们在西方的时候区分得那么清楚。莱辛生活在一个受过大学教育的医生和土著巫医并存的世界里。她父亲相信占卜可以找到金矿。恶灵、迷信、魔术、美好和邪恶,对于生长在大草原的小女孩而言,都是见怪不怪的现象,而她完全接受了这些,并且了解他们的重要性,也从来没有打算抛弃这一切。

《没有巫术出售》是紧接《青草在歌唱》之后莱辛写的《非洲故事》里的另一篇小说。小说里的黑人厨师吉迪恩(Gedeon),在主人家唯一的儿子被蛇咬伤以后,用一种植物的叶子治好了他的眼睛。一个著名的科学家听说了这个奇迹之后,从城里来调查这件事情。主人家很自豪,觉得自己可以帮助医生,但是吉迪恩却拒绝合作。他一意孤行地说,自己忘了用的是哪种树叶了。尽管他最后假装去寻找那种植物,但是所有的白人后来都意识到,他们永远不可能见到那株植物的真容。

第二十二章
追寻未来

> 这种奇妙的药材会待在它该待的地方，不为人所知，不为人所用，只有那些散落在各处的非洲人知道它长在哪里，有什么用处……①

莱辛1969年接受斯塔兹·特可尔(Studs Terkel)采访的时候，谈到了经验带来的各种可能。她非常确定，人们终将意识到，看待世界的方式是多元化的，这些方式也不一定总是理性的，但是它们也同样有效。我们现在称作迷信的东西，其实只不过是另一种思维模式罢了。

她还对特可尔说，她相信人们有能力进入别人的思想。她说只要不被科学教条所吓倒，这种能力可以通过耐心培养出来。她认为还有一种能力，也是大多数人都会有的，那就是闭着眼睛，也能看到一系列图片变化。这种能力通常只在某个特别的时间有，平时不会出现。

玛丽·特纳的崩溃是多种力量所致，莱辛本人一辈子也在和这些力量抗衡：内心世界空虚，需要很强的自我认知感；外在世界失衡，充满对抗——父母与子女，男人与女人，黑人与白人，理性思维与神秘思想，无一不是互相对抗的。

她第一部小说的主人公和莱辛最重要的贴近点，就是她们的孤独感。也许玛丽是莱辛害怕成为的那类人，过于破碎，过于缺乏身份感，她不仅缺乏和周围任何人建立联系的能力，也缺乏和自己紧密联系的能力。和《玛莎·昆斯特》系列小说一样，《青草在歌唱》的影响力也主要来源于莱辛想要探索这些可怕的问题的主观意愿。我们发现，玛丽内心的空虚，很快就被突如其来、汹涌而至的恐怖所填充。

一些评论家认为，莱辛在晚年时期受到了苏格兰心理学家R. D. 莱英(R. D. Laing)的影响。虽然后来他们的人生有过交往，他们的思想也

---

① 莱辛：《非洲故事》(*African Stories*)，第72页。

有过交集，但是《青草在歌唱里》所表达和所探索的一些观念，莱英在十年后才刚刚开始涉足。玛丽·特纳经历了莱英所说的"吞噬"（engulfment）或者说"内爆"（implosion），即一种感觉空虚，却又害怕别人和外部世界带来的影响的状态。在《分裂的自我》里，莱英写道：

> 内爆是指心怀极度恐惧，害怕信赖的世界会随时崩塌，然后抹去一切身份，就像空气冲进真空，使真空消失一样。个体感觉自己像真空一样空虚。但是这种空虚其实就是他本人。尽管他在某些方面也渴望空虚得到填充，但是他又害怕这种事真的会发生，因为他意识到，自己只能成为这种可怕的、一无所有的真空。因此，和现实世界的任何"接触"会被当成一种威胁……。如此一来，现实，就会逼发吞噬或内爆，就会成为迫害者。①

现实需要选择和决定，而当一个人将自己的空虚交付于命运的时候，他就不再需要采取这样的行为了。

多丽丝·莱辛在名为《追随英国》这本书里，对她早期在英国的生活做了详尽的记叙。这本书的副标题为《实录记》，但是她很可能加进了一些虚构的因素。在她的回忆录《行走在阴影之下》里，莱辛本人或多或少承认了这一点。而这两本书里记载的有些事情确实也有些出入。

根据《追随英国》所写，1949年他们初到英国的时候，多丽丝和彼得待在一个澳大利亚女人的家里，这个女人也有一个小孩，这是通过双方的熟人安排的。后来很快发现这种安排行不通。那个女人不让她女儿和彼得一起玩耍，因为那个女孩太娇弱了。而那个女人本人虽然身强体壮，却总要靠多丽丝去采购和打扫卫生。尽管长得膀大腰圆，这个女人却养成了一

---

① 莱恩：《分裂的自我》(*The Divided Self*)，第45—46页。

第二十二章
追寻未来

副娇弱无助的德性。多丽丝觉得,她们之间无论怎样都不可能去共同承担任何事情。然而,在《行走在阴影之下》里,莱辛却说同屋的人是个南非人,后来家里来了两个妓女,她才觉得房子没法再住下去了。

多丽丝开始寻找新的住处。尽管她急着想要在某处安定下来,但是有一件事情比这个更加紧迫——在英国出版她的小说。她依旧担心自己和南非出版商签订的合同。然而,她不允许自己失败。她多年来都称自己为作家,也取得了一些小小成就,让她当得起这个称谓,现在,她要真的当得起这个称谓,要让整个世界都知道她是个作家。

第二十三章
于是雷声开始发言

第二十三章
于是雷声开始发言

莱辛把自己的一些短篇小说寄给了柯提斯·布朗(Curtis Brown)文学社,一位叫做朱丽叶·奥希(Juliet O'Hea)的代理商给她写了回信,问她有没有完成的长篇小说。莱辛告诉她说,自己手里确实有一部写成的长篇小说,但是她把版权卖给了一个南非的出版商。奥希问她要合同看了一下,被合同的要求惊到了。她威胁说,如果对方要用这样的条件限制莱辛,她将会对对方采取法律行动。对方解除了和莱辛的合同之后,奥希把《青草在歌唱》卖给了一家可靠的出版商——迈克尔·约瑟夫出版社(Michael Joseph)。

当这一切顺利进行的时候,莱辛却对自己的生活安排越来越感到绝望。《青草在歌唱》还没有赚到钱,为了能够找到一份工作,她最起码需要相对地安定下来。而即便戈特弗莱德来到伦敦之后,她也不能在经济上对他有过多的指望。戈特弗莱德也不是一来就能找到工作,而她也不清楚他要多久才能找到工作。

多丽丝把彼得送进了托儿所,自己则到处去寻找住处,每天都变得越来越落寞失望。整整六周的时间里,她在伦敦破败萧条、伤痕累累的大街上四处跋涉,手里拿着一本地图,去往每一个她可能会找到住房的地方。有时很难避免,她找到的地方要么有什么特别难以对付的地方,要么已经被别人租了,她就只能立刻去找最近的电话亭。在这个破败不堪的城市,很多人似乎都依赖公用电话。电话亭的外面总等着一长串的人,她想要给她在报纸上看到的下一个可能的住宿地打电话,就得等好长时间。这个过程让她变得焦虑,也越来越厌烦中介和房东,因此,有时候她本该给人家留个好印象的,可是她却总是带着敌意去和他们见面。

莱辛这段时期的主要伙伴,就是那些跟她本人一样,出于某种原因,发现自己在自己的国家里成了难民的男男女女。他们都迫切地需要找个地方安顿下来。因为他们很有急迫感,他们经常在茶馆里聚会,相互讲一些新的战争故事。"我们再也不想去走一长段路,见一堆脏兮兮的寓所,或者去面对别人的拒绝。我们也无法面对自己的幻想破灭,想找到自己理想寓所的希望破灭,最后自己也很清楚自己只能接受现状。"她1961年在《追随英国》里这样描述那段时光。①

尽管经历过悲惨的时刻,可是11年后,当莱辛在《追随英国》这部书里描述自己想要从肉体上和精神上融入伦敦生活圈子的那段经历时,表现出更多的是觉得它欢乐有趣,而不是痛苦不平。不过,在其他回忆录里,初到英国那段时间的经历,让她觉得始料未及、痛苦不堪,她再一次经历了人生中挥之不去的孤立无援之境。来到伦敦追寻浪漫与成功的莱辛,在这个陌生的城市里变得茫然无措。"我初到英国的时候,内心深处对自己成功的几率深感困扰。"她在讲述她1956年重返罗德西亚去感受大名鼎鼎、深受她钟爱的自然风光时,若有所思地说了这样一番话。②

她需要逃离索尔兹伯里,因为那里先天不足,文化乏味,因为所有想要在艺术方面,尤其是在写作方面有所成就的人,都来了伦敦。然而,这个迫切的想法并没有让她在伦敦的生活变得轻松一点。即便到了1992年,多丽丝来到英国四十年之后,她也承认:"有的时候,虽然我身边围绕着自己的同胞,可是我觉得自己永远、永远也不会成为他们的一分子。

---

① 莱辛:《追随英国》(*In Pursuit of the English*),第34页。
② 莱辛:《回家》(*Going Home*),第7页。

第二十三章
于是雷声开始发言

但是,"她又加了一句,这是莱辛惯有的做法,"哪怕就是坐在公园的长凳上,或者坐在咖啡馆里,看着周围的发生一切,对我而言也是一种快乐。"① 莱辛需要克服一个令她非常痛苦的差异,就是地理环境的不同,相比阳光明媚、色彩斑斓的非洲,伦敦可谓灰暗到了可怕的境地。

找个住处太劳心费神了,莱辛见到一个人就问人家,能不能尽快帮她找个住所。莱辛曾到一家珠宝店去修过一次手表,有一天,一个在珠宝店工作的精明强干的年轻女孩告诉莱辛,说她住的房子里有房间出租。她邀请莱辛跟她一起回家,这样莱辛可以看看房子,再顺便跟房东聊聊。

路上,她们走过很大一片破败萧条的废墟,女孩坦言相告,说那是被炸弹炸过的地方。废墟中还立着一些断壁残垣。她们走到废墟中间的时候,莱辛突然"听到一阵声音,让我想起了在非洲草原上,太阳晒热的草地里,那默默坚持着不断鸣唱的蟋蟀"②。

颇具讽刺意味的是,这个让她产生回到家乡的错觉的声音,其实是打字机发出来的。一个男人坐在一堆瓦砾里,用了一大块废墟临时搭了个桌子。要是多丽丝·莱辛果真看到了这一切,再想想她所选择的事业,那副场景对她而言,也一定是一个强烈的预兆。

多丽丝和那个被她称作罗斯的女孩终于到了地方,看到了一座高高窄窄的房子矗立在一扇松垮垮的木门后面。房子坐落在伦敦威斯敏斯特区的登比大道上。

记忆再次潮涌。潮湿的木门上,木板的缝隙里长出了东西,她记得,在非洲,腐烂的木头上也会长这种东西。她和罗斯走进门去,门厅里光线很暗。眼前出现几个台阶,也是黑魆魆的一片,通向一扇关着的大门。房东太太,在《追随英国》里,莱辛叫她福罗(Flo),表面看起来热情好客,实际贪婪小气。房东的丈夫叫丹(Dan),从炸毁的废墟里到处挖盥洗池

---

① 引自 E·简·狄更森《心中的城市》(*City of the Mind*),第 7 章,第 6 页。
② 莱辛:《追随英国》(*In Pursuit of the English*),第 47 页。

和浴盆，卖给那些修缮他们自己被炸毁的房屋的人，靠这样赚点外快。丹是个率真热忱的人，经常和女房客们无伤大雅地打情骂俏。

其他的房客是一群伦敦本地的工人阶层，他们的行为给莱辛提供了很多看料，有些让她觉得特别逗乐。这座被炸弹毁坏了的简陋房子，被住在这里的各色人等当成他们的家，在这个家里，每天间隔不断地上演着各种爱与恨，争吵与和解。

莱辛和罗斯还有福罗成了朋友，她享受着他们的工人阶级背景和她自己的中产阶级背景带来的不同观念，一点都不觉得自己有什么屈尊俯就的感觉。莱辛对社会底层人士的好奇和关注，是她在罗德西亚的政治活动的自然延伸。当她发现她的邻居们薪资微薄地贩卖苦力，她就想起自己曾经为黑人们的权益付出的努力，也想起了自己的共产主义思想的导师们，他们认为工人阶级的话语和思想里蕴含着真理。

然而，罗斯对莱辛激进的说辞一点都不感兴趣。不管工党和托利党谁当选，她都不指望自己的生活能够有什么改善。莱辛发现，在伦敦附近的许多工人和罗德西亚的黑人一样，被动地对抗着社会。有三个白人工人应房东的要求进行修缮工作，他们占据多丽丝的房间长达一个月之久，而这个活本来几天的时间就可以干完的。这些人的出现，占用了多丽丝宝贵的创作时间，但是他们这种懒散的行为让她想起了非洲的家乡，于是她的心又软了下来。

其中一个人花了整整四天的时间来修她房间的落地窗上的两块玻璃，她并没有生气，反而很动情地想起了非洲工人们的偷懒功夫，简直修炼到了一定的境界。她见过一个被叫去取代英国工人种花的非洲雇农，慢悠悠地来到地里，有一下没一下地用锄头挖着地。停好长时间之后，才再次举起锄头挖下去，然后又静静地站在那里四处张望，工作时不时被他的思考打断。这时，莱辛的耳朵里听到了从农场主的屋子里传来的愤怒的喊叫声，但是这个雇农像是什么也没听到一样，"天黑的时候，他

第二十三章
于是雷声开始发言

终于干完了最少的活"①。

后来喝茶的时候,莱辛听工人自己解释,知道他是因为作为工人阶级的一分子,工资太低,生活太困难,所以就故意拖延。

这样的倾听,让《追随英国》跟她的其他作品有所不同。在其他那些作品中,她以本人的形象出现,或者用玛莎·昆斯特或者安娜·沃尔夫这样的形象来代替自己。而在《追随英国》里,女主人公却不会跳出表面的对话,站出来揭露隐藏在话语下面的深层含义。相反,她是一个沉默的聆听者,每个倾诉的对象都为他们自己代言,而且她无法预知他们到底会谈论些什么话题。有一次,莱辛问一个靠卖淫为生的女房客,她到底有没有享受到性爱的时候,这个女人大发雷霆地说:"你想说些下流话,我可没有兴趣听!"②这种讥讽式的幽默在书中随处可见,展现了与莱辛其他作品不一样的一面。

在新家安顿下来之后,莱辛将彼得转到了另外一家托儿所,自己也找了一份打字员的工作。尽管迈克尔·约瑟夫出版社给了她一百五十英镑作为《青草在歌唱》的预付金,她还是觉得自己必须有个工作。伦敦的生活成本可比索尔兹伯里高多了。

她每天的日子都显得漫长而疲惫。彼得长成了一个非常活跃的孩子,睡得很少,寄宿家庭的氛围让他觉得非常兴奋。他每天早上五点醒来,一直要到晚上十点才睡觉。莱辛得跟着他一块起床,给他弄点早饭,送他去托儿所,然后去上班。

戈特弗莱德·莱辛和索尔兹伯里的一个同事多萝西·舒瓦茨几乎在同一时期来到伦敦,多萝西将自己租住的公寓里的一间房子让给了戈特弗莱德住。戈特弗莱德没有料到,他居然找不到工作。不久,他又得

---

① 莱辛:《追随英国》(*In Pursuit of the English*),第 210 页。
② 同上书,第 220 页。

了黄疸,没法找工作,由此变得萎靡不振。

在当时的氛围下,一个德国的共产主义者很难在伦敦的各个机构里找到工作。好几个月里,戈特弗莱德都是通过给促进与苏联文化关系协会工作来打发时间。出于不可说的原因——也许是个人的情绪萎靡——他半年都没有加入英国共产党,而舒瓦茨一到英国就加入了共产党,并且告诉他说多丽丝也在来到英国不久后就入党了。

不过,等到戈特弗莱德真的入党之后,他立刻就成了一名积极分子,花了大量的时间来做党务方面的工作。然而,多数时候,他都是在自己的房间里孤军奋战,因为没有像样的工资,他开始越来越觉得与世隔绝,无论在生活上还是在工作上都变得意志消沉。舒瓦茨在一封信里惋惜地说:"他是一块被践踏了的好材料,得有人帮他站起来,得有人鼓励他,帮他找回士气和自尊。"

根据舒瓦茨的叙述,戈特弗莱德在那段时间"不止一次回到'跳跳虎'的身边",但是舒瓦茨认为戈特弗莱德的前妻一次都没能满足他的需要。

这些复合显然没能成功。多丽丝当时正在积极和其他男人交往。有一次,她还把彼得留给戈特弗莱德,然后冲动地和另一个移民前往巴黎去寻求一次浪漫的放纵。晚年时期,当她回忆彼得的童年时,她意识到彼得的存在拯救了她,让她没有荒废自己的才能。战后的伦敦,道德和房屋一起坍塌。作家约翰·莫蒂默曾讲述,突然看到满大街扔着用过的避孕套,象征着空气中弥漫着性糜烂的氛围。男人们随时准备把像多丽丝·莱辛一样的年轻女子当做糖果一样吃掉,而那时她被以索霍路为中心、在伦敦流行的中世纪享乐主义思想迷惑,但是因为有一个小孩子,她自然没有办法全身心地投身其中。

多丽丝·莱辛不是一个会在公共场合袒露自己疑惑的人,但是有一次在西班牙一个叫做《街头》的杂志采访她时,她回顾了单亲父母的艰难,并以自己的经历为例,来说明父母的要求和孩子的需要可能会产生

第二十三章
于是雷声开始发言

冲突。莱辛说,孩子想和父母建立传统的关系和稳定的家庭常规,她建议无法满足这些需要的父母不要生孩子。"因为如果这样的父母有了孩子,有问题的孩子,那么唯一获得的就是精神焦虑和诸多的伤感。"她还补充说,单亲家庭长大的孩子其"痛苦无法想象"。①

莱辛想要体验她渴望的自由,最靠得住的方式就是通过戈特弗莱德来实现。彼得几乎每个周末都待在戈特弗莱德和多萝西·舒瓦茨合租的公寓里。"而且,"舒瓦茨曾给朋友写信说,戈特弗莱德"每周至少有两到三个晚上要去照看彼得,而且总是,或者说几乎总是应'夫人'的要求。他还会为了迁就'跳跳虎'而做出很多其他的安排。"

在《我心深处》里,多丽丝·莱辛暗示说,戈特弗莱德是真心想跟彼得待在一起,这一点,戈特弗莱德的家人,甚至是多萝西·舒瓦茨都可以证明。不过,戈特弗莱德还是对在伦敦的生活越来越失望,也因为如此,他对德国的思念越来越强烈。他获得去德国的签证去探望他的姐姐,当他再度回到伦敦时,他告诉大家,他要尽快返回柏林。那时东德和西德之间还没有树立柏林墙,因此他可以顺路去看看他的家人,他对那里充满了回忆。

戈特弗莱德发现他青年时期生活过的祖国正欣欣向荣、充满希望。在理想主义和思乡之情的双重作用下,他变得比几个月前要活跃得多,兴奋得多了。想要让德国在废墟上重建的想法在他的内心沸腾。他决心为将新的共产主义东德建设为美好公正的国家而贡献自己的力量。

回到伦敦之后,戈特弗莱德就开始申请东德公民身份,并开始为回到祖国做好准备。但是,他没有得到任何回复,于是变得更加闷闷不乐。尽管他更愿意直接恢复国籍,但是他还是要了一个退而求其次却又不得不要的花招——再次申请了临时签证。一回到柏林,他立刻通过亲戚们

---

① 多伦兹访谈:《验证神秘主义》(*Testimony to Mysticism*),第 69 页。

恢复国籍，他的亲戚们都是一些忠诚而又重要的德国共产党员。

多丽丝·莱辛在书中写道，当戈特弗莱德邀请自己和他一起回德国去的时候，她被吓到了。除了为了孩子见面，她从来没有想过离婚后还要继续和戈特弗莱德保持关系，因此她拒绝了他的邀请。戈特弗莱德离开那天，她带着彼得和多萝西一起到火车站去为他送行。戈特弗莱德许诺说，彼得可以到德国去看他，尽管当时风传从西方国家到德国去很难安排。这些先放到一边，现在戈特弗莱德走了，照顾孩子的重担完全落到了多丽丝一个人的身上。不过，她很快就会发达到让很多单亲妈妈望尘莫及的地步——她的《青草在歌唱》大受欢迎。

她的名字出现在各种报纸文章和评论文章里，"杰出"、"卓越"和"惊人"这类辞藻堆砌起来形容她，把她在寄宿房的邻居们弄得晕头转向。安托尼亚·怀特（Antonia White）在1950年《新政治家和新国家》四月一日刊里写道：

> 给《青草在歌唱》写数页评论是很轻而易举的事情，这本书不仅文笔优美，还是一部非常成熟的心理研究小说。小说处处展现让人惊悚的真相，这些虽然鲜有人提及，却让人迅速心领神会。无论从哪方面来看，这部小说都展现了非凡的力量和想象。作为一位不及而立之年的女性作家的首部作品，这部小说极大地激发了人们的兴趣去关注她未来的表现。①

这部小说在英国出版可谓生逢其时。战争不仅引发社会与文化动荡，也引发了政治动荡，新人才的出现变得尤其引人关注。英国人向来

---

① 怀特：《新小说——〈青草在歌唱〉》（New Novel：The Grass Is Singing）。

第二十三章
于是雷声开始发言

对殖民主义和阶级差异这样的话题百谈不厌,尤其这本书里所写的,是他们知之不多的主题——种族隔离制度的恶果。

这部小说在短短五个月的时间里重印了七版。莱辛对这部小说的成功保持了非常谦逊的态度,她说,当时阿兰·帕顿(Alan Paton)的小说《哭泣吧,亲爱的国家》(*Cry, the Beloved Contry*)"刚刚出版,我的就紧接着出版了。我只不过是特别幸运地遇到了好时机"[①]。当时她确实非常没有经验,人生又面临许多困境,因此,当出版商给她打电话,告诉她说他们准备再版她的作品时,她根本没有把这件事放到心上。她猜想出版商可能觉得她当时有点不知好歹,但是她当时确实没有意识到对一部处女作来说,这是多么难得的成功。

整个 20 世纪 70 年代,《青草在歌唱》在英国和全世界不断重印,使得这部书成了莱辛最为成功的作品之一。但是,在 50 年代时,缺钱对于莱辛来说仍旧是一个很严重的问题。当年她策划出走到英国,并期待自己的作品获得成功的时候,曾幻想自己很快可以通过成为作家养家糊口。但是成为作家之后,现实生活却让她难以面对。不过,她可没有太多时间让自己沉溺于自怜自艾。

莱辛回忆起一件事,当时评论出来之后,人人都觉得她肯定会欢呼雀跃。有一天,她到附近去散步,她自己都觉得想不通,不知怎么地,突然就哭起来了。她对 BBC 的记者说,她当时突然为自己没有钱而感到非常焦躁不安。一个男人停下来问她为什么流泪,当他听说莱辛是因为缺钱而哭泣的时候,便唐突地安慰她说,一切都会过去,下周她就会有钱的。采访莱辛的记者很吃惊,觉得那个男人当时居然没有在那种时候、那种情景下给莱辛一点钱。对于这一点,莱辛很镇定地回应说,她当时需要的,正是那个男人的那种态度。

[①] 格雷访谈:《打破形式》(*Breaking Down These Forms*),第 111 页。

第二十四章
柏林之战

第二十四章
柏林之战

《青草在歌唱》的出版，拓展了莱辛的生活。她交了一些新朋友，有些朋友会帮她照顾彼得，好让她在下班之后到城里逛逛。夜晚可能是欣赏战后伦敦的最佳时分，因为黑暗掩盖了所有的肮脏破败。有人帮她看孩子的时候，她就会投身于伦敦的大雾当中，由衷地赞叹阵阵烟雾中闪烁耀动的灯光。1994年，有一次一家报纸采访她，她回忆了当年散步时的"乐趣"，并强调说："伦敦自从通过《清洁法案》之后就少了很多的乐趣。"①

莱辛也陶醉于伦敦的文化生活。据1950年的一篇报纸文章报道，莱辛在来伦敦之前，从来没有听过一场音乐会，也从来没有进过画廊，除了看过一场露天电影《俄克拉荷马》，她对戏剧唯一的接触，就是索尔兹伯里那些业余演员们的演出。因此，当她进到诸如老维克剧场这样的地方之后，她惊奇地发现，人们通过喧闹的笑声来表达他们对莎士比亚式幽默的领悟。

莱辛在和迈克尔·约瑟夫出版社签订了另一个出版短篇小说的合同，收了一笔很小的预定金之后，就辞去了秘书工作，虽然她很清楚，这种做法会给她本来已经捉襟见肘的经济状况造成更大的压力。她在开源节流方面绝对称得上是足智多谋了。她说，跟她一起暂住的一个妓女曾经想要给她一些建议，并且拿她自己靠得住的谋生手段和莱辛充满风

---

① 狄更森：《心中的城市》，载《星期日时报》（'City of the Mind', in *The Sunday Times*），第7版，第6页。

险的职业做了一番对照,说作家虽然不必靠某个她随时会被解雇的职业谋生,但是总会碰到风不调雨不顺的日子,或者没人会买自己的书的时候,还不如把自己的身体当做资本,去换一份稳定的收入。当莱辛礼貌地回答说,自己不适合这样的工作,这时,她的邻居毫不掩饰,怒气冲冲地对她说:"你还真够浪漫的,"她嘲讽地说道,"这就是你自己的问题了。好吧,我也没有耐心和你再多说什么了。"①

最终莱辛没有出卖自己的肉体,而是出卖了自己的衣服。她把那些曾经让她在非洲夜生活中熠熠生辉的晚礼服都拿到二手店去出售。她在伦敦也没有去跳过舞,所以卖掉那些裙子去换现金,让她能够继续写作下去,也是非常合情合理的做法。她和彼得吃的食物,很多时候都是罐头汤和面包,她自己还要不停地喝热茶,抽好多烟。不过,虽然房租里不含伙食,福罗总请他们到自己家里吃饭。不管孩子还是妈妈,买新衣服这样的事,那就连想都不要想了。

她本指望戈特弗莱德在经济上能帮点忙什么的,可这件事显然不容乐观。他一回到东柏林,就申请加入"纳粹集团受害者"组织,因为他被迫从德国移民,并失去了所有的一切。如果获得这种认可,就会增加东德当局对他的信任。然而,他的申请并没有通过,而他的共产党员身份也遭到了全面审查。身份获得认可之前,他不能获准加入社会主义团结党,这个党派成立于 1946 年,是共产党和社会主义民主党合而为一的产物。

战后回到东德的共产主义者主要分为两类:移民到苏联生活了一段时间的人和在"西方"流浪过的人。戈特弗莱德发现,从苏联回来的人大多是斯大林主义的信徒,他们在苏联共产党的肃反运动中毫发无损,是因为他们非常单纯地相信斯大林,这批人都唯瓦尔特·乌布利希(Waler Ulbricht)马首是瞻。

早年从"西方"——西欧,南美——回国的少数移民,受到了乌布利希

---

① 莱辛:《追随英国》(*In Pursuit of the English*),第 220—221 页。

第二十四章
柏林之战

集团的怀疑。直到1948年,党内才出现了民主氛围,但是也是从1948年之后,社会主义民主党中的斯大林主义派开始得势。党内清除了一些"可疑分子",其中很多人都是共产主义党员和社会民主党人。疑心、猜忌和恐惧在党内肆虐,对很多人而言,这一切成了这个政党存在的主要宗旨。

戈特弗莱德回到东德的时候,这一切都已经很明显了,这也就是他受到冷落的原因。他过了很久才被社会主义民主党接受——他最终在1951年下半年入了党——但他并没有能取得自己的才智和热心本该取得的成就。这一切都是当局对他们这一群回归祖国的同志的疑心造成的最典型的影响。从他1950年回到东德,到他最终被社会主义民主党接受的很长一段时间里,戈特弗莱德无论在政府部门之内,还是政府部门之外,都无法找到一份长期稳定的工作。虽然他通过他的姐夫克劳斯·吉西(Klaus Gysi)确实也在狄兹·费拉格(Diez Verlag)出版社找到了一些临时的工作,因为吉西在那里当行政主管,不过他的收入还是没法让他拿出钱来抚养孩子。

多丽丝并没有被困难吓倒。她将自己写的一些关于非洲的短篇小说收集起来,准备作为下一本书出版。不管自己面临怎样的经济困境,她越往下写,就越需要写下去。不过,不论她多么讨厌问人要钱,她还是给她在索尔兹伯里的同事纳森·泽尔特写了一封信借钱,泽尔特很快给她回信,并借了一百英镑给她。

她把钱包卡得更紧了,缩减了自己在娱乐方面的花费,也缩减了给彼得的特别大餐的费用。但是她很清楚,这样委屈自己的日子是暂时的,总有一天她会得到自己需要和想要的一切。她唯一要做的,就是继续以极大的瞬间爆发力,每天最少写出七千字来。

多丽丝和彼得住了一年的出租屋,不久后被政府战后查损机构列入了维修日程。房屋框架维修结束以后,福罗和她的丈夫开始着手进行室内装修,目的是为了提高租金。这个计划逼得莱辛不得不再次寻找新的住处。她觉得搬家倒没什么大不了的,就是浪费了好些本来可以用来写作的时间。在告别宴上,福罗对其他房客说,他们会想念他们这位奇怪的知识分子房客的。"看情况,她迟早会搬走的。我觉得,有些人就是天生脚痒,总爱搬来搬去。"①

多丽丝非常赞同福罗的这番话。比如虽然她在现在的这个家里已经住了几十年,她还是"打心眼里觉得自己是个帐篷客……我内心从来没有想过要安定下来"②。在离开出租房二十年之后,她曾对另一位采访者说:"我不明白为什么……环境对我而言并不重要。"当有人指出她的作品里有很多的环境描写时,她愣了一下,不过很快表示同意,说从写作方面来看,环境对她而言还是很重要的。她在家里迎接自己的访客时,用手指头指着家里的器具,小心谨慎地说着:"我觉得,我某一天可能也会非常详细地写到……这些东西。不过眼下,我几乎注意不到这些。"③

1950年,一个南罗德西亚农场主的弟弟在伦敦举行了一次聚会,多丽丝在这次聚会上认识了乔恩·罗德克(Joan Rodker)。一开始多丽丝以为乔恩是法国人,因为她穿着白衬衣黑裙子,戴着一顶"时髦的贝雷帽"。④ 事实上,她是个英国人,而且是颇受尊敬的英国作家约翰·罗德克(John Rodker)的女儿。罗德克不仅写诗,他还在一战前后拥有一家激进的独立出版社——意象出版社(the Imago Press)。他出版过T. S. 艾略特、庞德和詹姆士·乔伊斯等现代主义作家的作品,他的出版社还出版过西格蒙·弗洛伊德的全集和玛丽·波拿巴(Marie Bonaparte)的心理分析小说。

---

① 莱辛:《追随英国》(*In Pursuit of the English*),第238页。
② 福斯特:《心为帐篷客》(*A Tent-Dweller At Heart*)。
③ 朗雷:《救赎概要》(*Scenario for Salvation*),第8页。
④ 莱辛:《行走在阴影之下》(*Walking in the Shade*),第17页。

第二十四章
柏林之战

乔恩·罗德克是活跃的共产主义者,当过演员,多才多艺,结交了很多政坛和艺术领域的人。她也是一位单亲母亲,她的孩子比彼得大了几岁。因为这一点,她非常同情多丽丝找不到房子的事情,因为这让她想起了自己几年前在纽约的遭遇。当时是一个朋友将她自己房子里的一间屋子出租给了她,才帮她解决了燃眉之急。乔恩很乐意通过帮助另一个年轻女人的方式来回报这种善意。乔恩不喜欢租住在顶层的一个租客,和他解约之后,多丽丝和彼得搬进了她的家里。

乔恩·罗德克非常喜欢彼得,她和多丽丝很快成了形影不离的朋友。莱辛将自己1957年的短篇小说集《爱的习惯》(*The Habit of Love*)献给了"我的朋友乔恩·罗德克",并以乔恩为原型,塑造了《金色笔记》中安娜·沃尔夫的朋友莫莉(Molly)。莱辛还在别的作品中展现了她们之间的友谊,以证明女人之间的友谊可以让人从变幻莫测的男女友谊中得到解脱。

那时彼得已经四岁了,搬到乔恩·罗德克家里之后,他很快就变得非常开心,不过他还是睡得很少,仍然精力充沛。他每天五点醒来,他妈妈只得躺在床上给他讲故事,跟他玩游戏,因为罗德克的卧室就是他们楼下那一间,莱辛担心彼得在房子里到处跑着玩会吵醒她。莱辛还会将收音机调到很低的音量,让彼得听一些成人戏剧,她觉得尽管他年纪小,这些东西也会吸引他的注意。莱辛认为孩子在七岁以前会跟大多数成人懂得一样多,甚至还会比他们懂得更多。七岁以后,他们就会丧失这种能力,智力和感悟力就变得和成人一样有局限性。"彼得三四岁的时候啥都懂,但是到了八九岁的时候,就只会看连环画了。"①

莱辛记录她自己在不同地方和不同时段的生活。她时而从女性主义的角度切入,时而从共产主义的角度探讨,时而又从男女关系的方面

---

① 莱辛:《行走在阴影之下》(*Walking in the Shade*),第35页。

来描述。她对自己被贴上种族关系作家、女性主义作家或者任何其他类别作家的标签而觉得恼怒,一部分原因是因为她的作品一旦写成,她就觉得自己不再和作品的主题有任何关系。只有非洲主题是个例外,因为非洲始终是她内心情感生活的一部分。

戈特弗莱德加入社会主义民主党后,积极投身于创建和领导"世界贸易促进委员会东德委员会"的工作。这个组织后来成为了东德的外贸部,戈特弗莱德1952年至1957年担任外贸部部长。当时东德并没有获得国际认可,因此外贸部承担了建立外贸关系和签订外贸合同的工作。它同时也充当了外交部的作用。"我觉得,"一个当时认识戈特弗莱德的人说,"他独自一人建立了和别国的关系,无论是东方国家还是西方国家。这是个权力比较大,相应地,责任也比较大的位置。"

1951年,戈特弗莱德邀请彼得到他那里去过夏天。多丽丝·莱辛说,让一个四岁大的孩子独自离开两个月的时间,自己当时确实心存疑虑,但是又觉得没有理由去怀疑戈特弗莱德的动机,于是便同意送彼得去戈特弗莱德那里。何况,这样一来,就意味着她有八个月的空闲时间可以在灵感迸发的时候随时随地进行写作。

伊琳娜·吉西和克劳斯·吉西记得,彼得待在东德的那段日子非常令人愉悦,觉得他们说英语的侄子是个讨人喜欢的小男孩。彼得回到母亲身边的时候,已经不说英语,而是满嘴德语了,但是几周不到,他就抛却了他父亲给他带来的影响。他回到英国的时候——是谁陪着他回来的就不得而知了——带来了一封戈特弗莱德写的信,信里说他想让彼得每个暑期都去东德。"可接着,什么也没做,就没消息了。"多丽丝在书里写道。所有的联系突然中断,彼得每天都因为父亲杳无音讯而哭着入睡。[①]

也许这件事让多丽丝·莱辛回忆起自己童年时期的感受,大人们在

[①] 莱辛:《我心深处》(*Under My Skin*),第414页。

第二十四章
柏林之战

做决定的时候，完全不顾她的需要和希望，让她觉得非常无助。无论如何，她都替彼得感到愤怒。于是她就亲自前往柏林，去调查事情到底是怎么回事。

她想到戈特弗莱德的办公室去见他，却没有得到回应，于是她通过东德一家出版社的代表，表明自己一定要见到戈特弗莱德。后来，她终于在戈特弗莱德姐姐伊丽娜时髦的新公寓里见到了他。伊丽娜和戈特弗莱德两人看起来都春风得意，并没有什么后顾之忧。戈特弗莱德对多丽丝以彼得的立场提出要求表现得非常不以为然，完全无视这件事的重要性。直到多年之后，多丽丝·莱辛才开始琢磨出来，也许当时戈特弗莱德是在为自己的事业，甚至是为自己的生命担忧，很可能是来自高层的压力，让他不得不断绝了和儿子的来往。

有理由相信，多丽丝后来的猜测是完全准确的。一位和戈特弗莱德家过从甚密的人解释说："戈特弗莱德这一代共产党人，要遵守党的纪律，党永远正确。东德政府的所有聚会上，都会唱同一首歌'党啊，党啊，党永远正确……'只要斯大林主义还在当权，你就别想着和西方保持联系，哪怕1953年他去世了之后，局面也没有好转。""戈特弗莱德认为历史遵循自己的规律。"另一个朋友说："而党就是历史钢铁规律的象征。戈特这样的人是真心相信这个。他在很多方面都足智多谋，但是他不具备学者的质疑精神，不管爬得有多高，他都没有接触外界信息的自由。他只不过是政府的一个管道，处在最高层的人操纵着一切。"

有些人认为，有那么短暂的一段时间，为了彼得，多丽丝甚至曾经打算搬到德国去。他们指出，她到德国去找戈特弗莱德的原因之一，就是她打定主意要去看看，自己到底能否在那里生活下去。然而，可以想见，即便她不去责怪戈特弗莱德的做法，让她去适应战后德国压抑的政治氛围也绝非易事。

还有一些这一时期跟她关系较好的人怀疑，多丽丝其实当时比她自己想象的要更加在意戈特弗莱德。他们从她的回忆录和各种采访中找出证据来证实这一点。其中有一个人说:"他一再以各种方式出现在她的作品里,这表明他对她而言有着某种特殊的意义……毕竟,她的第一任丈夫从来没有出现在她的作品里。还有,大家要记住一点,她选择在书里保留他的真实姓名。"还有一位朋友回顾说,多丽丝·莱辛对戈特弗莱德的后两任妻子非常好奇:"我就是不相信,她对一个没有什么感情的男人会有那么大的兴趣。"

不管真相如何,那些年里,多丽丝·莱辛偶尔会推翻自己对戈特弗莱德的反感,甚至会感同身受他对祖国的深情。1982年,她到西德的汉堡去领莎士比亚奖,她发表领奖致辞的时候,遇到了伊丽娜的儿子,戈特弗莱德的外甥格里高·吉西(Gregor Gysi)坐在观众席里,格里高当时在东德的共产党圈子里是个非常重要的角色。从来不讨观众欢心的多丽丝,似乎很自然地谈起了战争时期和前夫的生活过往。她解释说,因为戈特弗莱德思乡情切,对德国的关注令人动容,她一直对这个颁给她奖项的国家心怀一种特殊的感情,并且说戈特弗莱德始终认为他挚爱的祖国会重新屹立。她还回忆说,当年战争还没有结束时,戈特弗莱德送了她一些托马斯·曼的书让她读。她还说她觉得很多人在读托马斯·曼的书籍时,都不会像她那样满怀热忱,更不会像她那样心领神会。她还尝试去相信曼所提倡的博爱、人性和慷慨的精神。在盟军炸毁汉堡的那一周里,当时她正在阅读曼的书籍,并为汉堡以及交战双方国家里像汉堡一样伟大的城市正在经历同样的痛苦而深感担忧。

演讲结尾的时候,多丽丝·莱辛说,她不仅热爱德国,还通过阅读曼的书籍对这个国家产生了一些其他的感觉,她觉得这个国家有时让人觉得疑惑不解、繁杂纷乱,还模棱两可。[①] 这样的描述似乎超出了她对德国的态度,而是适用于她和戈特弗莱德的关系,更重要的,这是她对自己感情生活中存在的各种矛盾的反思。

[①] 莱辛:《莎士比亚奖获奖致辞》(*Remarks on Receiving Shakespeare Prize*)。

第二十五章
身为共产主义信徒

1951年，多丽丝的第二部作品《老酋长之国》(*This is the Old Chief's Country*)出版，这本书没有让那些对《青草在歌唱》留下深刻印象的读者和评论家失望。这部以非洲为背景、共由十篇短篇小说组成的文集，再次展现了多丽丝过人的才华。莱辛在英国结识的作家伊莱恩·丹迪(Elaine Dundy)解释说，多丽丝确实是一位值得引起广泛关注的作家，而英国文学界也的确给予了她特别的关注。"英国人对崭露头角的人才总是非常慷慨热情。"她说，"他们讨厌专业人士的巧舌如簧，反而喜欢发现有新思想的业余人士。"

大家一致认为，莱辛从新的视角展现了殖民地生活中剧烈的反差：巨大的财富与难熬的贫困之间的反差；无休止的劳作与无止境的空虚之间的反差；惊人的美丽与恐怖的兽行之间的反差。莱辛在1964年出版的《非洲故事》的前言中回顾说，她刚开始发表关于非洲的作品时，评论界都毫无悬念地集中探讨"种族问题"。《非洲故事》收集了《老酋长之国》里的小说，《五篇短篇小说集》(1953年版)里的四篇稍长一点的小说，《爱的习惯》(1957版年)里的小说，以及《一个男人和两个女人》(1963年版)等小说。

一篇关于《老酋长之国》的评论认为，莱辛揭露种族主义的是令人钦佩的"严肃目标"。多年来，莱辛对评论界认为自己的作品风格沉闷抑郁一事感觉十分恼怒。然而，她也承认——虽然有点无奈——以种族主义为主题的小说，不仅会让外界只关注这个主题，还通常只能用严肃的口

第二十五章
身为共产主义信徒

吻进行写作。

莱辛自己最喜欢的两篇以非洲为背景的小说,反映了她闷闷不乐的心理,认为种族主义主题限制了她的创作风格。这两篇小说超越了种族主义的主题,反映了她内心深处的情感诉求,比如,她对自然一定会战胜人类的欲望等问题的认知。在《草原上的朝阳》的开篇,一个十五岁的少年凌晨从睡梦中醒来,"伸展着四肢,感受肌肉的紧缩,心想:'啊我的大脑,我也能控制我的大脑!我能控制我身体的每一部分!'"[①]

这个少年对自己即将成为真正的男子汉感到欢呼雀跃,就像当年的多丽丝,进入青年时期,觉得自己从童年的禁锢中得到了解脱。他和过去几代的所有年轻男人一样,感觉到了自己的潜力在爆发,觉得能成为自己理想的模样,能够完成英雄壮举,到处周游世界,并让人间成为自己设定的奇妙世界。一句话,他能横扫一切障碍。

可是,正当他满心欢喜的时候,突然听到一阵可怕的响动,那是一声痛苦的尖叫。他看到了一只瘸了一条腿的小雄鹿,正活活地被一群黑色大蚂蚁吞噬。男孩心里思量着,他要不要开枪打死那只雄鹿,好结束它的痛苦。可是,他还没来得及扣动扳机,就发现那头雄鹿已经昏死过去。他突然醒悟过来,人生无常,可能会以非常血腥痛苦的方式终结,这种想法深深折磨着他。

男孩手里死死地抓着枪,有那么可怕的一刻,他觉得自己就是那头濒死的、抽搐着的雄鹿。很快,他眼巴巴看着那头雄鹿被吞噬。他咬紧牙关,意识到自己一点都不强悍,反而毫无力量去改变眼前这恐怕的一幕。

莱辛喜欢的另一篇小说,是《七月的冬天》。这个故事讲述了一个和丈夫还有丈夫同父异母的兄弟生活在一起的中年女子。两兄弟因为生活在与世隔绝的草原,从小内心就缺乏与外界保持联系的能力,而且情形日渐恶化。女主人公茱莉亚(Julia)回顾自己的童年,觉得自己漂泊无

---

① 莱辛:《非洲故事》(*African Stories*),第 29 页。

定,无根无基,状况令人担忧。而在别人的眼里,她活泼聪明、美丽动人,一辈子都不乏追求她的人。茱莉亚有很多的情人,生活得跟男人一样自由,但是她不想困住自己。

二十八岁的时候,她总结自己的人生,回顾自己随心所欲地换工作、换男人、换住所,甚至是换国家的日子,"她对自己说,自己真是太不容易了。然而,她其实并没有多么地艰难,她只是麻木了,厌倦了"①。百无聊赖之际,她遇到了一对兄弟,汤姆(Tom)和肯尼斯(Kenneth),她挑逗肯尼斯,却被汤姆的善良感动,嫁给了汤姆。战争爆发后,汤姆应征入伍,而肯尼斯因为肺不好被免除了兵役。汤姆的离开,唤醒了茱莉亚内心漂泊不定的感觉。她发觉结婚并没有让她获得认同,也没有让她找到目标和自我。非洲大地也并没有让她感觉自己脚踏实地,尽管这是她从小长大并热爱的土地。

汤姆不在的那三年里,茱莉亚时不时和肯尼斯搞点暧昧。他俩都想念汤姆,却又"因为具有毁灭性的虚无感而彼此猜疑,两人都觉得一切虚无缥缈。"②汤姆回到家之后,对自己不在的时候发生的一切心知肚明,但他们谁都无法直面感情上的问题。

一个七月的某天里,肯尼斯说他要结婚了,茱莉亚立刻产生了深深的孤独感。罗德西亚的七月是冬季,风高月冷。白天里,茱莉亚在美丽的草原上闲逛游荡,漂泊无定的感觉尤其强烈。她对周围的生活既无所感受,也无所奉献。

后来,茱莉亚在等着见肯尼斯的新娘的时候,突然意识到,无法表达"我们想什么和我们是谁"③是一件非常可怕的事情。

---

① 莱辛:《非洲故事》(*African Stories*),第 221 页。
② 同上书,第 230 页。
③ 同上书,第 244 页。

第二十五章
身为共产主义信徒

尽管莱辛在后来十年的写作生涯里,在探索她非洲生活的书里确实也写过种族主义以外的主题,但是早期作为种族主义作家的定位,或者像她自己引用一位评论家所说的"种族主义的魔咒"(the colour bore)却依然存在。那些送书给她评判的编辑们都听说过她的大名,而他们送给她审阅的书籍,都是跟种族主义有关的。

她被定格为种族主义作家,尽管她对种族主义确实也有很多看法,但是她对自己被限定在某个疆域之内一事却颇有微词。20世纪60年代,一位名叫理查德·考夫曼(Richard Kaufman)的广播主播在采访时提到了詹姆士·鲍德文(James Baldwin),鲍德文当时因激烈批评种族主义而引起广泛争议,莱辛做出了一番评价,似乎表达了她自己对这个主题的一些体会。关于鲍德文,她说:"他是一个好人,也是一位好作家。"但是"目前他身上被贴上了各种标签,以后我们会发现,这些标签对一个艺术家来说,是非常可怕的障碍"①。

整个20世纪50年代,莱辛都投身于反对英国殖民主义的战斗。人们对于莱辛到底卷入政治有多深颇有争议,尤其是对她进入英国之后在左派政治活动中到底有多积极颇有争议。不过,有一件事情非常明了,她一直致力于反对殖民统治带来的后果和针对殖民统治制定的政策。1994年,当一位《伦敦观察者报》的记者问她,是否认为自己一定程度上改变了这个世界时,莱辛语言谦逊却态度坚决地回应说:"是的,我产生过一些细微的影响,不是什么大的影响。"她相信自己改变了男人看待女人的方式,并且很肯定地认为"我为改变人们对南非所发生的一切的看法贡献了自己的力量"②。

在《非洲故事》的前言里,莱辛指出,她的前两本书里展现的种族隔

---

① 考夫曼访谈。
② 泰勒:《创造了许多角色的作者》(*Author of Many Characters*)。

离现状对英国造成了巨大的震撼。"对此负有责任的英国,意识到了自己的责任,但为时已晚,现在只能任由悲剧慢慢地发展下去。"①

南非学者彼得·沃斯利(Peter Worsley)记得自己做关于殖民主义的演讲时,莱辛曾经也有两次在场。"她不是以社会理论学家的身份发言,"他说,"而只是以一个左派女作家的身份发言。她谈到了罗德西亚的社会现状和文化属性。她能够生动地描述人们的生活状态,说人们生活在棚户区,住在火柴盒大小的房子里。她所说的一切,跟其他社会评论家说的也并没有什么很大的不同,不过,因为她是个白人,又是个颇为知名的作家,这些话确实能激发人们对她的兴趣。"

莱辛在共产党内的一位同志,也是一位作家,觉得莱辛确实是一个很政治化的人物,并且认为她投身于共产党的主要原因,就是"他们的信仰,就是毫不动摇地将为反对帝国主义政策和种族隔离主义而战列为首要的目标。而他们并不是孤军奋战,"她的这位同事指出,"工党中的左派和一些基督徒组织也在为此奋战。但是共产党是当时唯一为解放殖民地全心全意战斗的政党。"不过,尽管莱辛投身于反对殖民政策的斗争,但是她主要还是以作家的身份参与共产党的活动。"从组织的角度和历史的眼光来看,她并非一个共产党员。"作家史都华·霍尔说,"她总是先以作家的身份发声。她宁可用文笔表达对事件的看法,也不愿意去参与策划活动或者直接投身行动。"

多丽丝在《回家》这部游记中提及的同伴保罗·霍加斯(Paul Hogarth),回忆了在20世纪50年代初他跟莱辛一起去参加伦敦共产党召集的一次文化会议的情形。"她作了一场非常精彩的演讲。……她讲述自己在英国生活举步维艰,却还要坚持写作。会上很多知识分子和作家都给她鼓掌,但是她的发言并没有得到会议主席的认可。主席觉得这

---

① 莱辛:《非洲故事》(African Stories),第5—6页。

第二十五章
身为共产主义信徒

种话更适合在作家大会上讲,却不适合这种有很多工人阶级家庭里上进的家庭主妇受邀的场合。

"作为一个艺术家,我个人觉得这个现象很有趣。"霍加斯说,"因为这一定程度上反映出来,党的知识分子和那个组织的成员之间存在着鸿沟。"当成员们一个一个站起来抗议,明明白白地说:"你说的这一切,更适合你们这些受过教育的女人",这种鸿沟已经表现得一目了然。这显然是莫大的讽刺,对于出身工人阶级的杰出代表莱辛而言,没有什么比这样的讽刺更让她痛心疾首的了。想想看吧,莱辛辍学的年龄,可能跟在座的妇女们当年辍学的年龄几乎相差无几,甚至比她们当年更为幼小。

霍加斯回忆说,来自参会人员和领导方的敌意,让莱辛觉得莫名惊诧。不过霍加斯和过去很多别的听过她演讲的人一样,发现自己很难判断,莱辛这种无视听众期待的表现,到底是她有意为之,还是仅仅因为她无法发觉和感受他人的需求。"回顾这件事,我觉得英国的共产党,从某种意义上来说,是与现实脱节的。"保罗·霍加斯说,"这本来是一个地下组织。我认为,党的领导们自己也觉得不可思议,这个政党居然成了一个很有影响力的政党……他们根本就没有奢求过这个局面。跟我们这种能言善辩的人在一起,党的领导人们觉得很不自在,即便我在学生时代就入了党。"

多丽丝·莱辛的下一任情人克兰西·西格尔(Clancy Sigal)则认为,她和共产党的最终决裂,主要是因为共产党对待艺术家的方式非常不合时宜。他记得,当年初出茅庐的他,想要将尝试将左翼政治和文学创作结合起来进行创作,莱辛却提醒他,一定要慎重行事,并告诉他说,老左派们对作家很苛刻,而新左派们也不会好到哪里去。

1952年的时候,莱辛仍然还是支持共产党的,因此她非常高兴有机会加入六人作家团,在"世界作家和平大会"召开前夕前往苏联。其他几位作家包括小说家内欧米·密歇森(Naomi Mitchison),后来写了《性之欢》(The Joy of Sex)的作家艾利克斯·康福特(Alex Comfort),这两位都是"世界作家和平大会"的组织者;还有一位会说俄语的作家道格拉斯·杨(Douglas Young);著名的马克思主义文学评论家阿诺德·凯特尔(Arnold Kettle),短篇小说作家 A. E. 柯派德(A. E. Coppard);以及小说家理查德·马森(Richard Mason)。

这个作家团的使命,就是去和苏联的作家们建立联系,一起探讨作家可以通过怎样的方式去帮助缓解国际紧张局势。他们希望开诚布公地探讨苏联作家和英国作家该如何创作。他们最想探讨的,就是作家创作自由的观念,而这一点恰恰是苏联作家们无法坚守的。

在参加会议的间隙,作家们被领着到处参观。有一天,他们来到了一幢大楼,里面陈列了许多人们呈献给斯大林的礼物。礼物物色各异,有衣服,有手工织的挂毯,有油画等等。莱辛所到之处,到处充斥着各种象征着斯大林个人崇拜的物体。这丑陋的一幕,莱辛在《行走在阴影之下》里进行了描述,书中还回忆了这次行程中莱辛的感受,认为斯大林主义集团的政治氛围,渗透到了人们日常生活的方方面面。这些回忆表明,莱辛的政治意识形态并没有让她的评判思维短路——如果说她当时并没有意识到这一切的话,斯大林治下的偏执多疑、丑陋恶劣和阴险虚伪不会在她的笔下得到如此详细的披露。在《行走在阴影之下》里,莱辛还描写了英国代表团内部的政治问题,以及自己观光当中的心里感受,比如参观托尔斯泰故居。然而,莱辛写到这一切的时候,都是用一种非常冷静平和的口气在阐述。这就让人很难理解,一个直到那时那刻,几乎将自己的成人生活的所有时间都奉献给积极的共产主义斗争的人,居然对在1952年这样的时候访问苏联这件事,没有表现出太多激烈的情感。复杂的情感和单纯的情感一样有力,然而,莱辛的描述却几乎不带任何情感。莱辛对于苏联的描述,读起来不像是一个虔诚信徒的麦加朝圣,相反,它更像是一位终生不可知论者的大作。

第二十五章
身为共产主义信徒

不过,事实并非如此。莱辛回到英国后,马上就接受了她的共产党党员证。而且,不管她对自己看到的社会心存何种疑虑,她还是受到了苏联之行吸收到的创作理念的影响。事实上,她已经开始着手创作一篇短篇小说——《饥饿》,来展现她对在莫斯科了解到的苏联共产主义同仁们的文学创作观的反思。

苏联作家们践行简单的创作方法,单纯的道德观念,分明的对错界限。尽管她曾经和英国同行们就这种简单思维进行过辩驳,这却让她想起,狄更斯这样堪称伟大的作家,就是奉行了那种简单的道德标准,他描写的正面角色圣洁无瑕,而反派角色却邪恶凶残。

出生在狄更斯笔下那个两极分化非常不公平的英国社会,莱辛自然也可以写出形象分明的正面角色和反派角色交替存在的作品。"尽管多丽丝自己觉得它并不成功,但是《饥饿》成了读者非常喜欢的作品。"1954年,她的小说集《五》获得了毛姆文学奖,《饥饿》这篇小说就被列入了这部选集。

一开始,莱辛将《饥饿》里的主要人物设定为一个贫穷的黑人小男孩,名叫贾巴维(Jabavu),他非常渴望到白人的城市,例如索尔兹伯里这样的城市,去过一种新的生活。离开家之前,他自己学着认了一些字,先是通过本地人仓库里用来包货的报纸碎片勉强认了几个字,然后又步行数英里,到邻近的村庄去向一个懂英语并且愿意教他说英语的人请教。十六岁的时候,他徒步走到了城里,路上拒绝了一些想要骗他上车的司机,那些司机想把他卖到矿上去,逼着他在那里做苦工。

有天晚上,他遇到了一个受过教育的黑人萨姆先生(Samu)。萨姆在政治上很激进,经常手里拿着一个夹满了"颠覆性"文学作品的文件夹四处走动。萨姆想要开化非洲土著,让他们明白自己在白人的手里遭受剥削的事实,并且想要组织黑人们对抗这种压迫。他唤醒了贾巴维心中一对长久存在的矛盾——自身利益和他人困境之间的冲突。贾巴维来到城里后，自身利益胜过了一切。他遇到了坏人，也碰到了好人，他被坏人驱使，也被好人利用，这里面有白人也有黑人，人人都为了各自的利益利用他。莱辛在这部小说里展现了天真无邪的本性在受到堕落腐败都市生活的影响之后，会变得戒备多疑的事实。

故事的结尾，当贾巴维被人陷害锒铛入狱之后，另一个黑人领袖密兹先生（Mr. Mizi）向他伸出了援助之手，并且进一步巩固了贾巴维和家乡的部落之间在离开之前就已经建立起来的紧密关系。"我们，贾巴维一遍一遍念叨着，我们。似乎他空空如也的双手里，一直紧握着兄弟们温暖的手掌。"①共产主义意识形态影响了他，让他的心态得到治愈。莱辛觉得，从创作的角度来看，《饥饿》并不是令人满意的作品，说到底，就是因为这部作品中的道德维度过于单一。"这个故事里不好的地方，就是它显得太多愁善感了，造成这种现象的原因，通常是因为写作目的不单纯，而在这篇作品里的具体表现，就是我特别想写一个道德故事。"②

---

① 莱辛：《非洲故事》（African Stories），第519页。
② 莱辛：《行走在阴影之下》（Walking in the Shade），第78页。

第二十六章
暴力之母

1951年,莱辛舒适惬意的新生活受到了沉重的打击。她搬到乔恩·罗德克家里不久,就收到了莫德从非洲寄来的一封信,信中说她要到伦敦来和他们一起生活,并且照看彼得,好让多丽丝可以更专心于写作。

这封信直接让莱辛病倒在床,以此逃避会吞噬她的一切。她觉得自己没有办法完全摆脱母亲的侵犯,但是她知道她必须要拒绝和母亲一起生活。如果莫德一定要来伦敦,她对女儿的生活侵犯必须保持一定的距离,虽然莱辛很清楚,哪怕只是和母亲生活在一片大陆,也已经是彼此距离太近了。

为了找到力量来对抗母亲的计划,莱辛进行了心理治疗,她在《金色笔记》里谈到了这段经历。在小说里,她的心理医生名叫马科斯夫人(Mrs Marks),安娜还管她叫"甜心妈妈"。现实生活里,她名叫苏斯曼(Sussman),是一位转信罗马天主教的犹太人。

表面上看,这对医生和病人简直太不协调了。苏斯曼夫人是多丽丝可能会本能地躲开的那种人。她是个罗马天主教徒,非常保守,而且是卡尔·荣格心理分析信徒。莱辛对所有的宗教都有敌意,她政治上倾向于革命派,对待生活非常理智,不会情绪化。但是莱辛发现他们认知上的不同,并不会影响苏斯曼太太对她的帮助,因为苏斯曼太太在帮助别人化解不满和怨怼方面有着独特的天赋。她母亲在伦敦的四年里,莱辛有三年的时间,每个星期都要到苏斯曼夫人那里去两到三次。莱辛觉得,如果没有这

第二十六章
暴力之母

些理疗的话,她早就被母亲强悍到无法忍受的存在压成了碎片。

莫德的生活方式一点都没有改变。她孤独无助又贫困潦倒,这让她的女儿倍感揪心,压力极大。苏斯曼夫人明确告诉多丽丝,如果她和彼得想要活下去,就得抵制莫德的压榨。

莫德非常渴望自己能够帮忙照顾彼得,因此不满意多丽丝对彼得的安排,却无力改变现实。来自澳大利亚的艾奇内(Eichner)夫妇住在乡下,周末或者假期的时候,他们就靠帮别人照看孩子挣点外快。这对任何一个奶奶而言,都是非常无情的夺爱。艾奇内夫妇所提供的,其实更像暑期夏令营,而不仅仅是照看孩子,所以,如果同时看到二十多个孩子在他们家那座摇摇欲坠的房子里,或者房子的四周乱跑,那可是件非常稀松平常的事情。因此,也就不奇怪彼得为什么不喜欢和莫德在一起,而更愿意和艾奇内夫妇在一起了。

莱辛其实是花钱买苏斯曼太太的治疗来支撑她去面对母亲的不满。乔恩·罗德克理解她对莫德的反感,却也不觉得莫德是个太过不堪的人。莱辛觉得乔恩只不过把莫德看做一个典型的中产阶级老太太而已。莱辛这一时期的情人,是被她在《行走在阴影之下》里称作杰克(Jack)的男人,或许《金色笔记》里麦克的原型也是这个男人。虽然他本人也是心理医生,但是他对多丽丝的建议却显得很不专业,他说多丽丝应该毫不留情地和她母亲对抗。这就难怪苏斯曼太太在保持她的心理平衡方面显得举足轻重了。莱辛将这个过程看做是对自我的救赎。

莱辛认为童年的情感空缺,会让男人女人们不断被不合适自己甚至是根本无法相处的异性吸引。杰克明确表示,他不会离婚,也不会和莱辛结婚。他从未表明,他们之间的关系会长久,也从未表明,他希望他们的关系一直维持下去。但是,她写道,她"根本听不到……根本无法思考"[1]。

---

[1] 莱辛:《行走在阴影之下》(*Walking in the Shade*),第43页。

不过，当杰克对她说，她得从乔恩的家里搬出去找个地方单独生活，她却确实是听进去了。乔恩不是特别喜欢杰克，所以杰克觉得自己在和乔恩争抢多丽丝。多丽丝说服自己，认为杰克只不过是想和自己多待在一起罢了，一旦她有了自己的公寓，他们有了更多的接触，她就会逐渐达到自己的目的。从他们刚开始在一起的时候，多丽丝就暗下决心——她要和这个男人共度一生。乔恩已经对多丽丝照顾彼得的方式产生了不满，她觉得多丽丝太好说话了，而且作为一个成年人，她对彼得比彼得对她要热切得多。她想劝多丽丝不要搬出去。她劝莱辛说，带着彼得搬出去不是个好主意，这弄得多丽丝有点心烦意乱。彼得需要一个父亲，而杰克连装样子都懒得装一下，因此多丽丝也很清楚，彼得会十分想念乔恩的儿子欧内斯特（Earnest），因为他一直扮演着大哥哥的角色。

就在莱辛计划搬家的时候，她获得了毛姆文学奖，得到了四百英镑的奖金，这笔钱足够她到英国以外的地方去旅游最少三个多月了。她用其中一部分钱付了公寓的定金，然后留下彼得，一个人去了巴黎。艾奇内夫妇、乔恩·罗德克还有莫德，他们会帮忙照看她儿子的。

为了付得起公寓的租金，莱辛不得不接受新的房客，彼得非常不喜欢这样。他习惯了在乔恩家的感觉，而现在，他却只能和陌生人待在一起。莱辛想要留住她的房客，所以总让彼得不要吵，省得惹恼了那些房客。八岁的彼得升到了更高的年级，他非常喜欢学校，但是他的学业成绩却开始下降。于是他母亲帮他转了学，当她发现转了学情况也没好到哪去，她就又帮他转一次学。

尽管莱辛在《行走在阴影之下》里说起这些的时候，语气里不带任何感情色彩，而只是实事求是地叙述，但是她又一次没有能够绕过自己，还是写出了自己新的生活安排对儿子造成的影响。不管彼得怎么恳求，多丽丝坚持不买电视机。而且，渐渐地，母子之间会在很多方面发生激烈的争执。有段时间，他们家楼下住了个小男孩，跟彼得差不多年纪。莱

第二十六章
暴力之母

辛希望两个孩子可以成为朋友,但是他们都不喜欢对方。彼得有一本集邮册,莱辛说那个孩子拿走了集邮册后,偷走了里面一半的邮票。她描述说,彼得非常痛苦,觉得自己上了当,而她却发觉,要去支持和鼓励一个没有父亲的孩子,真是一件非常困难的事。

杰克很快就了断了和多丽丝的关系,离开伦敦前往国外的一个医院就职去了。尽管很明显,他们之间的结束是不可避免的,莱辛还是备受打击,意志消沉了好长一段时间。尽管一些评论家对此持有不同看法,但是莱辛却在《行走在阴影之下》里说,杰克是"我一生中最严肃的一场恋爱"①。

莱辛人生中的另一段关系也进入了转折期。莫德和女儿对抗了四年之后,终于发现自己想要和多丽丝以及彼得开始新生活的想法,只不过是另一个无法实现的幻想而已。她在伦敦的日子都是和一个脾气古怪、满身病痛的老头子度过的,这个老头是麦克的一个远亲。莱辛不在的时候,九岁的孙子喜欢艾奇内夫妇,却不喜欢自己的外婆,而莱辛也非常冷酷无情地表明,她希望母亲离开。

莫德满足了女儿的心愿,她于1955年离开了伦敦,从此再也没有回来过。此后,她的身影只是以文字的形式,出现在《暴力之子》系列当中(昆斯特太太),这些系列小说,最能彰显莱辛的雄心抱负。

于是我们见到了玛莎·昆斯特,与多丽丝·莱辛的第三部小说同名的主人公,一个生活在20世纪40年代的青年女子,生逢各种解放的前夜。小说于1952年出版,也就是莱辛来到伦敦的第四年。她真的是个成果非常丰硕、用心非常专一的作家,想想看,她要独自抚养孩子,要积极投身政治活动,要和男人谈恋爱,还有其他文章要写,三年写出三部书

---

① 莱辛:《行走在阴影之下》(*Walking in the Shade*),第155页。

实在是一个了不得的成就。

莱辛是个可以同时在头脑里运行好几个计划的作家,她真的是在《青草在歌唱》还没有出版之前,就已经开始着手写《玛莎·昆斯特》了。而且,她从开始构思《玛莎·昆斯特》的时候,就知道这个角色会在一个叫做《暴力之子》的系列里面反复出现,同时也很清楚,这部系列会由五部小说构成。她在脑海里已经构思出了这些小说的情节,只是还没有想好结尾该怎么写。她还没有决定,要不要把小说写成让人悲观的现实主义。莱辛总共花了将近二十年的时间,才完成了这些系列小说。

从作品对读者造成的冲击来看,莱辛花这么长时间写《暴力之子》系列,也算是得到了应有的回报。作家阿诺德·威斯克(Arnold Wesker)说,莱辛的小说对自己在行动上、精神上和情感上都有所触动:

> 多丽丝·莱辛有两部小说在我人生的不同阶段鼓励我去行动。我还记得有一天下班,坐在653路电车上,刚好读完了《玛莎·昆斯特》系列中的一部《金玉良缘》,我当时觉得特别愉快,就给妈妈买了一束花。后来过了好多年,……在威尔士的时候,我又被《四门之城》深深吸引,从晚上一直读到凌晨。读完之后,我决心去爬家后面一座名叫"海崖"的山,然后看日出。当我穿过宽广空阔的风景区时,我觉得自己听到了高地上一些声音在四周回响,就跟莱辛小说中的那些有心灵感应的角色一样。一开始我没看到有人,后来发现一对年轻夫妇正从山崖上跑下来。他们也是赶早来看日出的。那是充满诗情画意的一刻。①

尽管大多数时候,最让多丽丝·莱辛恼火的就是涉及她的小说里有

---

① 威斯克:《尽我之勇气》(*As much as I Dare*),第106页。

第二十六章
暴力之母

关自传部分的提问,但是莱辛还是承认,《玛莎·昆斯特》是带有自传性质的小说。她坦然指出,很多女性都是出于自我理解的需要才开始写作的。

正如莱辛所言,玛莎·昆斯特和年轻的多丽丝·莱辛很像,咄咄逼人,斗志昂扬,严厉苛刻。玛莎的姓(Quest)有明显的寓意,莱辛说,她在自己脑海里构想名字的时候,这个名字一下子就跳了出来。至于《暴力之子》这个系列的名字,莱辛最常见的回应,就是说这和她早年间经历的两场战争有关。她永远忘不了,自己的亲生父亲一辈子都无法从日渐衰败的脑海里抹去对第一次世界大战的记忆。这就意味着她从小受到父亲的感染,父亲觉得自己被一场卑鄙的战争出卖,愤懑难平,他愤世嫉俗的态度渗透了女儿的整个人生。后来,作为一个年轻女子,她又亲眼目睹了第二次世界大战巨大的破坏力。这两场战争让她过早地逐渐感受到了人生无常,因此,她觉得自己对20世纪60年代的青年文化感同身受。1969年,斯塔兹·塔克尔(Studs Terkel)采访她的时候,她说她很确定,那些在校园里开展活动的大学生们,其实正在展现历史上两次世界大战带来的后果。

在二战结束后的接下来的那几年里,也就是莱辛到伦敦生活之后,战争带来的社会动乱开始显现出来。为了祖国的生存和荣誉,各种族、各阶层的英国军人们参加战斗,重伤致残或是失去生命。从战场返回的士兵们还没有做好准备,再次回归受僵化的传统限制的帝国生活。对于那些家庭出身不属于精英阶层的退伍军人来说,他们深恶痛绝有的人因为出身和社会阶层而享受的特殊照顾和各种权利。和伟大的社会主义强国苏联、伟大的民主主义强国美国并肩浴血,打赢这场战争之后,英国士兵们开始从不同的视角看待社会阶层的问题。重返家园之后,这些战士对祖国的社会阶层神话提出了挑战。

不一定世上所有的指挥行动和英雄行为都是那些毕业于牛津大学

或者剑桥大学的人做出来的。虽然大多数退伍军人仍然觉得这些机构高不可攀,但是很多人开始坚持要接受某种形式的高等教育,以进一步缩小社会阶层之间的差距。而在年轻一代为英格兰浴血奋战的时候,待在家里的那些老一代人却认为,对战争胜利的最好回报,就是恢复所有的传统。但是年轻人已经受够了"传统"的限制,他们迫切地渴望,而且顽固地坚持,要创建新的生活,创建新的英国。

于是,战后的英国,各种因社会不公、性别歧视、政治冲突和文化碰撞等问题引发的骚乱席卷全国,局势非常紧张。当多丽丝继续在文坛、政坛和个人生活方面独领风骚的时候,她发自内心地认识到,别的持不同意见者们,也正透过各种成规下的裂缝寻找他们的出路。

第二十七章
幸福的年轻女子

一些崭露头角的年轻剧作家、勇猛的艺术领域新人也属于拒绝保持传统道德体系的那个群体,他们都来自工薪家庭。伦敦西区是中产阶级的阵地,主要住着那些受过大学教育的作家,由临时演员转行的剧作家,或者家境富裕的观众。现在,一些出身贫穷的剧作家涌现出来,他们出身于伦敦东区的犹太人聚居地。这些人包括哈罗德·品特(Harold Pinter),伯纳德·戈比(Bernard Kops)以及阿诺德·威斯克等人。还有一些来自工薪阶层省份的作家,比如希拉·迪拉尼(Shelagh Delaney),她十四岁就辍学了。这些新型作家里有几个有过演戏的经历,但是这些人也和西区的人没有任何联系。比如,品特和约翰·奥斯本(John Osborne)是非常专业的演员,但他们只是在一些离伦敦很远的轮演剧团里做一些低水平的演出。

新的创作风格衍生了新的表演风格,粗糙现实的表现形式取代了精致刻板的表演。在伦敦西区的舞台上,年轻的主角会给客人泡茶,或者蹦蹦跳跳地走进屋子问:"有人打网球吗?"而像阿尔伯特·费尼(Albert Finney),理查德·波顿(Rechard Burton),阿兰·贝兹(Alan Bates)这些人演的角色,通常会喝着大罐啤酒,或者麻利地把网球拍子砸到某人头上,而不是去提客厅喜剧里总提的那个老掉牙的问题。

伯纳德·戈比回忆说,在这些叛逆者没有来到伦敦之前,人们在剧院里打发一个晚上的时光,可以总结为"就是在幕间休息的时候点一杯

第二十七章
幸福的年轻女子

茶,他们会用一个漂亮的托盘把茶给你端过来,然后再配上一碟用精美的瓷器装着的水果馅点心。后来,随着这些革新的到来,所有的礼数客套都被挤下了舞台。"

这些新派作家里只有几个人是来自中上阶层,受过大学教育,比如约翰·莫提梅(John Motimer)和约翰·阿登(John Arden),但是他们的政治信仰和他们的理想抱负,却跟那些出身不如他们的人没有什么不同。他们的目标就是要改变英国戏剧,让它呈现比过去更丰富多彩的成果。他们对顺从商业传统不感兴趣,对创作出百试不爽的戏剧模式或者喜剧模式不感兴趣。

这种不同文化的动态渗透,激发了小说、诗歌、音乐(比如爵士乐突然变得非常流行)和电影的发展。造成这种群体连锁反应的原因,就是他们都一个种共同的使命感,那就是他们要改变英国文坛,尤其是戏剧界那套虚伪客套的把戏。

多丽丝·莱辛虽然是通过写小说斩获声名,却也开始尝试去创作戏剧,而且她对戏剧创作上各种可能的新探索跃跃欲试。她对戏剧的热爱,想成为剧作家的梦想,都在这个大胆坚定的新团体里找到了同盟。皇家宫廷剧院新闻部给这个团体贴上了标签,称他们为"愤怒的年轻人"。皇家宫廷剧院是很多新剧目的诞生之地。这个称谓是由约翰·奥斯本的剧本《愤怒的回望》得来的,作家们本人对这样的称谓既觉得不屑一顾,也表示出非常抗拒。

"我不是什么愤怒的年轻人。"阿诺德·威斯克说。

"……我们当中谁都不是愤怒的年轻人,愚蠢的新闻界完全是措辞不当。相反,我们是一群快乐的年轻男女[说到这,别忘了多丽丝·莱辛,安·杰立卡(Ann Jellicoe)希拉·德兰尼]。难道有谁会有什么值得不高兴的事吗?我们被人关注,获得了报酬,得到了掌声,一夜之间享誉世界!"①

---

① 威斯克:《尽我之勇气》(*As much as I Dare*),第7页。

《愤怒的回望》1956年在皇家宫廷剧院的演出，正如戏剧评论家肯尼斯·泰兰（Kenneth Tynan）所言，取得了"巨大的轰动"①。泰兰警示那些认为战后的世界应该回归所谓"正常"的人，告诉他们，最好离剧中的主人公吉米·波特这样的人远点，"他善于自省，擅长低俗的恶搞，对世事侃侃而谈，言辞犀利，蔑视'虚情假意'……而且顽固地认为，这是个混乱颠倒的时代"②。

　　玛莎·昆斯特和吉米·波特既有相似之处，又有很大的不同。她和波特一样离经叛道，但是她还是对找到生活的目标心怀希望。莱辛在写作《玛莎·昆斯特》的时候，强烈地感觉到人生需要有使命感，觉得作家能够对那些脱离社会的人起到指导作用。她之所以偏爱自己的短篇小说《饥饿》，就是因为这一信念。她解释过，《饥饿》的失败，不是因为它想要去承担社会责任，而是因为创作手法过于简单，情感过于直接。随着她在戏剧和小说上的写作手法越来越成熟，她将会把使命感和写作技巧结合得越来越好。

　　"什么样的使命呢?"她在一篇名为《一点小小的个人看法》的文章中写道："不要为任何政党宣传。"但是她很快又补充了一条非常重要的附加说明和个人目的，"除非他们身为作家的个人热情驱使他们这样去做，这种情况下，如果他们有足够的才华，这样他们的热情就会将文学作品转化为宣传手段"③。

　　这篇文章出自1957年的一本题目叫做《宣言》的文集。文集的其他作者包括约翰·奥斯本，肯尼斯·泰兰，柯林·威尔森（Colin Wilson），史都华·霍尔罗伊德（Stuart Holroyd），比尔·霍普金斯（Bill

---

① 肯尼斯·泰兰:《幕帘》(*Curtain*)，第192页。
② 卡斯林·泰兰:《肯尼斯·泰兰传》(*The Life of Kenneth Tynan*)，第172页。
③ 莱辛:《一点小小的个人建议》(*A Small Personal Voice*)，第6页。

第二十七章
幸福的年轻女子

Hopkins),林德赛·安德森(Lindsay Anderson),约翰·维恩(John Wain)。精力充沛的年轻出版商汤姆·马其勒(Tom Maschler)代表一群作家表述他们的创作思想和生活理念,他在《前言》中写道:

> 近年来,一大群思想各异的年轻作家涌现出来,他们致力于改变奉行已久的价值观念。至今还没有一个评论家能对他们做出中肯的评价或者客观地将他们彼此联系起来。出版这部文集的目的,就是让公众了解现实中正在发生的一切——揭示英国思想界和文学界正在形成的一种新的模式。①

那些同意为《宣言》写作的作家达成了一个主要的共识——他们坚信自己是英国文学和戏剧新时代的一分子。多丽丝·莱辛认为,区分当代文学和旧文学的标准,就是观念的模糊和价值观的不确定。肯尼斯·泰兰指出:"戏剧这座大宅子里堆满了残渣,萧伯纳时期践行的古老观念遭到重击,粉碎成渣,无处安放。新派剧作家的工作就是去清理那些残渣,打扫屋子,把阿瑟·米勒所说的'完全脱离生活'的剧院腾出一些空间来。"②泰兰还建议,为了打造更健康的剧场,剧作家们应该打破性的禁忌,让它"以多种形式呈现那些能让男男女女们兴奋不已的各种姿势"③。

约翰·奥斯本后来有点后悔参与《宣言》的写作,因为他发现这些作家们有点装腔作势又不够专业,他觉得只有莱辛还有其他两个作家——肯尼斯·泰兰和电影制作人林德赛·安德森——对读者的思想真正产生了影响。奥斯本自己的文章却导致了这本书最终没能出版。剧本本来计划在皇家宫廷剧院演出,却因为来自政府的压力而被取消,因为奥斯本写了一

---

① 马其勒:《宣言》之《前言》(*Declaration*, Introduction)。
② 泰兰:《戏剧与生活》(*Theatre and Living*),第110页。
③ 同上书,第116页。

些对皇室的不敬言辞。他写了一番这样的话:"我曾把皇家宗教称为'国家泔水',因为它有毒。"①文章还有很多别的让人大为光火的猛烈抨击。

莱辛在《一点小小的个人建议》中也谈到过她对读者的"责任感"。她以自己身为小说家的身份为重点,谈到了作家在出版短篇小说和长篇小说的时候,其实是在要求读者通过作者的眼睛来观察世事。这就赋予了作家们一种责任,如果他们能够接受这种责任,他们就成了所谓的"灵魂建造师"。②

但是,莱辛走到今天,已经远远地背离了她的这种想法。比如,现在,每当有人问起她总在尝试各种不同的写作风格的事,每当有人跟她提及,每次她开始实践新的写作风格的时候,有些读者总觉得他们遭到了背弃,她总是手一挥就躲过这些问题,觉得这样的话题令人厌烦,无关紧要。她不对任何人、任何事承担责任,她只对她本人和她的作品承担责任。当她脱离现实主义去写科幻小说的时候,女性读者们开始抱怨她对严肃文学失去了兴趣,可莱辛却说,那些女人只不过是想找个人来支持她们那狭隘的人生观而已。

当有采访人员提醒她,她曾经认为自己可以通过写作改变社会时,她以否定从前的自己来做出回应——有这种想法的时候,自己还很年轻。并且说没有人能改变这个世界,不管他的观点有多么合理。"生活中没法讲理性,……我们还找不到合适的词来形容我们自己,人是有精神的,尽管这个词显得也很低俗。"③

莱辛抛却过去的信仰和她不断接受多维自我的观念并行不悖。她对同一副皮囊之下不同类型的人格非常有兴趣。她对一位采访者说,她

---

① 奥斯本:《人们称之为板球》(*They Call it Cricket*),第76页。
② 莱辛:《一点小小的个人建议》(*A Small Personal Voice*),第6—7页。
③ 引自卡特莱特《仍是非洲的女儿》(*Still Africa's Daughter*)。

第二十七章
幸福的年轻女子

觉得她本人"真正的"自我,不仅仅是那个她经常提及的"观察者",还包括那个即使身处人堆里也倍感孤独的自己。别人称作孤独的处境,在她看来,是她必须要掩藏起来的最私密的空间,是不能与他人共享的真正的"我"。她享受自己的孤单无扰,大部分时间里无需与人共处。当有人问她是否能连着一个星期里不去见人,不跟人说话,她这样回答说:"天呢!当然可以。轻而易举。跟别人待在一起时间太长的话,我就会因为无法独处而变得歇斯底里。"①

莱辛虽然自己默默观察别人,却不允许别人窥视自己,不过,她却允许别人接近以"女主人"的人格出现的那个自己(类似于长大了的"跳跳虎")。这个人格在莱辛需要保护自己、掩饰自己的时候会不断地出现。她跳将出来,风度翩翩,举止得体,八面玲珑。莱辛另一个自我也总是想跳出来,而对于这个人格,她不仅很少去利用,反而总是尽力去压制。这个人格是一个孤独无助的孩子,饱受自怜自艾的折磨。

如果说,莱辛的一生中,确实有一段时期非常需要利用那个长袖善舞的自我,那就是她刚到伦敦的那段日子。那个时候,性爱、激进行为主义、艺术重生等在她的生活里交错贯穿。人生头一遭,她开始将文化问题看得和政治问题并重,而且结交了一些在两个方面各有所长的朋友。这段时期,英国正在历经巨大的变化,莱辛从政治圈转身投入文化圈,而文化圈里的人,都乐于接受变化带来的文化不确定性。正在崩塌的壁垒,为他们提供了机遇,他们既是深层转型的接受者,也可以成为深层转型的利器。

---

① 德巴托达诺:《生活比小说还有劲》(*Life is Stronger Than Fiction*),第 3 页。

第二十八章
非常现代的母亲

第二十八章
非常现代的母亲

20世纪50年代,波西米亚式的生活方式在伦敦大行其道,而这种生活方式的中心,就在索霍区。伯纳德·戈比将这片区域称为"壁炉区",因为好多人都聚集在这个地区附近。"那地方非常包罗万象,"他说,"好多流离失所的人、波西米亚人、来自大学的知识分子都会被吸引过来,很快,新左派就在索霍区的中心安营扎寨。"

对多丽丝·莱辛那些来自世界各地的朋友们来说,是一个非常合适的中心。早期来到索霍区的,是17世纪时期的胡格诺派人,后来又陆续有一些意大利人、犹太人和希腊人来到这里,再晚一些来的,是一些战争结束后从美国返回英国定居的人。这个地区的有些集会中心已经相当有名了。迪兰·托马斯(Dylan Thomas)和斯德芬·斯宾德(Stephen Spender)曾让当地的法式餐厅增色不少。而对于莱辛那些名气逊色得多的朋友们来说,索霍区的咖啡厅、左翼俱乐部、意大利餐厅、法国餐厅、文学俱乐部或者犹太熟食店都是他们的最佳聚会场所。

莱辛只要不用照顾彼得的时候,都会匀出时间去参加朋友们的聚会。但是,众所周知,母亲和孩子之间永远是个不等式,对于莱辛来说,聚会的时间总嫌不够长,而对于彼得来说,妈妈离开的时间总是太长了。但是她又不想把彼得打包送到寄宿学校去,他还太小了。

她毫不迟疑地对记者说,她强烈谴责英国社会将年幼的孩子送到很远的寄宿学校去这一传统。但是,当儿子长到十二岁的时候,她觉得送他去寄宿学校对他们彼此来说都是最好的选择。虽然彼得是否幸福一直是她在生活和工作中做出选择的一个重要因素,但她还是坚信,牺牲自己所有的需要去满足彼得的需要,是错误的做法。她一直批评母亲和母亲那一代女性,说她们在孩子跟前存在感过于强烈。"我也有过心灰意冷的时候,"她曾经在1994年说过,"因为发现一切都没有什么改观。我觉得我产生这种心理,是因为经常听到女人们的抱怨:'我为孩子牺牲了一切。'"①但是,保持平衡的确不那么容易。作为一个单身母亲,过的又是不墨守成规的艺术家生活,莱辛面对的为人父母的冲突,比平常的父母要更为激烈——既要热爱和养育孩子,又要追求事业和保持个人生活。

在克兰西·西格尔的小说《密叛者》(1992年出版)里,罗斯·奥玛勒(Ross O'Malley)这个角色跟多丽丝·莱辛非常相似,有一个十二岁的儿子阿莱(Aly)。小说中的叙述人加思·布莱克(Gus Black),也就是西格尔的化身,经常会评论说,这个孩子过于早熟。有一次,加思感到非常震惊,因为阿莱居然和加思谈起了他妈妈以前的各任情人。他还批评加思爱对罗斯乱发脾气:"你得让妈妈省点心。你太孩子气了,妈妈可不太会带孩子。"当加思指出,他的话听起来太老气横秋了,不像是这个年龄的人说的,阿莱就抗议说:"我没有老气横秋。……我妈说,我只不过是摆摆样子罢了。"

"上帝保佑,罗斯看透了我们的花招,"西格尔写道,"包括阿莱装出来的成熟,表现出来就是对外部世界冷眼旁观、严密审视,这就让他成了他母亲的翻版,将他母亲的内心通过外在的方式表现出来。"②

莱辛虽然不想过于被传统的为人之母的女性角色所束缚,却很享受男人的爱慕。"她很美,"非洲学者彼得·沃斯利(Peter Worsley)回忆

---

① 引自怀特:《自我成长史引录》(*Pages from Her Own History*)。
② 西格尔:《密叛者》(*The Secret Defector*),第33页。

第二十八章
非常现代的母亲

说,"是个绝色佳人……曲线动人,讨人喜欢。"保罗·霍加斯回忆说:"像猫儿一样迷人……谨慎,冷静,有着猫儿一样的性情。她并不美,但是男人却都喜欢围在她的身边。"文化研究专家史都华·霍尔发现"她的脸蛋非常迷人,引人遐想……散发着特殊的母性魅力。"

1952年,梅维恩·琼斯(Mervyn Jones)遇到多丽丝的时候,他俩都是积极的共产党员,但是,她和琼斯一样,"有着批判、独立的思想。我们有很多共同话题,和她一起用餐非常有趣,因为她是个非常迷人的女人。"① 琼斯在自己的回忆录里,毫不避讳地对自己错失良机表示遗憾。"要是当初和多丽丝·莱辛来点什么风流韵事,不仅会是一种妙不可言的体验,也一定会为我的自传增色不少。"但是,不知出于什么原因,"我当初竟没有那样的想法,于是,我们就成了朋友,后来一直维持这种关系。"②

克兰西·西格尔说:"伦敦文艺圈里的性生活,充斥着雌雄同体、双性恋、滥交等各种见不得人(或者变态)的试验。"他还说,很多人"给他们的行为安上了各种虚伪的名头,但是就是不直接称其为性交。"要是想从《行走在阴影之下》里硬要看出点多丽丝·莱辛对这种事的态度,那么可以说,她觉得这些行为非常有趣,并不觉得这种事有什么好大惊小怪的,尽管有些行为确实几乎接近变态。比如,有一天晚上,多丽丝无心窥破戏剧评论家肯·泰兰(Ken Tynan)喜欢收集皮鞭的癖好,却并没有妨碍他们继续进行一场令人愉悦的政治讨论,也没有损害他们的友谊。相反,莱辛似乎很欣赏这些人性的小瑕疵。

唯一让莱辛感到不舒服的性关系,就是男同性恋和女同性恋。一个女同性恋微笑着回忆莱辛的不适:"她假装我和我的性伴侣就是室友关系。""我们默默达成一致,我不能去破坏她的这种想法。"男同性恋似乎

---

①② 琼斯:《机遇》(Chances),第124页。

让莱辛感觉更不舒服,她曾经对男同性恋们的长相和行为大加讽刺,这可能是因为,她非常仰慕"真汉子",所以当她发现传统的男性形象被颠覆之后,就觉得气急败坏。

在写给罗伯特·戈特列波(Robert Gettlieb)的一封信里,她不怀好意地描述住在她楼上公寓的一对男同性恋,并且嘲讽他们精力过剩,做爱的时候总弄出很大动静。态度严肃起来的时候,莱辛会把同性恋和厌女主义联系起来,她在《金色笔记》里描写了住在安娜家里的一对男同性恋情侣,他们歧视所有的女人。

莱辛豪不掩饰自己,总是从道德角度来评价人类的性爱行为,这样的性情为她的相关作品增色不少。所有的作家都是从置身事外的角度去保持事情的完整性,而"可能她作为一个作家的关键力量,"她的一个老朋友说,"就是她对所有的经历都开诚布公,她自己的,别人的,同时却还能保持清醒的头脑。"

50年代和60年代发生的一切,可真够记录者们和观察者们忙活的了,尤其是在政治领域,事情一件接着一件。1956年对于英国左翼来说是个分水岭。英法联军侵入埃及部分地区和苏伊士河,这种举措让许多英国民众目瞪口呆,尤其是那些左翼人士。而苏联入侵匈牙利,去镇压一场民间叛乱的事,更是让那些忠诚的共产党员们觉得触目惊心。

虽然他自己主编《工人日报》(Daily Worker)并没有刊发他的报道,但是彼得·弗莱尔(Peter Fryer)当时正在匈牙利,所以亲身经历了民众叛乱,亲眼目睹了政府以大开杀戒的方式作出回应。据莱辛的一位同志回忆,弗莱尔说,当看到秘密警察朝群众开枪的那一刻,他对共产党的热情立刻消失殆尽。

梅维尔·琼斯记得,有一天晚上,他们在莱辛的家里进行了一场持久的辩论。讨论进行了好几个小时,直到后来,莱辛的一个非洲朋友发

第二十八章
非常现代的母亲

表意见说,在他看来,大家对这些事件如此紧张的原因,不过就是他们不相信白人也会遭遇到这么恐怖的事情罢了。

梅维尔·琼斯说,匈牙利事件是"对共产党的一记重击……好几十个同志都脱离了党组织,1956年之前,他们根本想不到会有可能发生这样的事情。"[①]根据当时的一位共产党员回忆,虽然莱辛后来公开宣布脱离共产党,但她当时并没有这样做。她讨厌媒体大肆宣扬这种姿态,搞出一副郑重其事的样子,像是真的去当众承认错误,或者表达谴责一样。相反,她只是通过不去续1957年的党员证,默默地踏出了退党的第一步。

虽然在莫斯科的共产党第二十次代表大会上,赫鲁晓夫所揭露的斯大林暴行举世震惊,但是英国共产党却和世界其他国家的共产党一样,仍然要求党员们无论如何忠于苏联。拉斐尔·塞缪尔(Raphael Samuel)是新左派的重要代表,也曾经是一位共产党员,他认为,共产党内部的分裂,出现在不同的阶层,那些工人阶级出身的党员尤其强调忠诚。这一时期,党的内部经常开展各种激烈的讨论。

总体而言,脱离共产党的人里面,知识分子最多,比如像著名历史学家汤普森(E. P. Thompson)这样的人。起先,他只是宣扬党内改革,让共产党行动起来,但是当他发现这根本行不通的时候,就干脆退党了。这种情况可以从另一个侧面解释,莱辛为什么要悄悄地退出共产党官方,她只是不想加剧党内知识分子和工人阶级的分化而已。

大约在20世纪60年代,梅维尔·琼斯曾经开玩笑说过,英国最大的政党其实是"前共产党。我认为,党内聚集着一群非常有价值的男男女女。如果他们抛下服从和自欺欺人,他们仍然是一群有着坚定的决心和超凡的组织能力的人。"他补充说,当他在后来的小说中创造前共产党

---

① 琼斯:《机遇》(*Chances*),第140页。

员这样的角色时,他这样描述:"他们在争辩中表现出惯有的尖锐和激烈,对待思想问题非常地严肃。"①

多丽丝·莱辛这一时期的创作展现出了所有以上特质。1956年,她从《暴力之子》的创作中匀出时间来创作她的第四部小说《回归天真》。这本小说的封面画页,生动地展现了20世纪50年代,人们对妇女所应担当的社会角色的态度。出版商宣称:"莱辛女士的人生信条,在最近出版的新书《宣言》中有所展示,这本书囊括了被称为'愤怒的年轻人'的作家们的离经叛道之作。"不过显然,他们对有一点既觉得大惑不解,又觉得互相矛盾:"虽然莱辛女士非常年轻貌美,但是她的社会观念和她带有煽动性的小说,却让她卓尔不群,成了新兴一代优秀青年社会批评家中的翘楚。"②

《回归天真》的背景设置在英国,直截了当地以她在这一时期的共产主义信仰为主题。这是莱辛第一部不以非洲为背景的小说。创作这部小说的时候,她的思想受到了她读过的列宁、恩格斯和马克思等人的论著的影响。

书中的主人公是一位叫做茱莉亚·巴尔(Julia Barr)的年轻英国女子,家境富有,娇生惯养,完全不关心政治。后来认识了简·布罗德(Jan Brod),一个比她大得多的左派犹太作家,他是从捷克斯洛伐克流放到英国来的。尽管茱莉亚遇到简的时候还是处女之身,也有一个虽然不怎么让她动心,却也还算"合适"的男朋友,不过,她还是很快和简发生了关系。简一心想要向茱莉亚宣传共产主义的益处,却唤醒了她对性的渴求。书中那位来自捷克的简,其实又是莱辛真实生活中的情人杰克。

茱莉亚虽然动了情,却并没有投向简的政治信仰。事实上,她非常

---

① 琼斯:《机遇》(*Chances*),第119页。
② 莱辛:《回归天真》(*Retreat to Innocence*),封底。

第二十八章
非常现代的母亲

讨厌简在她思想上引起的那些变化,最后两人以分手告终。当杰克被迫返回捷克后,茱莉亚嫁给了那个让她觉得安全舒适的公务员。

莱辛在揭示主人公顽固不化而又保守狭隘的生活的同时,也关注到了共产主义意识形态前后矛盾的一面。茱莉亚才刚刚意识到,自己被舒适惬意的生活氛围所局限,简就告诉她说,她平静的生活最终会被打破。离开简以后,茱莉亚觉得,她或许希望生活中的平静真的被打破。和莱辛笔下很多其他女性一样,茱莉亚期待她无法控制的人或者事物,来将她从受到限制的行为中解脱出来。"我自己是没办法从这一切里脱离开来的,但是如果发生了一些事情,我就会被推出来……我就会去领悟,去参与。这一切都是因为简·布罗德。"[①]

从某些方面来说,茱莉亚其实是莱辛的小说《暴力之子》里所描写的那一代人的代表人物。他们生活得安全舒适,很有点自鸣得意,非常不情愿去破坏父辈为他们营造的舒适生活。突然有一天,茱莉亚的父亲意识到,自己给女儿创造的生活过于舒适,让她觉得自己想要什么就可以随时得到什么,这种情形对女儿来说并非什么好事。

莱辛认为,这种天真幼稚而又虚无缥缈的思想观念,让很多年轻人在面对命运的要求时,无法了解自己的局限性。多年之后,在1971年,莱辛和比她大十多岁的罗伯特·戈特列波争论,要不要提前出版她的那部引起颇大争议的、涉及心智健全和神志癫狂的小说《简述地狱之行》,因为她觉得美国的政治气候会发生变化,可能会变得对她想要说的话不那么欢迎。

她给戈特列波写信说,她没有他那么乐观淡定。她对未来的看法是黑暗的。莱辛相信变幻无常的伟大力量,她的分析论证处处渗透着这一观点。要是战争不可避免,她就只好迎头痛击。

[①] 莱辛:《回归天真》(*Retreat to Innocence*),第333页。

第二十九章
艰难的合作关系

第二十九章
艰难的合作关系

莱辛离开家乡七年了,现在,表面上看来,她的家乡正在拆除种族隔离之墙。尽管看到了很多的正面报道,身在伦敦为非洲抵抗运动出力的莱辛和她的朋友们却并不相信这些报道。这些朋友和她的"反帝国主义团体"的同事们经常到她家里来聚会,讨论非洲问题,他们提出的一些非常实际的问题更进一步证实了她的怀疑。

1953年,英国把南罗德西亚(后来的津巴布韦)、尼亚萨兰(后来的马拉维)联合起来,组成了中非联盟,也叫作罗德西亚、尼亚萨兰联盟。其预期目标,就是要实现政治平等、经济平等和种族和谐。据当时的《纽约时报》报道,当时这片地区有"二十万白人,六百万黑人,还有大约一万八千名亚裔和其他混血人口"①。

但是同一篇报道里却又指出,"英属中非联盟结成新的国家,主要是为了吸引美国资本来发展当地丰富的自然资源,但是该联盟已经被种族政治所冲击。"②

这个意在弥合种族分裂的机制,曾被媒体大肆渲染报道,最终却变成了性质模糊的"合作伙伴"。这个词最早是英国政府强塞到联盟政府的宪法序言里的。合作伙伴关系完全违背了罗德西亚白人精英的意愿,最后演变成了一项用来取代在南非周围践行已久的严格种族隔离政策。

---

①② 《纽约时报》(The New York Times)1953年10月25日版,《种族主义冲击罗德西亚稳定》(Rhodesian Status Jarred by Racism),第27页。

在合作伙伴关系的大旗下,政府制定条款让非洲代表在联盟议会中占有席位,当地土著的权益也得到了进一步改善(比如,他们被允许购买欧洲产的酒,允许加入工会等)。

这种合作伙伴改革,被很多罗德西亚的白人认为,是往错误的方向迈出了激进的步伐,他们认为应该在联盟中通过宪法,建立一种严格形式的种族隔离。但是,还有的人,比如柯来顿(T. R. M. Creighton),在1960年为联盟编写历史的时候说,合作伙伴关系只不过是"一个具有麻醉、镇定作用的词,是用来安抚英国人的抗议,以及去平息联盟里那些反对以欧洲人占主导地位的非洲人的怨气的。"[1]

多丽丝·莱辛就是最早宣扬这种观点的人之一。她多年来一直就想回非洲去看看,终于成行之后,她在1957年出版的《回家》这部报告文学里,揭露了合作伙伴关系的虚伪,也揭露了她为之倾倒、为之哀叹的国家,仍然存在的令人发指的种族不平等这一事实。在合作伙伴关系仁慈的面具之下,是毫不掩饰的《土地分配法案》带来的种族隔离。这部法案颁布于20世纪30年代,根据法案,国土被分为土著区和欧洲区,很多非洲人都因此被无情地驱赶出自己的土地。

当她听到联盟里的一个白人建筑师说了一番诚实到愚蠢的话,将联盟里的黑人和白人比作马和骑马的人时,莱辛立刻就断定,合作伙伴关系只不过是白人弄出来的虚伪把戏,他们允许一小部分黑人特权阶层来展现表面的平等,以方便他们去压制大部分非洲土著的不满。

莱辛认为,计划的出发点就是错的,所以从它开始实施伊始,就注定会失败。她和很多黑人朋友交谈过,他们甚至宁愿跟过去一样,实行公开的种族隔离歧视,也不愿意看到这种虚伪的合作伙伴关系。他们不愿意配合白人殖民者们自娱自乐地说一套做一套。

---

[1] 柯来顿:《合作伙伴的反义词》(*The Anatomy of Partnership*),第104页。

第二十九章
艰难的合作关系

很明显,莱辛迫切地想要回乡看看的很大一部分原因,其实是想亲眼看看非洲大地上正在发生的一切,然后再给欧洲读者们描述她的所见所闻。不过,她内心的渴求是其中更为迫切的一个原因。"我必须得要回去,因为一些情感原因,我需要摸到、嗅到那片土地。"①

莱辛没有将她想回去看看自己前面生的两个孩子列为她想回非洲的情感原因之一。事实上,她这次回去,根本就没有去见她的两个孩子。她在《行走在阴影之下》中解释说,两个孩子当时正在上寄宿学校。她本人到底怎么看待与孩子长久分离这件事,了解这一切的,可能只有她自己所说的那个完全不为人所知的自我,那个她永远不会让别人接近的自我。

显然,她写《回家》的那个时候,还不是谈论这个问题的好时机。还有,虽然书中满篇都是各种重聚,但是莱辛在重温自己在非洲的过去时,却根本没有提到她的弟弟和母亲,也没有提到儿子或女儿。在《行走在阴影之下》里,她的确提到过1956年回去那次,她和哈里待了一两天,和莫德待了一个下午。母女之间的重逢显得克制平静,掩盖了"两个悲伤的世界。"②

莱辛的很多朋友都对她说,她肯定不会被允许踏上罗德西亚的土地,因为她成了知名作家,她的共产主义信仰会让人觉得她的笔头太具有威胁力了。毕竟,联盟的领导人(也是莫德以前的医生),迈尔文大人(Lord Malvern,也叫作乔奥弗雷·马丁·哈钦斯博士(Dr. Godfrey Martin Huggins),曾宣称:"我们不能让这片土地布满煽动者。这里没有地方容纳共产党人。"③但是莱辛很快就解决了这些潜在的问题。

---

① 莱辛:《回家》(Going Home),第250页。
② 莱辛:《行走在阴影之下》(Walking in the Shade),第198页。
③ 《抵制联盟激怒了南非》(Federation Stand Irks South Africa),载《纽约时报》(The New York Times)1953年10月31日版,第5页。

尽管如此,计划中的旅行还需要面对另外几个问题。其中之一,就是要独自一人穿越一个对她明显有敌意的国家,到那里去旅行,安全问题到底是否有保障。第二个就是经济问题,她的确是个著名作家,但是她的著名都只体现在名声上,却没有体现在金钱上。她必须要为这次远行筹集资金,光是机票就高达二百五十英镑,而她要走遍那个国家,需要的费用更是相当可观。

她想要向共产党内部和外部那些关注非洲的赞助人求助。其他的费用,她可以用那些想要她撰写关于非洲的文章的报纸所提供的稿酬来应付。

有一天,她直接坐了一辆大巴前往舰队街,一头走进了苏联新闻机构塔斯社,到那里去游说他们资助她去非洲。作为回报,她会为他们指定的任何一家苏联国内的报纸撰写报道。塔斯社的负责人将她打发到苏联大使馆,到了那里,她再次表明了自己的来意。她跟对方解释说,用一个不属于封闭的新闻界也不是专业记者的人来写非洲方面的报道将会是一个明智之举。

她说得很清楚,如果她要赶上两周内出发的那趟飞机,他们就得赶快给她这笔钱。俄国人这次效率不是一般地高,他们居然还定出了一个最后期限。尽管最后拿到手的钱比预期的要少,但是加上她在别处募集来的资金,已经够她开始这趟旅行了(她从非洲回来以后才知道,这笔钱不是用来付她的飞机票的,而是她在苏联出版的小说的稿费,或者说是苏联方面付给她的版税。关于这一点,莱辛说法也不太一致)。她还打算把先前写的一些东西卖给一些莫斯科的杂志,这也是她为什么要延迟退出共产党的原因之一。等到旅行结束,钱也拿到手了,到时再退党也不迟。

这一时期,有人说她和约翰·博格(John Berger)建立了联系。这个男人比她大七岁,才华横溢,精力充沛。他是《新政治家》的艺术评论,也

第二十九章
艰难的合作关系

是一位训练有素的画家。后来他还写了一部小说，他的第一部小说《一位当代画家的故事》(*A Painter of Our Time*)于1958年出版。他还是一位电影制片人兼剧作家。

博格精彩纷呈而又观点新颖的评论，加上他亲左翼的倾向（他并非党员），使他成了他的旅伴多丽丝这位专业人士颇受欢迎和颇具影响力的好朋友。用保罗·霍加斯的话来说："他获得了共产党左翼那些著名作家和学者的尊重，其中就包括多丽丝·莱辛。"

博格和霍加斯是好朋友，他们经常通过日内瓦俱乐部联系，莱辛也一样。这个俱乐部是博格的创举，目的是为所有幻灭的左翼知识分子建立一种联系。"我们是一群共产党员，也是一群旅行同伴。"霍加斯解释说，"我们创立了党派之外的独立理念。我们就是跟官方领导不对付。"

保罗·霍加斯和多丽丝·莱辛准备合作写作《回家》。在回忆录里，莱辛说他们之间的合作是共产党建议的，尽管当时还有点拿不定主意，她还是同意了这个想法。而霍加斯的记忆好像有所不同。日内瓦俱乐部是成员们交换意见的场所。"也就是在俱乐部，我得知了多丽丝有到非洲去的想法。"霍加斯回忆说。不管莱辛是否有意独自完成这趟旅行，非常喜欢伦敦的艺术氛围并且很崇拜霍加斯的博格的确给霍加斯提出了建议，认为他可能会有兴趣和多丽丝合作。同时，博格也对莱辛谈到了让霍加斯和她一起去非洲的好处。霍加斯已经为两部旅行小说做过插图了，一本是关于中国的，一本是关于希腊的。

"博格在我面前大肆吹捧她，说如果我给她的书画点锦上添花的插图，她计划中的这个书就会更有影响力。"霍加斯回忆说。他发自内心地被多丽丝的使命感所打动，也看好南非这个选题的前景，于是同意和她一起去，并且答应给《回家》这部书画一些插图。霍加斯也跟莱辛一样面临经费问题，他只得"去讨，去哄，去借，用我打算要画的画来抵债。我提前卖掉了很多画,据我所知,有一半的原版画都被某个左翼百万富翁攥在手里。这些画都是他的借款人用来抵债而留下的,画的价值已经攀升到很高了,我想买回来的时候,已经付不起那个价钱了。我还想法子提前卖给了另一个左翼律师一两幅画。"

霍加斯记得,他在快出发的时候收到了莱辛的来信。莱辛在信中安排好了一切,告诉他,不要想着让别人给他钱,相反,他应该去借钱,要向少数几个人每个人借一大笔,而不是向好多人每个人借一小点,因为现在已经没有时间来考虑欠不欠债的问题了。

尽管霍加斯对有机会和自己喜欢的作家合作感到很兴奋,但是他并没有从他的旅行同伴那里感受到多少亲近感。"她那个人很冷淡,很自恋。我总觉得她非常紧张,她是我发现的第一个不那么善良,也不那么无私的共产党知识分子。其他所有的作家,经历过战争的那一代作家们,都是非常理想主义的,而从她身上我一点都没有看出来这一点。"

霍加斯和莱辛于1956年3月28日,星期二早上8:30从伦敦出发,于星期五傍晚7:10到达了索尔兹伯里。尽管莱辛在《回家》里为数不多的场合也提到了霍加斯和他画的插图,但他在书里就几乎像个幽灵一样,很少出现。

"太阳从埃塞俄比亚的大平原上冉冉升起,这种场景我已经有七年没有见过了。"莱辛用欢快的笔调写道。[①] 记忆中的山顶上,天空广袤无垠。她非常熟悉这样的天空下,大地会是怎样的一番景象;非常熟悉鸟儿们回归树上的窝巢时,歌声是如何地动听;非常熟悉光着脚丫踩在草地上,又是一番怎样的感受。

住到她以前的同志纳森·泽尔特和多萝西·泽尔特的家里之后,莱

[①] 莱辛:《回家》(*Going Home*),第7页。

第二十九章
艰难的合作关系

辛驱车去了索尔兹伯里的灌木丛。那是一个美丽的非洲夜晚,天上闪耀着月光和星星。她站在高高的草丛里,倾听着蟋蟀在窝中歌唱。独自一人站在从小长大的乡下灌木丛里,一切宁静而美好,她不由得想:"要是我明天就要回到英国,我宁愿上天赐予我回家所渴望的一切。"①

纳森·泽尔特现在已经是一名成功的商人了,保罗·霍加斯回忆说,他住在"乡下一片像公园一样大的独立保护区里,这是专门为白人定居者留出来的地方"。因为这样,莱辛拜访她的老同志们的时候,每次都是没完没了的鸡尾酒和各种宴会。她被震惊到了,她过去在共产党内的那些老朋友们已经一个一个被财富所改变。她质疑他们的出发点,质疑他们的良心,质疑他们是在搞自由合理化。而她的同志们则反过来认为,莱辛的批评过于草率,他们坚持认为,这个社会正在改善。

她也碰到了一些本来就和她政治观点相左的老同学。毫不意外地,这些人都对她在离开罗德西亚之后她在生活上的改变和她笔下所写的东西觉得大为光火。他们坚持说,自从莱辛离开之后,这里的一切都发生了变化,而她对一个自己不再熟悉的地方的生活方式品头论足,实在有失公允。他们希望这次来访之后,她能够看到光明的一面,写一些非洲美好的方面,而且他们觉得,道理浅显易懂,她早就该这样做了。

莱辛对这些话不以为然。但是她的一些朋友还是对联盟的效果抱有充足的热情,足足有两周的时间里,她都在听人们谈论联盟的前景。然而,她以调查记者的身份和人们谈论得越多,越觉得这个概念虚无缥缈。

莱辛和好些人谈过话,黑人白人都有。她参观了雇佣黑人的工厂,去过白人农场里的黑人院子,采访过社会福利人员,黑人教师,听过黑人成教班的课,黑人们辛辛苦苦上了一天的班之后,晚上还要来这里上学。

---

① 莱辛:《回家》(*Going Home*),第 31 页。

她在霍加斯的陪伴下，驱车去没有正规道路的乡下，经过羊肠小道，走过双车道的水泥路，宽度刚好只够一辆正常大小的车子放得下轮子，路中间还长着一簇一簇的草堆。他们还路过一排排商店和农舍，上面盖着波纹状的铁屋顶。每走一段，他们会在采采蝇除蝇站停下来，在车上喷完杀蝇药之后才能放行。

有一天他们驾车去乌姆塔利，一个安静的小镇，当时还是葡萄牙属殖民地，在东非的边境（即莫桑比克）。这个地方，对于保罗·霍加斯来说是一个令人兴奋的全新领域，而对于多丽丝·莱辛来说则是记忆中的风光。她记得自己到乌姆塔利的三次不同经历。第一次来的时候，她才十一岁，她还去了一个当地人的家里。第二次来到时候是战争刚刚开始的时候，她当时还是个年轻的妻子和母亲，那时弗兰克·威斯登正在参加军训。一切记忆犹新，自己还是思乡情切的小女孩的样子，记得为人妻子之后爱笑爱闹，却又心情郁闷、郁郁寡欢的情形，也记得那些困惑迷茫、羁绊纠缠的时光。

莱辛怀疑自己在一踏上索尔兹伯里的土地之后，就立刻被监视了。有一天，他们回到车里，驱车返回索尔兹伯里的路上，在灌木林旁边一个卖可乐的摊子旁边停了下来。霍加斯想要画出这幅场景，"因为在非洲的一片灌木中间找到这样一个地方实在是有点不协调"。他回忆说，突然，"一辆大车开过来，一个高大魁梧的年轻人从车上走下来，抄下了我们的车牌号，然后看着我画画。他来来回回走了半个小时，一直等到我把画板收起来放回后备箱里之后才离开"。

毫无疑问，此时完全可以确定，他们的确处在政府特派人员的严密监视之下。莱辛后来听说，她惹恼了当地官场，因为她和黑人们打成一片，而且像迈尔文大人几年前所说，继续提一堆会"扰乱本土人士心神"[①]

[①] 莱辛：《行走在阴影之下》（*Walking in the Shade*），第 196 页。

第二十九章
艰难的合作关系

的问题。

莱辛热切盼望去南非联盟看看。尽管南非驻伦敦大使馆向她保证她会顺利入境,她还是有点疑心,尤其是她发现自己在罗德西亚这样相对宽松的国家里都受到了严密的监视之后,她感觉,南非的状况只会更糟。事实正是如此。

她和保罗·霍加斯决定分开坐飞机去约翰内斯堡,想着如果他俩不结伴旅行的话,就显得没有那么可疑了。又一次,尽管她在回忆录里谈到这件事,但是在《回家》这部书里,莱辛在讲述进入这个不欢迎他们的国度的经历时,根本没有提到霍加斯。

霍加斯回忆说,一切都"显得鬼鬼祟祟的。我在后面看着她,因为她走在我前面,我看到她停了下来。"莱辛被带进了一间拘留室。她在《回家》里写了她的感觉,因为怀疑,气氛显得非常沉重,而且,带她走的那个人,甚至包括街头卖香烟的女人,都是警方特派队的成员。

过了一会,一个充满敌意的官员过来通知她,说她不被允许入境,必须乘坐她刚才下来的那趟飞机立刻离开。一队便衣警察带着她往飞机走去,上了飞机,只允许她一个人单独就坐,虽然坐的不是靠窗的位置。她带着嘲讽心想,他们是不是觉得她携带了炸弹呀。整个情节,她都只用一句很低调的话进行了概括——"他们惹恼了我。"①

回到索尔兹伯里,等待她的可不仅仅是惹恼她那么简单了。她被邀请参观南罗德西亚首相加菲尔德·托德(Garfeild Todd)的办公室,并对他进行采访。虽然有所保留,但她还是答应了。随着采访的进行,莱辛最终意识到,自己在很久以前就被列为禁止入境的移民了。而她在罗德西亚能够入境,完全是加菲尔德·托德个人干预的结果。托德希望莱辛能够从正面描写新的合作伙伴关系,而她则很明确地表示她不会这样

---

① 莱辛:《回家》(*Going Home*),第78页。

做。然后,她后来的行程就都被政府特务监督了。回到英国之后,她去了一趟罗德西亚驻伦敦使馆,证实了她最担心的猜测,一位罗德西亚官员告诉她,她再也不会被允许拜访她的家乡。

接下来的好多年里,多丽丝·莱辛都会在梦里回顾自己被驱逐的场景,梦里的一切都活灵活现的样子。她梦见自己躺在伦敦的床上,却回到了非洲,但是她突然愤怒地意识到,她没有护照。罗德西亚的白人们来到她身边,把她带到边境,逼着她离开。与此同时,罗德西亚的黑人们却看不见莱辛,他们其乐融融地做着自己的事情,对她的困境一无所知。

尽管被驱逐的痛苦与日俱增,但她刚开始的时候,却表现得无所畏惧。她刚从非洲回来,就在《新政治家》上发表文章,谈论自己"被禁止入境"的经历,文章列举了许多令人钦佩的人,说他们都被禁止回国,或者被封锁在某个国家不许离开的例子。尽管她对自己的境况感到伤心,却对自己能加入他们的队伍而感到自豪。

莱辛本人也很善于搞自己的封锁。尽管一些热情洋溢的来信都谈到了迈克尔·约瑟夫的编辑们都非常喜欢保罗·霍加斯的插图,但是,当《回家》准备出版的时候,书里却只用了寥寥几张他的插图,而且被弄成了只有邮票大小的椭圆形,放在某些章节的开头,因此并没有使这些线条流畅、用笔锋利、形象生动的插图用得其所。

"我提醒过多丽丝,我觉得我们的任务是一份共同的事业。但是她言辞温和地拒绝承认自己有过这样的想法,并且告诉我说,她一直就想把这本书写得更像文学作品,而不是新闻作品。而且,正因为是她写的,正因为她和非洲的关系,公众才会对它产生更大的兴趣。因此,我们的付出是不一样的。"霍加斯回忆说。

她对霍加斯解释说,艺术家和作家应该和各自的出版商分开商量各自的安排,尤其是,她觉得自己没有理由因为霍加斯忽视了自身的利益

第二十九章
艰难的合作关系

而改变自己的安排。霍加斯说:"这就好比往伤口上洒了更多的盐",因为人们不会因为插图而去买一本书。霍加斯到现在都不明白,这究竟是怎么回事。"我感觉非常不舒服,觉得自己被利用了。她不想一个人去南非,但是她又不觉得对我和我们之间的合作要承担真正的责任。好长一段时间里,我都觉得非常痛苦。"他自己承认说。

莱辛简单粗暴地解决了两人的争执,她通知霍加斯,如果他对插图的安排不满意,她一点都不介意把书里所有插图都去掉出版。这些插图对她而言可有可无。多年之后,保罗·霍加斯在皇家艺术学院的一次晚宴上碰到了多丽丝·莱辛,皇家艺术学院的成员都是从一大堆各个领域里成就卓著的人里选出来的。莱辛是某人请来的客人。"我在晚宴结束之后走过去说:'多丽丝,多年不见。'她说:'你怎么在这?'然后我说:'我是皇家艺术学院的院士。''哦,天呢!'她吃惊地说道,她好像根本不相信我凭自己的能力可以取得如此大的成就。"

第三十章

火红的夕阳

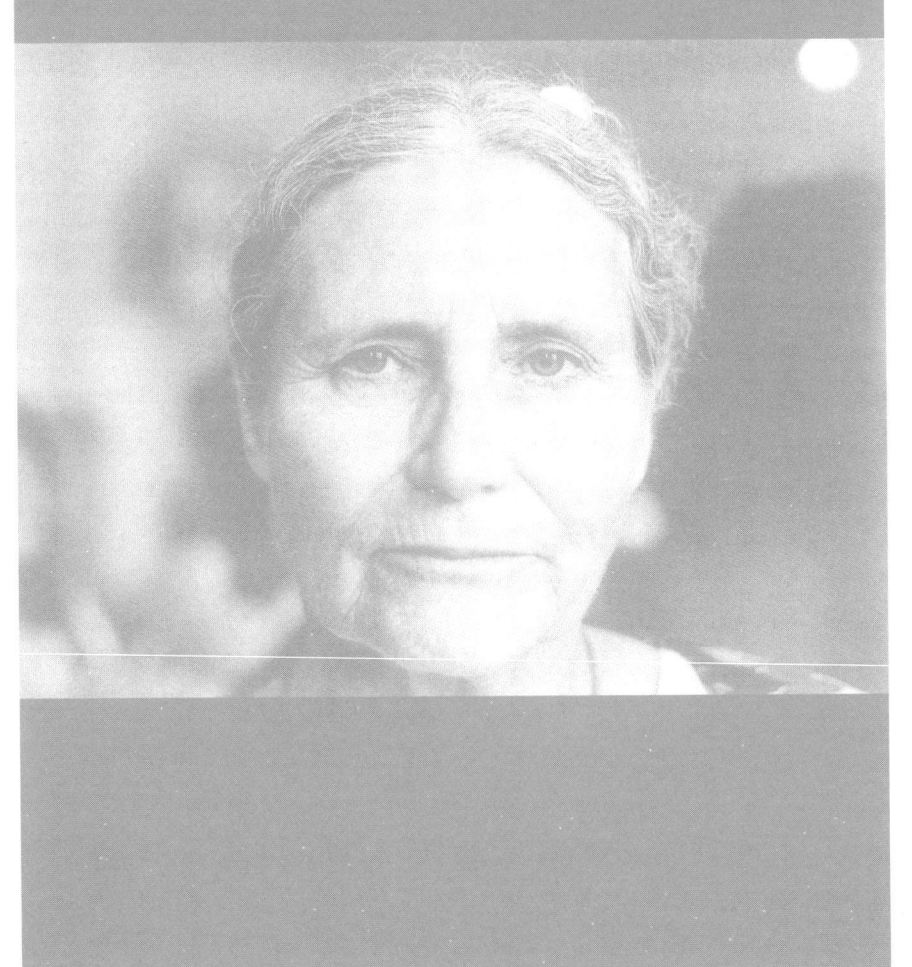

第三十章
火红的夕阳

1957年(即《回家》出版的那一年)有报道说英国共产党召开第25次会议,会议上主要商讨因苏联镇压前一年的匈牙利革命,造成很多党员要愤而退党的事情。党的领导觉得,党员人数下降了百分之二十,从34000人减少到27000人,这根本算不得什么,而党内持不同意见的人却对此严加斥责。《工人日报》上发表了一篇文章,专门抱怨党内损失了起引领作用的知识分子一事,其中就点到了两位人物的大名——多丽丝·莱辛和她的朋友历史学家爱德华·汤普森。

在《金色笔记》里,莱辛描述了退出共产党所经历的痛苦和迷茫,书中的主人公安娜退出共产党,是因为她觉得党已经不再完整。安娜对她的同志杰克说:"格格不入,支离破碎。可以说,这就是共产主义思想的道德层面。突然,你耸耸肩,说因为我们生活中的机制变得复杂了,我们就必须安于现状,甚至不要再想着去把事物当做一个整体来理解?"①安娜曾经希望,加入共产党之后,她那种支离破碎的感觉会得到治愈,而事实恰恰相反,随着时间的推移,这种感觉变得更加严重。

在人生很大一段时间里,莱辛确实在加入共产党以后,觉得自己变得更加完整了。这种感觉如此强烈,以至于在1956年以前,她对那些明显能证明苏联根本没有践行自己的信仰的事实视而不见。"我骗自己

---

① 莱辛:《金色笔记》(*The Golden Notebook*),第360页。

说,苏联发生的一切,和真正的共产主义不是一回事。"她在1985年的一次采访中告诉记者。①

爱德华·汤普森和他的助手,经济学家约翰·萨维尔(John Saville)早在1956年之前,就开始逐渐疏远共产党阵营。他们通过一本名叫《理性主义者》的小小的油印宣传册,将党内和党的运动里那些让他们困惑的问题一一提出。出版了第二期之后,他们接到党内高层的通知,让他们要么放弃这种行动,要么接受党纪的惩罚。他们进行了大量讨论,但是因为匈牙利事件,对于党员应该遵守决定还是违抗决定,最终仅仅变成了一场学术讨论。《理性主义者》最终停刊,并非因为来自党内的压力,而是由于这部小册子对实现他们的目标不再有用了。在汤普森看来,《理性主义者》第三期,也是最后一期的刊印,"穿透了布达佩斯的硝烟",因为党内优秀的知识分子恳求党,"我亲爱的党",去保卫匈牙利的工人阶级。"党的领导人们保持缄默,这真是莫大的耻辱!"②

尽管像莱辛一样的同志非常喜欢汤普森和萨维尔这样的人,但他们却因为抗议而被党内停职,于是,他们借此机会退了党,然后创刊了一本大型的独立杂志,起名为《新理性主义者》。杂志的首刊登载了其创刊思想:"我们无意草率脱离马克思主义和英国的共产主义传统。相反,我们相信,从威廉·莫里森……等这些人物衍生而来的传统,需要被重新发现,需要被重新肯定。"③报纸的报头引用了马克思的一句话:"不改正错误,就是纵容知识分子不道德。"政治家兼科学家拉夫·米利班(Raph Miliband)记得,他是"编辑部里唯一一个非共产党员"。多丽丝·莱辛是《新理性主义者》的编委会成员之一。出于某种原因,多丽丝希望淡化自己的角色,但是她的名字被清清楚楚地印在刊物早期的报头之上。其他

---

① 卢梭访谈:《观察的习惯》(The Habit of Observing),第152页。
②③ 川恩:《英国新左派》(The British New Left),第11页。

第三十章
火红的夕阳

的编委会成员都是早期的成员,而且"事实上他们那时还称自己为共产党员——自由独立的共产党员"。

1956年莱辛给原《理想主义者》写了一封公开信,表明了她对共产主义意识形态一如既往的热爱。尽管她支持爱德华·汤普森的对抗,但是她不赞同汤普森批判共产党员们在苏联迫害面前本该发声却保持沉默一事。"我们相信,共产主义生机勃勃,有着强大的道德力量,最终会取得胜利。"她这样写道,并且补充说,如果这些同志在那个时候发声反对,"他们会被逐出党内",从此脱离"我们信仰并希望成为其一分子的世界运动"[1]。

1958年,《新理性主义者》有了另一些新主力军的加入。牛津大学的本科生在1957年创刊了一本名为《大学与左翼评论》的刊物,该杂志的四位编辑均为牛津毕业生,平均年龄仅为二十四岁。他们有着不同的民族、种族背景,也并非都是党员。相反,《理性主义者》那个团体里的人,按《大学与左翼评论》的一位编辑史都华·霍尔的话来说,都是"彻头彻尾的英国人"。尽管他们之间有着各种差异——《大学与左翼评论》的人都住在伦敦,来自世界各地;而《理性主义者》的编辑们都住在乡下靠近工人阶级省份的地方——双方的编委会还是开始碰面,并商讨让两本类似的杂志共同运行是否有意义。最终,他们决定合并两本杂志,将其命名为《新左派评论》。莱辛又成了这本新杂志的编辑之一。

这群人,加上其他一些和《新左派评论》这个大团体有着联系的人,被认为是策划了新左翼第一次重要运动的人,这次运动使得这个团体掌控了英国共产党。多萝西·汤普森,爱德华·汤普森的遗孀,本人也是一位历史学家,她解释说:

> 50年代和60年代围绕杂志和俱乐部成长起来的新左翼运动,

---

[1] 莱辛:《个人主义崇拜》(*The Cult of the Individual*)。

聚集了一群宗教和哲学信仰各异的人，他们团结在一起，是因为他们相信不结盟欧洲运动会使社会主义政策脱离超级大国的影响和控制。他们不仅不代表某一单一的意识形态立场，也完全不是因为社会主义观点而团结起来的——他们团结在一起，也许仅仅是因为他们对苏联式共产主义，以及西欧，尤其是英国社会民主的幻灭带来的负面影响。①

有好几个同志——考虑到她正逐步退出《新左派评论》，其中可能也包括莱辛——更倾向于过去的《新理性主义者》，而不是重新合并后的《新左派评论》。一位朋友评论说，莱辛减少自己和后一本杂志的联系，可能是因为她觉得自己没有得到相应的重视。她的一位前同事给出了另一种猜测，说那时莱辛正和诗人克里斯托弗·罗格（Christopher Logue）打得火热。罗格退出了编委会之后，断绝了和该杂志的联系，紧接着莱辛也退出了编委会。

不管原因如何，她是《新理性主义者》编委的时候，会定期参加编委会的会议，但是在《新左派评论》这边，她只是偶尔出现在编委会会议上，而且就算是来了，她也几乎从不参与讨论。史都华·霍尔记得自己发现莱辛"盯着我们看着。我忍不住想：'你在看什么呢？你在想什么呢，多丽丝？'她也并不掩饰什么，只不过很明显，她脑子里想的东西根本与我们无关，而是很快会在某个时间发表出来的某个故事"。然而，尽管她在政治策略上无所贡献，霍尔和爱德华·汤普森却一直对莱辛为杂志撰写的文学内容心怀感激。"毕竟，"霍尔提醒大家说，"多丽丝·莱辛的短篇小说有可能出现在任何杂志上，因此，她把自己的作品贡献给我们这本小杂志，本身就是一种高姿态……那就是她的政治姿态。"

---

① 汤普森：《新左翼轨迹》(On the Trail of the New Left)，第94页。

第三十章
火红的夕阳

莱辛这一时期被人们津津乐道的小说之一《斯大林逝世的日子》，就是发表在《新理性主义者》上。斯大林的死被以一种令人吃惊的嘲讽语气写了出来。这篇文章里隐隐透露出来，莱辛对所有政治正确模式显得不屑一顾。

某一天，故事中的叙述者拜访一位名叫吉恩的同志，这位同志批评叙述者在最近一次共产党会议上发言，说苏联可能一直在做一些"见不得人的勾当"。两位朋友就资产阶级压力带来的影响争执不休，叙述者表明立场说，不管这种想法是不是难以让人接受，资本主义观念有时的确是正确的。后来叙述者看到报纸上大幅标题写着，斯大林即将离世，而这个消息没有在她的心里激起什么波澜，甚至都不影响她怎么度过那个下午。

吉恩感觉则完全不一样。她给叙述者打电话的时候，哭得歇斯底里，并坚持认为斯大林一定是被人暗杀的。叙述者反驳说，斯大林都七十多岁了，他的死很可能是自然的结果。吉恩根本听不进去。她那颗共产主义者的心一心一意地认为，她的领袖被资本主义者暗杀了。莱辛描述说，故事的叙述者拿她焦虑不安的朋友取乐，假装同意朋友的说法，认为她们要加倍努力，才能成为刚刚去世的领导人所期望的那种优秀的共产主义者。这样的描写，流露出莱辛对天真幼稚的意识形态崇拜嗤之以鼻的态度。

"我们要确保我们自己成为对得起他的人。"吉恩说。

"是的。"我说："我觉得我们会的。"①

史都华·霍尔，《新左派评论》第一位也是工作时间最长的一位编委解释说，这本杂志"想要探询战后文化的意义。我们在艺术、建筑还有电影方面付出了同等的努力。但是，当时的环境更注重诗歌和好的文学作

---

① 莱辛：《故事集》(*Stories*)，第 86 页。

品"。50年代,资本主义的新发展接踵而来,电视和大众消费主义起着引领作用。经济分界变得模糊,工人阶级也开始购买电视机,他们去刚开张的一些大型超市里购物,除了买些主食,他们也会买一大堆奢侈品。他们毫不知情地卷入了跨阶级的体验,他们的梦想和期望是成为新中产阶级。那么,旧的工人阶级文化到哪里去了?这种无阶级区分的感觉,会将人们带向何方?

这本杂志提出了一些关乎人们个人生活、人们的生活方式、文化以及其他一些非左翼政治主张的问题。《新左派评论》的作家们想要探讨一些矛盾的现象——在新型的资本主义社会里,人们无法用语言来表达他们的个人问题,却又意识不到,这些问题其实都反映出社会政治问题。

新左翼俱乐部有着非常强烈的使命感和热情。在伦敦和整个英国,身份各异却志趣相投的人们相聚在新左翼俱乐部,他们中有共产党党员,有来自电影界的人,有来自音乐界的人,还有来自各个大学的人。

《新左派评论》的一群人经常在一个固定的地方聚会,这个地方是乔恩·罗德尔的儿子欧内斯特为了方便他们的使用而改装的。欧内斯特很小的时候,就是一个技术高超的木匠了。这个位于牛津街100号的俱乐部,是当年激动人心的新爵士乐运动的中心。人们可以在这里喝点饮料,听听音乐,谈谈话,兴奋地参与大家一致认为非常轻松随意的场合。多丽丝·莱辛总会出现。尽管她还是听得多、说得少,但她仍然很享受处在激进政治中心的感觉。

《党派观念》的作者威廉·菲利普斯(William Philips),自认是个(不很传统的)共产党员,之所以被莱辛深深倾倒,就是因为,莱辛虽然退党了,却仍然保持着激进的思想。当他们在20世纪50年代第一次见面时,他注意到她:"她激进的观点,让她更像一个来自工人阶级的作家,……她的观点异乎寻常地立场分明、不容质疑。很奇怪,一个像她这

第三十章
火红的夕阳

样聪明独立的作家,却对左翼思想如此死心塌地。"①

他们刚开始成为朋友的时候,那时莱辛还没有去过美国,菲利普斯经常被莱辛的反美思想弄得大为光火。他回忆说,有一次,他们"大吵了一架……因为麦卡锡主义,……她坚持认为谁都逃不脱那场政治清洗,美国的知识自由和学术自由已经被完全封闭。她把美国看成了斯大林统治下的苏联。"②

麦卡锡主义确实是莱辛批评美国的主要关注点。1964年,她第一次去美国的时候,对一位采访人员发表了一番长篇大论:"美国的某些部门好像整个被催眠了,他们只宣传他们想听的东西……难道,美国不就是因为疯狂地担心共产主义而显得弱爆了吗?"③虽然菲利普斯也和多丽丝·莱辛一样谴责美国"众议院非美国活动委员会"的行为,但是他还是试图告诉她,不可否认,美国是有很多的不足,但是她对美国的谴责也确实有失偏颇。但是,他和很多其他想要改变莱辛想法的人一样,"我最终放弃了,觉得根本没有办法说服她"④。

菲利普斯认为,莱辛的革命派政治观点成了她向别人展现她"个人纯洁"的一种方式。有一天晚上,菲利普斯带着莱辛和阿兰·西里托夫妇(Alan Sillitoe)去美国大使馆参加玛丽·麦卡锡的欢迎会,现场目睹了莱辛的这种态度。"从一开始,多丽丝就掩饰不住对这件事的政治敌意和不屑一顾。"菲利普回忆说,尽管他承认这场聚会的确"有点无聊,有点浮华"。大家排着长队,去迎接麦卡锡和美国大使大卫·布鲁斯(David Bruce)。这种"几近皇家礼遇"的场景,对玛丽·麦卡锡这种多愁善感的人来说,简直是受宠若惊。

"但是麦卡锡大方地接受了所有的繁文缛节,而多丽丝·莱辛,我个人认为她有点反应过度,开始散布反对整个资本主义,尤其是反对美帝

---

① ② ④ 菲利普斯:《党派观念》(*A Partisan View*),第206页。
③ 纽奎斯特:《像人一样说话》(*Talking as a Person*),第9页。

国资本主义的言论。而当多丽丝正在代表不明真相的群众发表关于阶级斗争的猛烈抨击时,玛丽·麦卡锡作为大使馆的形象代表,正面带僵硬的笑容欢迎她的客人们,这些客人大多是自由派或者左派的英国作家,而麦卡锡想通过这种方式表明,在某些社会场合下,优雅的风度比有着正确的政治观念要重要得多。"

  菲利普斯还感觉——他做出这样一番评价,其实暗示他对麦卡锡和莱辛二人进行了一番比较——"莱辛的政治信仰和个人风格之下,是一种强大文学动力,或者我该说,是巨大的野心。""有一次,"他解释说,"我问了一个有点愚蠢的问题……问她最想干的事情是什么。我心里想的是,她可能会说自己要写出什么样的书来,或者要过什么样的生活。"而她的回答大大出乎他的意料,因为答案跟社会或者艺术目标完全没有任何关系,"她说她想征服英国,而且她已经达成了自己的目标"[1]。

---

[1] 菲利普斯:《党派观念》(*A Partisan View*),第 206—207 页。

第三十一章
芝加哥蓝调

"今天莫莉跑过来说,镇上有个美国人在找房子。"莱辛在《金色笔记》里写道。① 然后安娜·沃尔夫和索尔·格林(Saul Green)事关重大的结合就这样开始了。他们会相爱,但是在最终帮助彼此克服那些影响他们创造力和情感平衡的障碍之前,他们都害怕自己会陷入癫狂。

　　"我还记得每次听到多丽丝介绍克兰西说,这是'我的房客'的时候,心里暗自觉得好笑。"莱辛以前的一位朋友回忆起索尔·格林的原型克兰西时这样说道,他认为,这个男人(这和莱辛自己的看法相左)就是莱辛一生的挚爱。

　　克兰西·西格尔是一位满怀抱负的作家,出身于芝加哥的一个工人阶级家庭。据他本人回忆,他 1957 年来到莱辛的门口,想要找个住处。他想要找的地方,既要能让他逃离复杂的生活,又要让他能够保持复杂的生活。共产主义就好比他的母乳,他的生身母亲当时在纠察队太忙了,忘了给他喂奶了。克兰西的母亲吉妮·西格尔(Jennie Sigal)和他的父亲都是工厂的工人,也是工会的组织者,他们给自己的儿子灌输的是政治对抗的热情。在西格尔的小说《密叛者》(1992 年出版)里——很多人认为这是他从自己的角度写出的和多丽丝·莱辛比肩的匿名纪实小说——他对以他本人为原型的角色进行了讽刺揶揄。加斯·布莱克把

---

① 莱辛:《金色笔记》(*The Golden Notebook*),第 543 页。

第三十一章
芝加哥蓝调

自己描述成一个"只要给出相应的提示,他的灵感——列宁称之为'火花'——就会迸发最亮光彩的人。全世界无产者联合起来。禁止炸弹。解放卢森堡。不为石油流血。"加斯心怀"一个没有得到满足的渴望——上前线,任何人的前线"①。

少年时期,西格尔不发传单的时候,或者不跟街头混混们玩耍的时候,他就会去读詹姆士·T·法瑞尔(James T. Farrel),汤姆斯·沃尔夫(Thomas Wolfe),欧内斯特·海明威,以及理查德·莱特(Richard Wright)这些人的作品,然后,他除了想要拯救世界的梦想之外,就又多了一个想成为作家的梦想。二战参军服役后,他通过努力,考上了加州大学的韦斯特伍德分校。他有三个很著名的同学,哈里·罗宾斯·霍尔德曼(H. R. Haldeman),后来成为了尼克松总统的总参谋长;霍尔德曼的门生约翰·D·欧里奇曼(John D. Erlichman);以及亚历山大·巴特菲尔德(Alexander Butterfield),后来成为了空军司令和尼克松的个人助理。水门事件中,西格尔作为记者采访了这三个人物。而在上大学期间,他们这三位的生活经历,跟西格尔本人的比起来,真可谓是大相径庭。

西格尔在大学时期的个人形象——这个是有真实的家庭传统可循的——是一个煽动者。他是大学报纸的执行编辑,后来被对他的共产主义思想心怀不满的学生们"轰下了台"。他的"红色"政治倾向,也让研究生院学生处的处长将他列入了黑名单。他还因为写了一篇专栏文章,就被同学痛揍了一顿。这篇文章描述了在加州一个阳光明媚的下午,校园四合院的院子里晒太阳的学生们整齐地站成两列,一边站的是基督徒们,另一边站的是犹太人。西格尔认为,他所揭露的事情,在校园里其实已经是大家已经见怪不怪的事情,他只不过是把事情挑明了罢了:"人人都知道怎么回事,只不过不想谈论而已。"②

---

① 西格尔:《密叛者》(*The Secret Defector*),《序言》,第 7 页。
② 西格尔:《水门人物》(*The Boys of Watergate*)。

"我觉得多丽丝是真的喜欢他这种直率莽撞的性格,以及他摆出的那副傲慢的硬汉形象。"莱辛在《新理性主义者》的同事,社会科学家拉夫·米利班德回忆说。"他太符合英国人心目中的美国人形象了,完全是流行电影里刻画的那副样子,张扬性感,坚韧不拔,傲视一切。"莱辛的另一位同事回忆说。

莱辛自己在描写安娜·沃尔夫第一次见到索尔·格林时也提到了美国电影。"他站在那里,一副心闲气定的样子,两个大拇指扣在腰带上,手指松松地耷拉着,似乎有意无意地对着他的私处。每当我在电影里看到这个姿势,总是觉得有点好笑,因为这个姿势总是配着一张朝气蓬勃、涉世未深而又满心孩子气的美国脸孔。满脸稚气又毫不设防的脸孔,却搭配着一副很男子气概的姿势。"①

50年代早期,西格尔一边写作,一边做各种工作来养活自己。他当过出租车司机,也焊过车床。后来,他和好莱坞人才经纪机构挂上了钩,成了一名经纪人。当时正处在麦卡锡时代,好莱坞因为害怕别人来清点共产主义者,他们就自己主动清理了共产主义者。尽管西格尔已经退了党,但是他的政治观点仍然非常理想主义,而且有着强烈的社会主义倾向。满心欢喜兜售了一段时间所谓人才之后,他觉得自己在让他感觉日渐耻辱和恐惧的环境中变得难以呼吸。有一段日子,他几近崩溃。他突然觉得,自己需要离开这个和内心世界没有什么关系的地方。他辞了工作,但是因为还想写作,他申请了波士顿霍顿·米夫林出版公司的奖金。令他没有想到的是,他居然真的获得了该项资助。他决定用这笔钱去欧洲写小说。

西格尔开着一辆连漆都没有了的庞蒂克轿车,踏出了他东行的第一步。他为这次旅行写了一本名为《告别之旅——报道兼自传》(*Going Away: A Report, A Memoir*)。这本书,如果不看标题和书里的自传部

---

① 莱辛:《金色笔记》(*The Golden Notebook*),第553页。

第三十一章
芝加哥蓝调

分,其实是一部小说,是他专门为了那笔奖金而写的小说。竞争这笔资助的时间比他料想的时间要拖得长了一点。书里讲述了一个男子,开着车进行跨国旅游,一路不断追溯往事的故事。途中,他不断停下来,去拜访以前的朋友或同事,工会里的朋友、同事;军队里的战友、朋友;西格尔在家乡芝加哥的朋友、同事。这个故事流露出了感觉幻灭的思想,因为他看到自己以前的同志,个个都变得墨守成规,没有了政治信仰。有时,和他们见面并不让他期待,而是变得令人尴尬。当他说声告别,返回他的庞蒂克继续前行,双方都会长叹一口气,觉得如释重负。

这是一个很经典的自我放逐的故事,书里生动地描述了作者热爱、却无法继续在此生活下去的美国。小说结尾,主人公上了一艘轮船,载着他要成为作家的梦想,驶向了巴黎。为什么是巴黎呢?因为他小说里的两个芝加哥文学人物,尼尔森·阿尔格林(Nelson Algren)和理查德·莱特(Richard Wright)就刚刚去了巴黎。而且在 20 世纪 20 年代,很多的作家都去了那个地方。而西格尔读过的很多作品,以及他脑海里的很多想法,都集中来自 20 年代的那些作家。

出版于 1962 年的《离别之旅》这部小说,不仅展现了 20 世纪中叶人们生活的困境,还展现了这位雄心勃勃的作家本身长久以来让他备受折磨的苍茫感。看着自己乘坐的船行驶出纽约港口,叙述者说道:"我在阴暗的雨中倚在缆绳上……想着自己要写却又不想写的书。我授命写一本书,去谈谈我对我本人以及我所生长的这个世界所有的了解。我怎敢如此大胆去写一本书……我一定是疯了。"①

尽管西格尔非常想成为党派文学的一分子,1957 年的时候,他的小说还是没法顺利进行下去。迫于无奈,他决定变换一下生活场所,希望能够匀出更多的精力来写作。他想去伦敦找《个人日报》的一位编辑,请

---

① 西格尔:《离别之旅》(*Going Away*),第 503 页。

他帮忙看看,能不能给他找个住的地方。

莱辛回忆说,有个"同志"打电话给她谈到了西格尔。这个同志自然就是西格尔第一个打电话过去的乔恩·罗德克。罗德克告诉他说:"伙计,不是我,是我的一个朋友,多丽丝·莱辛,她一直在出租房间。"西格尔知道莱辛是一位作家,但是不知道她都写了些什么。当他第一次敲开莱辛的门时,莱辛告诉他说,他肯定不会喜欢那个房间,因为那个房间对一个美国人来说不够奢华。当西格尔得知那间房子只要两英镑一周的时候,他回答说他马上就搬进去。用他的话来说,于是,"我租了那间房子,一切就这么开始了"。

克兰西·西格尔比多丽丝小六岁,即1957年的时候,西格尔三十一岁,而多丽丝三十七岁。不过,"我在政治上比她成熟。……所以我们有很多共同话题"。他们很快成了情人。拉夫·米利班德称赞这场情事"持久而曲折"。西格尔自己回忆说,他们之间的状态就是"爱情与战争"。

很多人都对克兰西·西格尔的鲁莽妄为印象深刻。有人回忆起西格尔是怎么挤进新左派圈子的,"别人都是在那里等着有人来提问,克兰西则直接冲进《新左派评论》的办公室,然后简单地说了一句'我来了'。就好像我们都在等他一样"。

而莱辛不觉得他这种方式让人反感。事实上,他符合她心中"真汉子"的形象,虽然她对大男子主义也有颇多不满。在好莱坞的时候,西格尔干的活,就是为手头那些小明星打造一副更加魅力四射的形象。他在帮助女人展现最漂亮的脸蛋和最曼妙的身材方面,既有着发自内心的兴趣,又有着过人的天赋。他说,他觉得多丽丝·莱辛"需要好好装扮一番,因为50年代那个时候,英国女人都很不会打扮。而我又没法容忍这个。过了一段时间之后,她自己也忍不下去了,再也不说什么'你为什么要把你的那些男性意志强加在我身上?'而是说:'求求你,我的天呢,陪

第三十一章
芝加哥蓝调

我一起去逛街呗。'……真是太有意思了。"

如果换做另一个男人,莱辛这个人可能没有那么好脾气,去听他对自己化妆、发型和着装方面的建议了。她和左翼人士渐行渐远的一个主要的原因,就是他们对待女性的态度很不友好,尤其是其中年龄较大的那几个。她经常对西格尔言辞锋利地抱怨说,一群柏林墙一样的左派老男人经常无情地打压她。西格尔回忆说,她严厉地斥责:"'这些男人要把我逼疯了,他们根本不把我当作家看。'我觉得这件事对她伤害最大,她还常说:'他们看我是个女人,就来撕扯我。'"

而相反,西格尔对莱辛和所有的女性都很尊重。拉夫·米利班德记得,西格尔哪怕是对着最漂亮的女人,也是先把她当做一个平等的人来看待。"他跟女人说话的时候,从来不会居高临下。但是另一方面,"米利班德补充说,"他又非常喜欢滥交。"结果是,西格尔和莱辛之间因为争风吃醋的事经常打架,有的时候还会把身边的人卷进去。作家安·爱德华兹就是个例子,她曾经是西格尔在好莱坞时期的好朋友。她在西格尔搬到伦敦一年之后,也来到了这里,不过她没有花西格尔那么长的时间,就很快在这个寄居城市站稳了脚跟。爱德华兹很快在电影和电视界找到了一份工作,很快搬进了一套比莱辛的公寓大得多的房子。她的家,几乎成了西格尔的避难所。

"克兰西每次和多丽丝吵过架以后,就会来我这里,有时深更半夜也会来。他突然出现,佣人只好给他腾出房子来。"她回忆说。爱德华兹和西格尔年纪相仿,长得也相当迷人。西格尔告诉爱德华兹说,莱辛确定,他俩之间一定有奸情。爱德华兹怀疑,莱辛会做出一些"非常幼稚、愚蠢的事情来,比如半夜三更打电话过来,我接起来以后,她又一声不吭。"

让爱德华兹既感觉屈辱,又觉得愤怒的是,西格尔告诉她说,莱辛把她化成了某个角色,写进了《金色笔记》里。可以猜得出来,这个角色就是那个爱插足别人的简·邦德。不过,与其说西格尔后悔这样利用了朋友,不如说他更加嫉妒莱辛拿起笔来,想写什么就能写得出来的能力。他正在经历作家文思枯竭的痛苦,而莱辛虽然也说自己有同样的烦恼,但是打字机却总噼里啪啦地每天打出好几页纸出来。

"她干起活来不要命,"西格尔这样评价莱辛,"在旧斯大林时代,他们肯定会称她为采煤英雄斯达汉诺夫。她要是下矿井,挖出的煤必定比任何人都多。……她的创造力简直汹涌澎湃、包罗万象。"

1992年,西格尔在的《纽约时报书评》的一篇文章中描述说,因为莱辛当时正在写西格尔以及男女关系的话题,他们之间陷入了一场怪异的游戏。莱辛会把《金色笔记》里刚写出来的几页小说放到公寓里西格尔看得见的地方,要是他不喜欢他读到的关于他本人或者他们之间的关系的内容,他就会在日记中标识出来他觉得应该订正的地方。

同时,莱辛也会定期查看西格尔的日记。西格尔很清楚莱辛的一举一动,不仅是因为他在《金色笔记》散落的手稿里看到了自己的一些言辞和思想,还因为他为自己的情人兼同谋设置了一些陷阱。他模仿电影《间谍战》(*The House on 92nd Street*)里的情节,在他放日记的抽屉上绑了一条黑线。如果哪天黑线断了,就说明多丽丝读了他的日记。这一点屡试不爽。但是他俩谁都没有点破彼此之间的秘密。

西格尔知道,别人会觉得他们这种做法很愚蠢,但是他的出发点,是想让莱辛了解他本人是如何看待他们进退两难的爱情的。他认为,如果莱辛多了解他一点,他们之间的紧张气氛就会得到一些缓解。他们之间的爱情困境,主要是因为西格尔无法突破自己的创作低潮。这就难怪,当他发现莱辛的《金色笔记》很快就要收尾了的时候,他终于怒气冲冲地爆发了。

他警告她不要再写自己了,并说她没有权利把他们之间的亲密关系写成一段故事。"哦? 我不能写?"她朝他吼了回去:"'为什么不能写? 我就是干这个的,不对吗?'"①她的话触动了他,是的,他们不就是因为这

---

① 西格尔:《"你不能这么干",我喊道》('You Can't Do It.' I Shouted)。

第三十一章
芝加哥蓝调

个才走到一起的吗?他们不是说好要同舟共济的吗?他觉得自己不能出尔反尔,抛却他们之间的君子协定。

莱辛对一小股像西格尔(还有别的人)一样被自己写进了小说却对此一无所知的人表现出了更多的同情。她的儿子彼得被误以为是《金色笔记》里莫莉因自杀未遂而失明的儿子汤姆的原型。彼得非常害怕自己和莱辛笔下的角色扯上什么关系,以至于他拒绝了莱辛想要在后来的小说《壅域之城》里给他写献词的提议。莱辛了解彼得的想法之后,立刻采取行动,告诉出版商,说小说里不能出现任何献词。

西格尔和莱辛因为写作有时候可能会互相掐架,但是他俩还是有一个共同点的——他们都和自己的母亲关系恶劣。1957年,莱辛的母亲去世之后,莱辛遭遇了巨大的心理压力,西格尔曾经在这一段时间里向莱辛伸出了援助之手。莫德七十三岁的时候,还非常身强力壮,但是她突然中风,并且很快就过世了。莱辛觉得,如果她母亲但凡觉得自己还有点用的话,一定能够再多活几年的。西格尔非常理解莱辛的想法,因为他自己和母亲之间的关系也很复杂。他向莱辛推荐了由贝西·史密斯(Bessie Simth)和比利·霍里德(Billie Holiday)这样的艺术家演唱的蓝调音乐来衬托她的悲伤。

莱辛在《行走在阴影之下》里写道,如今她根本不能听这样的音乐,因为它们表达的是失去与痛苦,因为它们让她回忆起已经逝去的痛苦。但是她也认为,尽管她对莫德的逝世深表遗憾,但是她们之间的境况却是无法避免的。假如一切重来,身为女儿,她还是不能接受坚韧严厉却不善解人意的莫德。"既然如此,悲痛又如何?痛苦又如何?遗憾又如何?悔恨又如何?"①不管在她果断坚决、淡漠超然的理性下有多少剪不清理还乱的遗憾,她唯一能做的,就是继续前行。

---

① 莱辛:《行走在阴影之下》(*Walking in the Shade*),第 224 页。

第三十二章
逆难而上

第三十二章
逆难而上

落在广岛的原子弹结束了第二次世界大战,却让人们的战后生活蒙上了恐惧的阴影。随着核武器在全世界扩散,核试验污染了空气,癌症、白血病和可怕的基因突变成为人类潜在的威胁。梅维恩·琼斯(Mervyn Jones)对这种可怕的现状表达了强烈的讽刺。"特别令人倒胃口的是,为了检验一些在理论上根本不会去使用的武器的功能,就去让人们在和平时期遭受痛苦、经历早亡。"①

尽管人们巧舌如簧地说着要和平使用原子能,但是冷战氛围却在全世界横行肆虐。同时,发展洲际导弹的宣言也让大规模毁灭成为可能,让人惊心动魄。各种组织团体都站起来反对国防试验。不过,有一个事实变得越来越明朗,那就是,如果要恢复人类的道德平衡,就必须销毁这些武器本身。

1958年,为了抵制核武器无序发展的乱象,核裁军运动成立。人们希望,挑战带来的急迫感能让各个不同的阶层和各种不同政治信仰的人们团结起来。而事实上,在核裁军运动组织存在的几年里,它的主要成员都是中产阶级,而其中的普通成员都是严重偏向左派的人士。

核裁军运动组织成立初期,就有许多演员和作家都加入这个组织。阿兰·贝茨(Alan Bates)、彼得·奥图尔(Peter O'Toole)、尼克·威廉姆

---

① 琼斯:《机遇》(*Chances*),第143页。

逊(Nicol Williamson)、梵尼沙·瑞德古雷夫(Vanessa Redgrave)等一些人,加上多丽丝·莱辛、阿诺德·威斯克、罗伯特·博尔特(Robert Bolt)、约翰·奥斯本以及其他一些新左派成员。圣保罗大教堂的教士约翰·柯林斯(John Collins)被选为运动委员会的主席,而伯特兰·罗素则被选为整个组织的首脑。当时已年届85岁高龄的罗素,把维护人类和平,将人类从核武器浩劫中拯救出来,当做自己余生最大的使命。

该运动以单边裁军为主要目标,因此认为,如果英国能够单方面放弃核武器竞争,并鼓励美国也采取同样的行动,其他国家就会争相效仿。核裁军运动希望政府和公众都转而支持自己的设想。他们在《新政治家》等周刊杂志上刊登了一篇小广告,召集第一次会议。

会议预订了两千多座的大礼堂,委任会当天晚上,负责召开会议的人本来以为,就算是大礼堂空空如也,那也没有什么好大惊小怪的。可出人意料的是,那天晚上来了五千多人,最后只好找大楼里的其他会议室召开临时会议,来分流蜂拥而至的人群。而且,就在柯林斯教士正要宣布当晚会议结束的时候,大厅里突然自发响起了"向唐宁街前进"的口号。大批的人群密集在唐宁街10号的首相官邸门前,警察只好动用武力冲散人群,并将许多人抓捕入狱,其中就有梅维恩·琼斯。

会议的主要成果,就是通过了一个决议,决定在复活节那个周末,从伦敦游行四天,前往奥尔帝马斯顿。奥尔帝马斯顿是原子武器研究机构所在地(后来的复活节徒步会重复这段路程)。事实上,这次游行是另一个组织——反对核武器直接行动委员会——策划的。这个委员会决定进行这次距离非常遥远的游行。大多数抗议游行通常是从大理石拱门到特拉法尔加广场,而不是这种长达四十五英里的游行。又一次,没有人能够估计得出,到底有多少勇敢的人会参加这场英雄壮举。报纸上说,一共有四千人出现在特拉法尔加广场等待出发,但是实际只有几百个人真正踏上了这次前往奥尔帝马斯顿的游行。

第三十二章
逆难而上

从出发伊始,就不断有人退出游行,有人加入游行,有人重新回到队伍。至于最后到达奥尔帝马斯顿的人到底有多少,人们有着不同的说法。现代人们猜测,当时只有790人到达终点,而阿诺德·威斯克却说,有四千名游行者到达了终点,这跟当时报纸估计的出发前的人数一致。

游行当日,即耶稣受难日当天,天气非常糟糕,天上下着雨,还有一场不合季节的暴风雪,但是这些并没有阻挡多丽丝·莱辛参加游行的脚步。事实上,根据克兰西·西格尔在《密叛者》中对这件事情的描述,大自然的阻碍更加激励了以莱辛为原型的角色罗斯·奥玛雷去参与行动。

"'你不懂我们英国的左派,亲爱的。'她一边穿雨靴,一边严肃地小声嘀咕着,'我们人人都是清教圆颅党。我们面对困难会积极迎上去。'"①

西格尔在书中写道,因为罗斯是个成功的作家,她和其他来自艺术界、政府部门和宗教部门的名人走在前排。

小说中,加思(西格尔的角色设定)和罗斯的儿子阿莱共用一件雨衣,走在队伍的最后面。他们之间已经结成了亲密的关系,就如现实生活中的克兰西·西格尔和彼得·莱辛一样,而且他们彼此相处得非常愉快,因为加思觉得自己在年龄上和阿莱而不是阿莱的妈妈更为接近。

在真正的游行中,莱辛和克里斯托弗·罗格还有梅维恩·琼斯走在一起,和肯尼斯·泰兰也一起走过一小段。泰兰是坐出租车赶到奥尔帝马斯顿的,赶上了游行的尾声。卡斯琳·泰兰(Kathleen Tynan)回忆说,这种情况有点戏剧化,而她丈夫对这种效果心里很矛盾。"他嘴里说着'大家好!大家好!大家好!'"加入了罗格和莱辛的野餐。② 泰兰曾出现在特拉法尔加广场,但是,他和大多数人一样,选择脱离游行,一直到最后才出现。他们来参加了游行的高潮部分——一场临时的户外派对。

---

① 西格尔:《密叛者》(*The Secret Defector*),第49页。
② 卡斯琳·泰兰:《肯尼斯·泰兰的人生》(*The Life of Kenneth Tynan*),第194页。

很多人,比如多丽丝·莱辛一直走到了研究中心附近。一些参与者从一路携带在身边的旅行餐盒里拿出一些设备,还有其他参与者从家里带了些食物和酒,以备路上补充能量和最后庆祝游行结束之用。

"'很快',梅维恩·琼斯写道,'禁止核炸弹'不可避免地成了最活跃的中心话题。……政治行家们也带着满怀惊奇承认,以前从来没有见识过类似这样的运动。这场运动是一场道德探索,是一个充满希望、令人激动的事件,是一种社会现象,也是一股知识界的潮流。"①

核武器裁军运动后来成了许多次游行的推动者,这些游行每次都有一些诗歌朗诵、爵士乐或者摇滚乐表演。在1959年有一次长达一周的全国游行,在这次游行里,约翰·奥斯本和她的妻子,演员玛丽·乌尔(Mary Ure),还有其他一些剧作家,比如康斯坦斯·康明斯,都在多丽丝的带领下,用绳子挂上一块宣传牌吊在脖子上,走过唐宁街、国防部、一座英国喷火式战斗机战役纪念碑。而在圣保罗大教堂里,柯林斯教士正在口若悬河地做着反对原子弹的布道演讲。

很显然,莱辛在考虑游行着装的时候,一心想要展示她漂亮的大腿,这样的虚荣心让她放弃了保持腿脚舒适的想法。据报纸上报道:"当柯林斯教士倾身向前,靠近他的教民说着:'在英国和美国,到处充斥着连珠炮似的谎言,遮遮掩掩的谎话,或者说遮遮掩掩的真话,蒙蔽真相的遁词……'时,小说家多丽丝·莱辛正颤巍巍地抖动着宣传牌下边的高跟鞋,大声嚷嚷着:'啊!我的脚!'"②

1959年一个对直接抗议更感兴趣的新团体"百人委员会"成立。"百人委员会"由伯特兰·罗素领导,拥护大规模非暴力抵抗运动。莱辛也是该团体的成员。这个团体希望能有一大群民众——理想的话大约两

---

① 琼斯:《机遇》(Chances),第149页。
② 威利:《加油,康明斯小姐》("Move Along, Miss Cumming"),载《每日邮报》(Daily Mail)1959年9月14日。

第三十二章
逆难而上

千人左右——参与在公共场合,比如特拉法尔加广场的静坐行动。《曼彻斯特卫报》对该团体的第一次会议进行了报道。"与会人员都是应罗素爵士之邀,前来参与成立一个支持非暴力抵抗运动委员会的。"报道中将多丽丝·莱辛列为参与商讨如何采取进一步行动的人物之一。会上,有些成员倾向于暴力占领政府办公场所;有些人则认为促成召开议会这样的政治事件更好;还有的人则赞成中断BBC的广播节目,并通过私人频道成立他们自己的广播站。尽管会议上各种意见莫衷一是,他们还是筹到了相当多的活动经费。① 并且,这个团体通过各种游行和公共会议,既吸引了草根支持者的参与,也引起权威部门的关注。

就在他们准备在1961年9月17日(星期六)到特拉法尔加广场去举行一场盛大游行的前几天,委员会遭到了强力打压。接下来的星期二那天,二十九名成员因参与策划该次抗议行动被指控"煽动骚乱"。不过,尽管这些被告都被宣判有罪,并且被逮捕入狱(作为现场参与者,多丽丝·莱辛对此有不同的描述),游行还是按照原计划进行,而且审判现场也变成了反对核武器运动的论坛。被告中最杰出的代表伯特兰·罗素,居然沉着冷静地宣读了用整整一页纸打印的目标宣言。"我们身在此处,正在受到指控的各位,时刻准备着去遭受牢狱之苦,因为我们相信,这是拯救我们的国家和全世界最为有效的方式。……只要一息尚存,我们就不会停止用一己之力,去改变人类迄今为止面临的最大的灾难。"②他的宣言一读完,法庭上立刻爆发出热烈的掌声,而恼羞成怒的引座员则只得奋力维持秩序。

在《行走在阴影之下》里,参加过特拉法尔加广场游行的多丽丝·莱

---

① 《罗素爵士辞去和裁军运动首脑一职》("Lord Russell Resigns CND Presidency"),载《曼彻斯特卫报》(*Manchester Guardian*)1961年10月25日。
② 《32名反对核武器支持者被捕》("Prison for 32 Anti-Nulcear supporters"),载《泰晤士报》(*The Times*)1961年9月13日。

辛,将这次活动的时间提前了一年,并且说她在那里见到了罗素。尽管罗素以前确实参加过类似的活动,但是这次他确实是在布里克斯顿监狱,和罗素夫人一起被监禁了一周的时间。因为年龄较大又加上身体虚弱,这对夫妻的监禁相对比较松散。而其他的人(包括罗伯特·博尔特,克里斯托弗·罗格和阿诺德·威斯克)则被判了一个月的监禁,大部分时期被羁押在德雷克大厅。威斯克回忆说,他在监禁时期读了好多书,这些书都是一个对他们深表同情的狱卒转给他的。监狱允许他们在大楼内活动,于是有天晚上,克里斯托弗·罗格突然跳到餐厅的桌子上,大声宣告说自己是诗人,并打算晚上在监狱图书馆给大家读自己写的诗。威斯克回忆说,当晚图书馆人员爆满。

威斯克在为期一个月的牢狱生涯结束之后,就退出了"百人委员会"。他认为非暴力抵抗这种做法,在每采取一次行动时,就需要号召新的成员加入。他说,如果每次都是同样的人入狱,他们的监禁时间就会不断延长,这样就会减少参与每次具体行动的抗议者人数。①

运动组织里渐渐有了摩擦。核战争毕竟还没有爆发,慢慢地,人们觉察不到什么迫在眉睫的危险了。同时,核裁军运动这个大组织内部也逐渐分化,以柯林斯教士为代表的那一支,仍然是裁军运动的坚挺力量。而伯兰特·罗素领导的"百人委员会",则坚持践行非暴力抵抗运动。裁军运动里的许多成员,比如梅维尔·琼斯和史都华·霍尔都想尽量避免这种让追随者不得不在二者之中做出选择的局势。年轻人喜欢直接行动,而大多数参与者则不愿意这样做,如果非得要他们在两个分支里选择一个,他们可能会直接完全退出这个组织了事。

"我们需要两个翅膀,我们需要双方的策略。"史都华·霍尔说。很明显,罗素是事关局势发展的关键人物,因为他所具备的世界影响力,只

---

① 威斯克:《尽我之勇气》(*As much as I Dare*),第508—510页。

第三十二章
逆难而上

要他站在那里,就会左右局势的发展。而柯林斯则有能力和教堂建立很好的关系,而且他在非洲和印度都做出了重要贡献,深受那些地区的人们爱戴。因而,这两位明智勇敢、堪当大任的人,不要在公众面前彼此诋毁,就变得非常关键。

一场人人发表观点的热烈会议之后,多丽丝·莱辛被推举去接近罗素,并劝服他做出跟柯林斯和解的明智之举。然而,她的努力毫无成果。罗素丝毫不愿放松自己的斗志。很快,据拉夫·米利班德回忆,莱辛"受够了这种表演式的行动",退出了这两个组织。奥尔帝马斯顿游行的规模变得越来越小。1963年,伯特兰·罗素辞职,不管曾经有过什么样的决心和目标,核裁军运动和"百人委员会"已经名存实亡。

梅尔维·琼斯在回忆录里说,虽然时光流逝,但他们那一代人对裁军运动满怀敬意,并将它永远记在心中。他引用了自己在纪念柯林斯教士七十大寿文集上为裁军运动写的一番话:"它是我们这个时代的唯一,我们很难向年轻一代传达我们带着欢乐、热情和劳累所经历的这一切到底意味着什么。"①

多丽丝·莱辛对于她参与抗议的这段日子可没有那么深的感情。当作家莱斯利·哈兹乐顿(Lesley Hazleton)在1982年和她讨论她的新政治倾向时,莱辛对和平爱好者的冥顽不化深感震怒——当她想和他们讨论一下建立防空洞,而不是仅仅摆出一副浪漫的姿态时,他们对此置之不理。而且莱辛回忆起奥尔帝马斯顿游行的时候,也是带着一副冷嘲热讽的口气。她说,自己和大多数人的看法相左,她属于认为这次游行彻底失败的六个人之一。她觉得生活在核时代的每个人,都必须非常清楚地明了一点,"禁止核弹"只不过是空喊口号而已。

---

① 琼斯:《机遇》(Chances),第181页。

莱辛觉得，光是攻击和平运动是白费力气（她的个人看法），还缺乏力度，于是，在20世纪80年代初，莱辛转而站出来，公开倡导应该为核武器做好准备。在采访中，在写给编辑的信件里，以及在她的一些文章中，她大力宣扬要花费数十亿英镑去建造"大型公用防空洞"，以备核武器冲突时使用。①

多丽丝·莱辛在扫清自己激进的共产主义者形象时，也同时抛却了自己对工人阶级的同情。1992年，她对记者简·凯利（Jane Kelly）说，她第一次到英国的时候，"我觉得英国的工人阶级都生活在牢笼之中。不过，现在我觉得是他们自己不想脱离牢笼，这一点更加可怕，为这个国家带来了巨大的损失……最聪明的人都选择了出国。"②

50年代末，克兰西·西格尔开始为许多期刊写各类文章。他想写的是工人阶级生活，而且喜欢写超出期刊可以承载的长度的文章。他通过莱辛认识了爱德华·汤普森。汤普森在共产党内部以及人民阵线、和平委员会、友好工会组织，甚至是共产党里的左派人士中人脉广阔。他认识的很多人都是普通工人，不是传统意义上的知识分子，而是白手起家、自学成才的工人阶级。西格尔通过汤普森认识了这样一位人士，他名叫多赫提（Doherty），是瑟克罗夫特村的一位煤矿工人。多赫提也写小说。

西格尔打算写他后来公开发表的第一部小说《丁洛克的周末》，这部书描写了一个产矿的村庄里工人阶级的生活状况。西格尔1989年离开英国之前，对多赫提保证说，一定要写成这部书。"书是我写的，"西格尔说，"但是他向我敞开了他的村庄，他的矿井，以及他本人。"多赫提读到小说手稿的时候说，他很有把握这部小说会让西格尔名声大噪，不过，从

---

① 莱辛：《我们的思想已经被设定为末日模式》（"Our Minds Have Become Set in the Apocalyptic Mode"），载《卫报》（The Guardian）1982年6月14日。
② 凯利访谈：《我讨厌性虚伪和女权主义骗子》（I Hate Sexual Hypocrisy and Feminist Humbug），第31页。

第三十二章
逆难而上

长远来看,这部小说并不能帮助"像我们这样的人"。

西格尔说,像列(Len)和克兰西这样的"我们"所对抗的"他们",不仅仅是指上流阶层,而是"以伦敦为中心的都市玲珑世故,他们用夸赞之词和居高临下这两个双重信号将我们逼到疯狂的境地"①。

从某种程度来说,西格尔觉得自己无法融入到多丽丝的文学生命里。人们很少见到他们经常在一起,少到不足以让人看得出他们之间真实存在着共同的纽带。而事实上,他们之间的关系就是非常原始的基本需要。内心深处,他们初次见面的时候就已经互相对彼此"了然于胸"了。

"我们非常依赖对方,"西格尔说,"我支持她最激烈的控诉,不管是控诉她的朋友,还是控诉她的出版商……而她也会支持我。"当他无法度过作家的灵感枯竭时,多丽丝告诉他,不要抱怨,也不要自怜自艾。她说,也许美国的艺术家都是这样的做派,但是在英国,他们只会坐下来安心工作,而不会无谓地折磨自己。

"听到她说,这也没什么大不了的,我觉得对我而言就是大大的解脱。"他说。还有一件事也让他觉得非常放松,那就是当看到她"经历过最痛苦的挣扎之后,她点上一支香烟,坐下来继续工作,就像我母亲去开动机器一样。于是我懂得了……不管发生了什么,经历过狂风暴雨之后,你打开机器就好了……我母亲是这样做的,多丽丝也是这样做的。我就会说:'好吧,我能行。'所以,我觉得,从这个角度来看,我们都给予了对方百分之百的支持。而且我俩都很清楚,……不管面对怎样的困难,我们在那个特殊的时期都会为对方着想。她会忍受很多,我也会忍受很多"。

1960年,西格尔的小说《丁洛克的周末》发表之后,莱辛对他表示出

---

① 西格尔:《再见我的小英格兰》(*Goodbye Little England*)。

了强烈的支持。爱德华·汤普森还有其他几个人,尤其是那些年龄较大,又和共产党有着长期渊源的人,仍然认为,只有他们自己才对工人阶级有发言权,他们不太认可西格尔将工人阶级的生活状态描写得过于悲惨。汤普森已经对工人阶级进行了数十年的研究了,而西格尔这个年轻的美国佬突然跳将出来,在英国生活才没多少日子,就试图向世人展现矿工们的生活,这也有点太不招人待见了。

事实上,这部小说写得非常生动,对人物的描写也不拘一格,既没有将他们当做某种社会符号,也没有将他们写成"高贵的野蛮人"。很多读过这本小说的矿工,都感觉非常满意书中对他们生活状况的描写,觉得这些描写真实可信,而且跟他们感同身受。评论界对这本书的看法,正如列·多赫提所预测的那样,也是相当地高。

不管他们的关系中交织着怎样的愤怒、混乱和欺骗,多丽丝·莱辛和克兰西·西格尔,还有他们的文学创作,都在双方的联合中各得其所,因为在他们的关系持续期间,他俩都写出了让他们的文学生涯提升到新的高度的作品。

第三十三章
与金虎共嬉

1962年,《金色笔记》出版,同时,莱辛的《与虎共嬉》在伦敦西区大获成功。这部剧中的所有人物都来自《金色笔记》。《与虎共嬉》里的大卫·米勒(Dave Miller)和安娜·弗里曼(Anna Freeman)几乎就是《金色笔记》里的索尔·格林和安娜·沃尔夫(她的女仆,并非偶然,就名叫弗里曼)的翻版。两对情侣都在情人关系中面临同样的情感困境:"有时,公寓堪比爱的绿洲。"《金色笔记》中的安娜·沃尔夫说:"很快,它就会突然变成战场,甚至连墙壁都因为恨意而变得摇摇晃晃的。我们像两只野兽一样彼此对斗。"①

事实上,剧本的主要人物和主题在小说中就有所涉及。在小说中一个非常戏剧化的场景里,安娜觉得自己支离破碎,濒临疯狂的边缘,她躺在床上瞪着天花板上的灯看着,突然,电灯变成了两只巨大的眼睛瞪着她看着。她恍惚间觉得自己被困在一只笼子里,笼子顶上一只老虎虎视眈眈,随时准备跳进笼子里。突然,她听到有人过来抓住了老虎,她也就从担心自己的安全转而开始操心老虎的安危。她让老虎赶紧逃跑,而老虎也听从了她的指令。安娜非常感激,因为她知道老虎代表了索尔,而她想要他无拘无束地在世上游荡。而就在她幻梦冥想的这一刹那,她决定要自己写一部关于索尔和老虎的剧本。

---

① 莱辛:《金色笔记》(*The Golden Notebook*),第576—577页。

第三十三章
与金虎共嬉

《与虎共嬉》里的故事发生在晚上九点和次日凌晨四点之间的时段。"剧本的主题,"戏剧评论家肯尼斯·A·哈伦(Kenneth A. Hurren)写道,"别说我是在强调一件很明显的事情了,就是性……芝加哥男孩大卫的问题,就是他的性欲非比寻常,而且饥不择食。"①

多丽丝内心对"真汉子"的性欲渴求,以及她在爱情中缺乏安全感的矛盾,在剧中得到了集中体现。表面上,安娜·弗里曼想要接受男人朝三暮四的本性,并且想要对此表现得八面玲珑、不以为然。但是,当她自己的感情受到威胁时,她却开始抗拒这种想法。

和她在写《金色笔记》时一样,莱辛在剧本中也实验了一些新的创作手法。在第一幕结尾,安娜的客厅兼卧室的墙突然消失了,房间似乎成了大街的一部分,而且房间的间隔消失之后,安娜和大卫的现实生活也随之消失。观众随着他们的回忆进入他们的思想,回到了他们开始相爱相杀之前的日子——当年,年轻的安娜还身处澳大利亚;而当时的大卫,还是芝加哥贫民窟里一个精明的都市男孩。莱辛在写这部剧本的时候,已经开始进行心理治疗了,因此她在剧中揭露了造成这对情侣行为的早期心理创伤,比如没有从母亲那里得到足够的养育。莱辛经常跟克兰西·西格尔聊起他的母亲,她从他身上感受到了自己再熟悉不过的关爱不足。这也是他们两人之间的纽带。

大多数评论家对《与虎共嬉》心存疑虑。肯尼斯·泰兰觉得这部剧拖沓冗长却又展开得不够充分,只有第二幕能够吸引他注意。这一幕里,"安娜和她的逃亡情人"参加了一场"旷日持久的二重唱。……在人类这个以爱为谓语的句子里,他们既是宾语又是主语"②。这部剧只计划演两周的时间,这对莱辛来说非常令人失望,她等了四年才等到戏开演。莱辛对记者

---

① 哈伦:《评〈与虎共嬉〉》(*Review of Play with Tiger*)。
② 泰兰:《地球法庭里的莉莉丝》(*Lillith in Earth's Court*)。

唐纳德·葛美瑞(Donald Gomery)说,这部戏推迟开演的原因,是因为舞台监制奥斯卡·乐文斯汀(Oscar Lewenstein)想要西奥布罕·麦克肯纳(Siobhan McKenna)来演主角,他一直在等麦肯纳的空档期。

莱辛和葛美瑞讨论着首次公演的时候,当时葛美瑞在莱辛的公寓里采访她作为一个剧作家对于首次公演的感想,莱辛一支接一支地抽着烟。"我紧张的时候,"她说,"一天要抽五十支烟;不那么紧张的时候,一天就抽三十支烟。"记者对多丽丝的波澜不惊、精心控制的语气感到非常惊讶,因为他对读者解释说,自从多丽丝·莱辛来到英国,"她就为自己赢得了'当代最愤怒的女性'这一名声"①。

莱辛本来对剧本迟迟不公演感到非常恼怒,而麦克肯纳也受到了一些负面的质疑,莱辛本人非常赞同这些质疑,并且愤怒地抗议说,她被迫等这么久,却找了一个她根本不看好的演员来演。与此同时,还有一个令人她同样大光其火的原因,就是麦克肯纳的对手角色,是一个叫做阿莱克·维斯陂(Alex Vespi)的年轻美国演员,莱辛毫不掩饰、直言不讳地称他为"大男子主义种马"。(如此强烈的女性主义倾向,也没有挡住莱辛去批判"女性主义者"把"这部戏当成对男性的重击……当成女性歇斯底里的呼号"去重演这部戏)②。

如果说莱辛只是觉得男主人公让人烦躁的话,克兰西·西格尔简直气到脸红脖子粗了。他得到了一张优待券,坐在阳台的一个座位上观看了这部戏剧。西格尔对莱辛说,他想改写剧本里的一些对话,但是,多丽丝根本不考虑西格尔想要"纠正"她的剧本的想法。她对克兰西·西格尔的描写,将永远留在书本里,留在舞台的脚灯里。

多丽丝对自己的创作相当自信,以至于不久之后,在一次派对上,据西格尔回忆,她突然抱住自己的情人,对在场的客人们——不知什么原

---

① 葛美瑞:《今晚引爆伦敦剧场的女人》(The Women Whose Play Hits London Tonight)。
② 伊恩访谈:《年龄越大,相信的东西越少》(The Older I Get, the Less I Believe),第201页。

第三十三章
与金虎共嬉

因,当时亨利·基辛格也在场——说:"我创造了克兰西!"西格尔抗议,并宣称:"是生我的母亲杰妮创造了我。"莱辛却手一挥,毫不在意西格尔的反应。莱辛最后定论说,杰妮只完成了"最简单的那个部分"①。

如果说莱辛对《与虎共嬉》的反响平平感到诧异,那么对于《金色笔记》的热烈反响,她可以说根本没有任何思想准备。尽管书一开始销量并不大,却得到了非常广泛和非常重要的评论关注。

这部小说通过不同的经历,描述了那个时代的社会气候:共产主义及其在1956年的转折;性别政治的认可和兴起;个人以及知识界的动荡和崩塌;当代社会为人之母的矛盾冲突;个人生活和历史时代的关系。

小说中的叙事主人公名叫安娜·沃尔夫,是一位作家,她的第一部作品《战争前线》相当成功。也正因为这部小说的成功,她在写第二部小说的时候,经历了作家心理阻滞的痛苦。安娜年届不惑,她处了几年的情人麦克刚刚离她而去。她是个单亲妈妈,为共产党做志愿者工作,而且在一个名叫甜心妈妈的心理医生那里做治疗。

几乎所有的评论家都对这部书里耳目一新的创作形式进行了评论。小说以从安娜保存的黑色、红色、黄色和蓝色四本笔记里进行长篇节选的方式呈现。这些颜色代表着她不同阶段的生活。安娜的黑色笔记本记录了她早年在非洲的生活;红色笔记本描写了她和共产主义剪不断理还乱的关系;黄色笔记本记载了她挣扎着想要完成却没能成功的小说以及一些其他的故事;蓝色笔记本更接近普通的日记,里面详细记载了她的性生活以及她进行心理分析的体验。

这些笔记里还含有一篇名叫《自由的女人》的短篇小说的章节,小说探讨了安娜和莫莉之间至关重要的友谊关系。莫莉也是一位离了婚的

---

① 西格尔:《"你不能这么干",我喊道》('You Can't Do It.' I Shouted),第14页。

单亲妈妈,她有一个不成器的儿子。小说的最后,安娜拥有了一本金色笔记本,她希望在这本笔记本里将她的各种不同经历囊括在一起。蓝色笔记以安娜说她的女儿简妮特(Janet)是她驶向正常生活的定锚开头。因为简妮特已经离开家去了寄宿学校,安娜坚持理性的想法开始动摇。当这一切悄然发生之时,在《金色笔记》的最后 100 页里,来自美国的共产主义者索尔·格林来到了安娜的公寓里找住处,安娜立刻意识到自己遇到了一个和自己思想状态非常相似的人。而安娜也和多丽丝·莱辛一样,通过小说来接受她在真实生活中不愿意接受的真相。

在黄色笔记里,她写出了一个故事梗概:"一个女人,饱受爱的饥渴,遇到了一个比自己年轻的男人,这种年轻可能主要体现在情感经历上,而不是在具体年龄上;或者说体现在他内心深处的情感体验上。她在男人的本性上自欺欺人,其实对他而言,这只不过是另一场风流韵事而已。"①

索尔和安娜在一起的时候,可谓相爱相杀。她指责他把自己弄得像个妈妈一样,这让她对妈妈这个角色的矛盾心理更加复杂。安娜和索尔双双将自己的多面呈现在对方面前。安娜在回忆一场代表他们之间的关系的梦境时说:"为了应对索尔,我扮演着一个又一个角色,因为他一直也在扮演不同的角色。"②他们一起试验了很多方法,才使他们的关系变得像男人和女人之间的关系。同时,安娜发现有好多女性角色自己从来都没有扮演过,要么是因为自己拒绝这样的角色,要么是因为自己从来没有机会去扮演那些角色。

小说结尾,安娜的作家心理阻滞被突破,索尔为她的新小说写了开头第一句,她将这句话题在了金色笔记本的扉页:"两个女人孤零零地住在伦敦的一间公寓里。"③

---

① 莱辛:《金色笔记》(*The Golden Notebook*),第 531 页。
② 同上书,第 603 页。
③ 同上书,第 639 页。

第三十三章
与金虎共嬉

莱辛的创作目标之一，就是想表现20世纪的经历对个人造成的影响，尤其是对艺术家个体的影响。她从来都没有丢掉她的共产主义信仰激发起来的兴趣，那就是去探讨个体和更大的文化集体之间的关系。

莱辛将她在一封写给她的英国出版商的信里的一句话印到了《金色笔记》的书皮上，用以解释自己的创作过程。她说自己很早以前就想写一部关于作家的小说，但是又觉得这个题材已经有人写过了。她也曾有意去写艺术家的忘我投入，以及这种状态对她本人的影响。但最终，她认为切入作家生活这一主题最好的方法，就是写作家的创作心理阻滞。通过展现安娜创作心理阻滞形成的原因，她可以同时展现文化大环境的问题。她认为安娜·沃尔夫的分裂，并非作家和艺术家独有的现象，而是深深根植于日常生活的环境之中。

在1971年，莱辛在为班坦出版社软纸封皮版的《金色笔记》所写的前言里，回忆了她在计划写一部关于作家矛盾重重的生活的小说时，就开始考虑通过脱离传统创作模式宣告自己对传统小说的态度。但是，她最大的目标则是"计划写一本书，让它能够……按照设计好的方式来叙述。"[①]

作为文化理论家和莱辛以前的同志，史都华·霍尔回忆说："《金色笔记》对我们所有人来说都非常重要。……我们也都非常喜欢她早期的作品，但是它们都是在原地踏步。而《金色笔记》却一下子凌空而上，有了新的维度。小说具有实验性质的特性，让她真正成了一位举足轻重的小说家。"

对于很多原来的共产主义者而言，红色笔记里尤其有许多只有他们才能够明白的意义。就像多丽丝·莱辛可以对着读者用非常个人的词汇来形容隔离主义和种族主义一样，在这部小说里，她同样是通过自身

[①] 莱辛：《金色笔记》（*The Golden Notebook*），第 ix 页。

的经历,形象地写出了个人政治梦想破灭之后个体面临的困境。在 20 世纪 50 年代,退出共产党之后,放弃这个光荣的梦想的个体,就会变得特别担心自己蜕变成脱离群众、有着资产阶级情调,却又没有政治信仰的悲观主义者。

女人们没有把《金色笔记》简单地当成文学作品来读。这部作品对个人生活和政治信仰都有非常好的启蒙作用,它让女人们开始去思索,她们在一个更广阔的世界里,应该成为一个怎样的女人。她们也通过阅读这部小说来了解爱和爱的缺憾。事实上,也许《金色笔记》给人们带来的最大冲击,就是它在爱、情感和男女角色关系等方面的探讨,但是这个事实却让莱辛觉得相当郁闷。

摆脱了 20 世纪 50 年代束缚的女性们,已经在思想上能够接受去阅读一些关于怎样脱离前辈女性们被严格设定的角色,去过上更丰富、更有意义的生活而奋斗的文学作品。安娜明白,她试图设计新的女性人生的尝试,既面临内在的挑战,也面临外在的阻碍。

不管接受不接受,《金色笔记》被列为最早的女性主义小说之一。莱辛本人虽然非常欢迎崇拜她的女性读者给她带来的声名,但是她一点都不喜欢小说被看成是女性主义作品。1962 年,作家薇薇安·格尼克(Vivian Gornick)回忆自己读到这部小说时的感受时,称"这部书比《第二性》更能代表当代女性主义运动的历史。它是当代女性主义运动发展的格式塔图式的精华"[①]。

格尼克小时候,母亲告诉她说,爱情是一个女人一生中最重要的东西。而多丽丝·莱辛却告诉她,工作也是同样重要的。而当许多人,包括格尼克在内,认为二者兼顾是一件很浪漫的事情时,莱辛似乎对爱情和事业双重兼顾带来的各种问题更为痛恨。格尼克还记得,自己当年被

[①] 格尼克:《打开〈金色笔记〉,追根溯源》(*Opening the Golden Notebook: Remembering the Source*),第 4 页。

第三十三章
与金虎共嬉

莱辛对性爱的描写所倾倒,在莱辛笔下,性爱既让人欢欣鼓舞,又让人悲观绝望。莱辛的思想表达得很明确——渴望得到令人满足的性生活的聪明女子,必须要和压抑本性的性屈从作斗争。

男人们对这扇通往女性内心世界的窗户也反响热烈。欧文·豪伊(Irving Howe)坦承,自己非常欣赏安娜和她的朋友兼思想伙伴莫莉之间的对话。"我作为一个男性外来者,对一切充满了好奇。因为在这里,我感受到的是,它的确反映了两位知识女性在感觉轻松自在、无人干扰的状态下真实的对话状态。"①

豪伊对这部小说里心智成熟、经历丰富的女主人公的出现感到欢欣鼓舞,这种形象在当时的文学作品里显得不同凡响。安娜·沃尔夫的观察一针见血,而且她也毫不掩饰自己在情感方面的问题。而情感问题的产生,主要是因为她想成为一个"自由的女性"。

批评家约翰·列奥纳德(John Leonard)描述了许多男性在读到这部小说时所感受到的震撼。他说,他生平第一次了解了女性是如何看待他们生命中的男人的。"她看穿了伪装之下的我,她了解我邪恶的心理……她透过我的虚荣、任性和脆弱,看到了真实的我……于是我开始改变自己的愚蠢无知和招摇放肆。从那以后,至少在公共场合,我非常注意自己的行为举止,总感觉安娜·沃尔夫在看着我,并在向莫莉描述我。"②

从文学价值方面来看,列奥纳德认为这部作品"跟当时其他女性作家写的东西没有任何相似之处。我想不起当代文坛上,还有其他任何作品在文学抱负上可以与它媲美,不管是男作家的还是女作家的作品"。

读《金色笔记》堪比"反思一切",反思"一切主义,一切个人经历,一切纷繁芜杂"。列奥纳德对自己的发现兴奋不已,一度想说服他当时的

---

① 豪伊:《既非妥协,也非幸福》(*Neither Compromise nor Happiness*),第18页。
② 列奥纳德:《非洲女王》(*The African Queen*),第528页。

妻子去阅读这部小说。他当时的夫人是位科学家,不过她很快就失去了阅读的兴趣。他又转而去说服他的密友,伯克利的一位教授。"我也没法劝服她去读。我一直劝她:'你是个聪明的女人,这个作家适合你。她经历过殖民主义,经历过种族主义,经历过马克思主义,经历过心理治疗。'但是,我却没能说服她们去读她的作品。"

多丽丝·莱辛对这样的抵制一点都不觉得意外。尽管这部小说后来成了好几代女性的圣书,却并不是人人都能接受它。"很多女人对《金色笔记》感到愤怒。"莱辛在1981年回忆说,"能够站出来表达自己与所爱的男人在一起时的真实想法、真实感受和真实体验的女性仍然寥寥无几。"①

在差不多同一时期,莱辛告诉BBC的记者说,很多女性感觉极其愤怒,并且毫不避讳想让她了解她们的感受。她们的做法,就好像莱辛泄露了女性最不为人知的秘密,她们质问她为何要这样针对她们。莱辛认为,她们的不适来自一个事实,那就是大部分女性,在男性说她们让人倒胃口,或者没有女人味时,就好像被人扔了石头,受到惊吓的野兽一样,掉头就跑。在莱辛看来,如果一个女人和会说这种话的男人扯上了关系,那她活该受到这样的待遇。

然而,越来越多的女性高度赞扬,而不是严厉批评这本小说,这种状况让这位勉为其难的女性偶像感到不堪其扰。

1969年,莱辛到美国访问的时候,在位于92街的青年友谊会的诗歌中心诵读自己的作品。女性主义作家苏珊·布朗米勒(Susan Brownmiller)参加了这次盛会,并且在《村庄之声》跟踪报道里提了这个问题:"当一位受人崇拜的作家见到她的崇拜者时,这种碰撞一定是痛苦的吗?"

---

① 莱辛:《金色笔记》(*The Golden Notebook*),第 ix 页。

第三十三章
与金虎共嬉

布朗米勒写道,她觉得最起码当时的那一次的碰面的确是痛苦的,因为那次会面"充满讶异与误解"。一切想要莱辛谈论女性主义话题的努力,多数都被莱辛以非常粗鲁的方式置之不理。她对那些对她心怀敬意的新手毫无耐心,而且她一点都不掩饰这一点。最后时刻,在毫不留情地拒绝了好几个提问者的问题以后,莱辛的确也表达出了一丝丝歉意:"我很抱歉世上有这么多不幸的女人,但是世上还有很多比性别之战更重要的战争。"①

随着时间的流逝,莱辛对《金色笔记》对女性心理所产生的持久不衰的影响越来越感到心烦意躁。一位热心读者写信回馈本书作者在《纽约时报书评》的作家调查问卷时写道:"几年前,我到位于纽约市92街的青年友谊会去听莱辛的读书会。一位女性听众问了她一个问题……是关于《金色笔记》的。但是莱辛回答的方式却有别于我见过的其他所有作家。她停了一会,然后说:'这是我听到过的最愚蠢的问题。'"

还有一位热心的崇拜者,一直等到莱辛诵读完另一本书之后,才让她为自己已经快翻阅破了的《金色笔记》签名。

在队伍里等待的时候,我心里对自己说,一句话都不要对她说。……我非常清楚,莱辛非常讨厌自己有一大堆追随者这个事实。……但是,尽管我非常清楚,也不想跟她说话,当我把书递给她签名的时候,却还是不由自主地蹦出了一句:"这是我一生最幸福的日子。""噢?你不要那么夸张!"莱辛女士一边说着,一边挥挥手赶我走。正当我感到心寒的时候,她把书递回给了我。她的目光直视着我的眼睛。我真心感到遗憾和无助,知道在这种场景下,如果我再说些什么去告诉她,她的作品对我意义重大,只会让我自己显得

---

① 布朗米勒:《多丽丝·莱辛现身纽约城》(*Doris Lessing in N.Y.C*)。

愚蠢无知罢了。

1982年,莱斯利·哈兹乐顿作为《纽约时报杂志》的记者采访莱辛的时候,想要挖掘莱辛对于女权运动,以及女性对《金色笔记》经久不衰的喜爱有什么感想。莱辛坚持说,这部小说的初衷,并不是想去号召女性武装起来去争取解放。事实上,自己的小说没有哪一部是专门从女权主义这个角度来写的。她觉得女权运动能和这本书扯上关系,主要是因为这本书从新的角度阐述了女性问题,但是她从来都不想让人们觉得,自己站在男人的对立面。事实上,这本小说本来是想展现,各种类型的标签化,以及将人与人之间的关系对立起来,会带来怎样的恶果。

哈兹乐顿告诉莱辛,很多女性觉得莱辛从《金色笔记》之后就不再关心女性问题了。莱辛断然坚决而又从容不迫地告诉来访者,自己已经写了三十年的小说了,作品里有很多都涉及到了与女性相关的问题。女人们想从她那里得到的不是文学作品,而是一种犹如宗教般坚定的肯定和支持。她必须公开谴责男性的野蛮行径,支持女性同胞们的神圣事业。但是,她可不愿意去满足她们那种让人不胜其烦的需要。"她们需要各种口号和胡吹冒聊。……凡我在政治上痛恨的一切,都被归纳在女性主义的神坛之上。……这也有点太狭隘、太愚蠢了。"①

哈兹乐顿回忆说,那一整天的对话"精彩纷呈,因为你不是在和她对话,而是在听她说话"。莱辛在发表她的"长篇大论"的时候,保暖内裤从裙底若隐若现,上面细细的蕾丝花边清晰可见。强硬冷静的长篇大论和柔软舒适的蕾丝花边形成了强烈的对比,突显了她身上长久存在矛盾混乱,这是一个集强悍可怕与柔软脆弱于一身的女人。而在哈兹乐顿的眼里——在所有跟莱辛有过类似经历的女人眼里——这种矛盾混乱有种

---

① 哈兹乐顿:《多丽丝·莱辛论女性主义、共产主义和"太空小说"》注解(Notes for *Doris Lessing on Feminism, Communism and "Space Fiction"*),第2页。

第三十三章
与金虎共嬉

奇特的魅力。

　　莱辛真心觉得高兴的,是《金色笔记》被列为一些历史课和政治课的教程,而不仅仅作为女权主义的研究材料,或者仅仅出现在文学课堂里。这本小说在全世界的销售量达到了一百万册之多,目前光在美国的年平均销售量就有五千册。莱辛仍然不断收到仰慕者写来的热情洋溢的信件。他们的崇拜也还是那样不顾她现在的真实模样。女性主义"曾经是能量巨大的运动,它本来早该改变社会了,但是现在,他们只不过把它吹上了天。"莱辛对一位伦敦《邮报》的记者说道。"感谢上帝,我不属于女性主义。"①

---

① 林克莱特:《诺帝兰故事集》(*Tales of Noddyland*),第32页。

第三十四章
神智疯狂

第三十四章
神智疯狂

克兰西·西格尔的作家心理阻滞，不仅有身体上的症状，也带来了精神上的混乱。头痛、肚子痛、冒冷汗，甚至是没来由地发烧等症状，经常光顾他疲惫不堪的躯体。黑夜经常与恐惧纠缠，担心即将到来的新的一天里，自己还是没有能力去写作。莱辛经常将他冷冰冰、黏糊糊的身体抱在怀里，给他想要的性爱和情意，以安抚他的恐惧。

莱辛告诉西格尔，他的某些恐惧其实和写作没有任何关系。在她看来，有些恐惧是说不清、道不明的，是他童年经历，他跟父母的关系，尤其是跟他母亲的关系造成的后果。西格尔在《密叛者》这部小说里描写，罗斯经常告诉加思，他的很多情感痛苦和具有破坏力的习惯，都和恋母情结脱不了干系。莱辛也将情人的绝望归咎于当时的流行文化，因为她发现这种文化难辞其咎，造成了她本人对世界的支离破碎感。意识到自己在心理治疗中获益良多之后，她催促西格尔也去看看心理医生，但是他却坚决抵制这种想法。在《密叛者》里，加思也同样拒绝罗斯劝他去看心理医生的恳求，大喊着："罗斯，你他妈闭嘴，行吗？"①

不过，克兰西·西格尔最终还是去了一位非常杰出的心理医生那里，他就是苏格兰著名的心理医生 R. D. 莱英（R. D. Laing），这位医生同时也是诗人和反传统主义者。跟据 1989 年著名反传统主义心理医生安

---

① 西格尔：《密叛者》（*The Secret Defector*），第 31 页。

东尼·司多尔(Anthony Storr)为他所写的讣告来看,莱英多年以来一直以"全世界最优秀的心理分析家"而闻名于世。①

莱英是20世纪60年代的产物,他最能体现当时激进政治和传统心理分析产生严重分歧的历史时刻。他在新左派里特别受宠,因为他们发现他的反传统主义与他们的思想不谋而合。《新左派评论》的成员们经常以个人身份和"罗尼"·莱英见面商讨社会政治大事。"这种做法从一定程度上逼迫人们去产生自知之明。因为,我不知道这是为什么,当时好多知识分子都读了大量萨特、恩格尔的作品和一些历史、经济方面的著作。"罗宾·布莱克本(Robin Blackburn)说。他当时还是《新左派评论》杂志里一位年轻的职员,后来成了这本杂志的编辑。"他尤其鼓励人们将自己的经历和理论联系起来,这和新左派思想太像了。"

西格尔在莱英那里接受治疗的时候,已经搬出了莱辛的公寓。"我们在彼此的口袋里生活得太久了。"他解释说,"我俩都很成功,我们确实也有点积蓄。于是我便想:'好吧,我该有自己的窝了。'我们既有爱情也有战争,可能战争比爱情多了那么一点点。"不过,尽管他们都同时在和别人交往,他们之间却一直保持来往。当被问及是否因为最终发生了什么事情而导致两人分手时,西格尔回答说:"对,当然是我身上发生了变化。我成了脑残,疏远身边的每一个人,任何人。"

他的疏远并没有改变莱辛对他精神状况的关注。西格尔不记得莱辛有没有直接向他推荐莱英医生,但是他暗示莱辛被莱英所吸引,因为他们对拓展人的意识有着共同的兴趣。"这段时期,她正在进行迷幻药方面的实验。……对高级意识非常着迷。……不知怎么的,她介绍我认识了阿兰·西利托(Alan Sillitoe),他是莱英的朋友,我们就这样搭上了关系。"

引用作家伊莱恩·绍瓦尔特(Elaine Showalter)的话来说,"20世纪50年代末,在伦敦,多丽丝·莱辛、罗纳德·莱英和克兰西·西格尔形成

---

① 司多尔:《R. D. 莱英被分割的遗产》(*The Divided Legacy of R. D. Laing*)。

第三十四章
神智疯狂

了一个相互影响的循环体。"三个主人公从来都没肯定这句对他们之间的关系的评价。莱英认为,尽管自己和西格尔是既是同事,又是好朋友,但是他们之间首先是医生和病人的关系。"尽管他不想被当成病人对待。……但是他想要找人咨询一下他的生活状态,而他觉得我能帮到他,我就同意了。他一周到我这里来一次,坚持了两年。"①

莱辛觉得自己和 R. D. 莱英在很多方面都有亲近的基础。要想让她不要和一个宣称"母亲的第一个吻对于每个孩子而言就是最初的暴虐行为"②的男人搭上关系确实很难。莱英认为,即便是出于最良好的愿望,父母也总会因为强制执行自己的意愿而毁掉孩子的自然成长,这和多丽丝·莱辛的观点如出一辙。他还写下了这样一番话:"从一出生开始,当石器时代的孩子遭遇 20 世纪的母亲,孩子就遭遇到了以爱为名的各种残暴的力量。他们的父母亲,以及父母亲的父母亲,都有过同样的遭遇。这些暴力主要就是去摧毁孩子的众多潜能,而且总体看来,这项事业非常成功。等到初生婴儿长到十五岁左右,我们就塑造了一个跟我们一样的人,一个处于半癫狂状态的活物,它要么更加适应这个疯狂的世界,要么更难融入这个疯狂的世界。这就是所谓的正常。"③

莱英和莱辛两人都对疯狂和现实的各种定义非常感兴趣。莱辛对莱英的观点心有戚戚,莱英认为疯狂的人既是病态社会的受害者,也是病态社会的象征。在莱英看来,精神分裂病患者是为了保护自己不要遭受生活的攻击,跟我们每个人每天所做的事情没有太大的区别,只不过我们的做法没有那么夸张而已。在 1960 年出版的《分裂的自我》这本为他赢得声名的书里,莱英写道:"从以健全的精神分裂存活于世,到以错乱的精神分裂存活于世,期间有着明确的过渡。"④

---

① 均引自穆兰《为变正常而疯狂》(*Mad to Be Normal*),第 303 页。
② 皮若特:《那个说我们都是疯子的男人》(*The Man Who Says We're All Mad*)。
③ 莱英:《经验的权谋》(*The Politics of Experience*),第 58 页。
④ 莱英:《分裂的自我》(*The Divided Self*),第 17 页。

莱英最具争议性、也是他最基本的观点,就是"对疯狂不必进行彻底围剿,……因为它也可以成为突破"。基于这种思想基础,他认为不必去防治或者阻止精神病的发作。相反,他觉得应该尊重精神病,甚至去加速病情的发展。莱英觉得,精神分裂人格也许是预言家,给我们展现了通往新的、更加和谐的生活的方式。

> 如果人类幸存下来,我相信,未来的人类在回顾历史时,会把我们这个开明的时代看作是名副其实的黑暗时代。……他们会认为,我们称为"精神分裂"的状态,不过是光明开始透过缝隙,穿透我们过于封闭的头脑的一种形式而已,它通常通过非常普通的人表现出来。①

因此,当西格尔向莱英抱怨,说莱辛将他的生活写进自己的小说当中时,两个男人就一个分裂的自我是否会因为别人的描写而变得更加分裂的问题进行了一番深谈。莱英觉得这个想法很有意思,并且很兴高采烈地说:"那个偷走你灵魂的女人,是你这辈子最大的幸运。……她提前放空了你,让你为身前的伟大使命……分裂之旅做好了准备。"②

莱英强烈反对多数精神病医院实行的治疗方式:幽禁、电击,或者用镇静药去平静混乱的头脑。在他看来,这些医院与监狱无异,而那些开出这些治疗方案的医生,就相当于压抑文化的残酷打手。克兰西·西格尔记得,莱英"对那些他早年间诊过的,被电惊厥疗法或者被胰岛素休克疗法击打过的病人,展现了非比寻常的宽容和人性"③。

莱英在职业初期就对这样的疗法有了看法。作为英国部队里的军

---

① 莱英:《经验的权谋》(*The Politics of Experience*),第133、129页。
② 西格尔:《"你不能这么干",我喊道》('You Can't Do It.' I Shouted),第13页。
③ 穆兰编辑:《R. D. 莱英,创造性毁灭者》(*R. D, Laing, Creative Destroyer*),第215页。

第三十四章
神智疯狂

医,他曾经治疗过一个有强直性昏厥症的年轻士兵。他没有采用通常的治疗模式,而是花时间陪伴患病的士兵,甚至把他带回自己的家里,以免其他医生让他去做胰岛素休克疗法或者电击疗法。"他大口吞食着我母亲给他的茶和巧克力。"莱英在回忆录《智慧、疯狂、愚蠢》里写道。回到基地之后,莱英对士兵解释说,他只需要做到正常地走路、正常地安坐、正常地站立或者躺倒,听从命令,如果有人说话,就回应人家(哪怕短短几句),这就够了,再有几周,他就会永远离开部队了。

没有采用药物治疗,只有莱英安慰的话语和真诚的友谊,这个士兵回归了正常的生活。"数年之后,他成了一所著名的舞蹈和戏剧学院的院长。如果他经历那些常规的心理治疗法,他可能就根本没有任何机会了。"①莱英写道。

莱英认为,如果他可以用这种方式治好一个人,他就可以用这种方式治好其他人。20世纪60年代,找R. D. 莱英医生治疗,就意味着采用强化感觉的新药致幻剂(LSD)。1960年,为了实验,莱英本人使用了第一剂致幻药。很快,他就获得了英国政府的许可,用这个来治疗他的病人。尽管他本人没有感受到药物的不良作用,但是他很清楚,这种药会给某些特定人群带来潜在问题,因此他用药非常谨慎。

他的方法,就是在一杯水里放入少量致幻剂,然后在治疗的时候,和理疗时间不低于六个小时甚至还要长的病人一起,喝下放了药的水。莱英的儿子艾德瑞恩(Andrian),写了一本他父亲莱英的传记,采访了莱英以前的病人,病人说和R. D. 莱英"一起嗑药""既刺激又放松"。② 很多人都认为,在莱英那里做六个小时的致幻剂治疗,比用传统的方法治疗好几年都管用。然而,对有些病人来说,这种体验简直妙不可言,所以莱英不愿意让什么人都不受监管地使用药物。

---

① 莱英:《智慧、疯狂、愚蠢》(*Wisdom, Madness and Folly*),第132、133页。
② 安·莱英:《R. D. 莱英传》(*R. D. Laing: A Biography*),第71页。

鲍勃·穆兰（Bob Mullan）医生是莱英的好朋友，他1999年出了一本莱英的传记，还编写了好几本关于这位苏格兰精神分析家的书籍。莱英告诉穆兰，他曾经连续六次给多丽丝·莱辛用过这种药，但是她属于没有明显疗效的那类病人。他说，后来莱辛的治疗中断了，因为来莱辛觉得他们都是专业作家，是同事，所以莱英不应该收她的治疗费。莱英反驳说，莱辛是以病人的身份而不是以作家的身份来找自己的，并且说他希望自己的付出有所回报。而莱辛方面从来都没有公开承认接受过此类治疗，也没有承认用过致幻剂。

莱英虽然致力于改善这些被诊断患有精神疾病的人的社会处境，但他的主要目标是为了改变个体意识。随着时光的流逝，多丽丝过去相信社会变化的作用，现在却和这个初衷愈行愈远，却转而去相信，只有个体的内在转变才是真正的改变。

莱英在1964年写道："我们受社会所限，认为只有完全融入外部的空间和时间才是正常的、健康的。融入内在的空间和时间，通常却被当成了反社会性质的脱离社会、偏离常规、残疾无能，以及病态虚弱本身，从某种程度上来说，是让人觉得羞耻的事。我们和内在空间的接触，远远赶不上我们和外在空间的接触，哪怕我们可以通过最便捷的方式，对内在空间进行无穷的探索。"①

这段话成了莱辛1970年出版的小说《简述地狱之行》创作动因。小说的开头，她这样写道："类别：内心小说——因为除了走向内心，我们无处可去。"

大约到了60年代中期，莱英突然成了各地讲座的宠儿，也成资产阶级电视产业的宝贝。邀请函像雪片般从世界各地飞来，美国来的尤其

---

① 莱英：《什么是精神分裂？》（*What is Schizophrenia?*），第68页。

第三十四章
神智疯狂

多,他激进的哲学思想和政治理念,让那里的学生运动激情澎拜、底气十足,更不用提他居然接受用毒品作为工具去反思人生了。

但是,虽然多丽丝·莱辛觉得莱英的理论精彩绝伦,但是她还是深深担忧西格尔日渐恶化的精神状况。"我当时完全疯了,"西格尔说,"我记得,她很清楚地告诉我,'你变得对自己所做的一切格外在乎,因为我觉得你肯定被某种黑暗而又强大的事物所困,所以你想变得格外小心翼翼。'"

1964年,莱英成立了费城协会,这是一个注册慈善组织,意图建立疗养院网络,以不采用医院里的压迫式治疗的方式,让精神病人们在一起生活。克兰西·西格尔的名字赫然在列,他管其他的成员为"兄弟们"。

莱英最有名,也最臭名昭著的创造,就是成立了一个名叫金斯利大厦的理疗式社区。社区建在伦敦东区的一个老社区的中心。好几个医生和一群病得非常厉害的男男女女生活在一起,如果这里不收容这些病人,他们早就会被关进精神病院或者医院的隔离病房去了。在这两个地方,他们的行为将会受到严格的监视和限制。而在金斯利大厦,病人和工作人员享有同等的自由,每个人都可以随意进任何房间。

莱英对一位采访者说,他创立了一个环境,在这个环境里,精神分裂患者如果不想得到治疗,他就可以不接受治疗。他觉得这是人权的核心实质。他的首要信念就是,只要不伤害自己和他人,每个人都有权按照自己的意愿生活,哪怕他们被诊断为精神病人。"我觉得有精神病但没有触犯法律。"[①]

尽管传统的心理医生诟病金斯利大厦,莱英的一些理论却意外获得了精神病界人士的广泛支持。安东尼·司多尔在莱英的讣告里提到,当精神科医生给病人贴上了疯子的标签,而将自己划为正常健全人士时,医生与病人之间的距离立刻就变得遥不可及了。

---

① 引自鲍林《精神病不犯法》(*Insanity Is Not Illegal*),第52D页。

病人感觉自己被异化,被误解。……莱英所说的一切蕴含了丰富的真理。精神科医生既要承认到这是一种疾病,也必须从内在去理解精神分裂的感受。《分裂的自我》是部杰作,我强烈推荐正在受训的精神科医生们去读这本书,因为这本书教会他们去理解精神分裂的主观感受。①

克兰西·西格尔在金斯利大厦度过了很长一段时间,还有好多跟他一样,比起那些从前被关在精神病院的人而言,病情轻得多的人也和他一样。艾德瑞安·莱英说金斯利大厦"成了伦敦'引导潮流'的地方,它成了避难所,收容了左翼人士、激进人士、诗人、哲学家,以及一切可以用'艺术家'这个词来称谓的人士。他们所做的,就是自我反省、自我发现"②。

克兰西·西格尔在他的艺术喜剧《内部区域》里,描述了金斯利大厦的生活。书中的主人公西德·贝尔(Sid Bell)是一位从美国来的小说家,出身工人阶级家庭。搬到伦敦之后,他和一位叫做可瑞(Coral)的小说家成了恋人,可瑞正在写一部名叫《随意生活拾趣》(*Loose Leaves from a Random Life*)的小说,并把贝尔当做其中的一个角色写了进去(西格尔在《密叛者》中就以同一书名来指代《金色笔记》)。贝尔精神上出现问题,最终,当传统的精神病医生无法治好他的病之后,他转而去找一位口音非常浓重的苏格兰理疗师威利·拉斯特(Willie Last)看病,从此以后,贝尔的生活就发生了不可逆转的改变。拉斯特特别喜欢用迷幻剂,并且把贝尔招募为他社区里的管理人员,帮助管理医生和精神分裂患者,这个社区是一所非常独特的社会主义精神病院,在这里,里面的一个居民说:"阶级不重要","而一个人内心疯不疯狂才重要"③。

---

① 司多尔:《R. D. 莱英被分割的遗产》(*The Divided Legacy of R. D. Laing*)。
② 莱英:《R. D. 莱英传》(*R. D. Laing: A Biography*),第110页。
③ 西格尔:《内在区域》(*Zone of the Interior*),第68页。

第三十四章
神智疯狂

金斯利大厦里的病人想做什么就做什么,他们可以连着几个小时不停地砰砰关门,也可以在非常寒冷的冬天不穿鞋子、袜子出门。周围本来就很郁闷的邻居们自然对这些都感到非常不满。莱英回忆说:"我竭尽全力向周围的人们解释,……你知道,出于某种操蛋的原因,人们看到你他妈光着脚不穿鞋袜在大街上走,人人都觉得寒风是吹在他们自己身上一样。"他还笑着回忆了一个病人"有一次爬上了糊满了狗屎的屋顶,然后一丝不挂地跳起了太阳舞,于是有人给当地消防队打了个电话,让把这个女人从屋顶上弄下来。"①

金斯利大厦唯一禁止的行为,就是莱英所说的"违法行为"。"你可以以你喜欢的任何精神状态出现。"他说:"但是你必须遵守一定的方式。……不能因为你他妈疯了,你就能拿个锤子把人的脑袋打破。……不管你在哪个世界,不管你是不是在第六维空间,还是在第二十七维空间,别犯法!我可不鼓励人们冲着别人走过去,然后打成一团糟。"②至于这一点,还有其他一些事情到底能不能做到,他是这样说的:"我们只能靠大家的运气了。"

只坚持了几年,金斯利大厦就关门了,这也是意料之中的事情。原因之一,就是莱英自己对管理这个社区没有先前那么积极了。不过,他对成立医院的初衷和所取得的成就,还是持非常肯定的态度的。

> 从这方面来看,医院并不失败。它运行时期,一些本来除了住进精神病院无处可去的人们,住在了这所医院。他们不用吃药,不用遭受电击……他们想来就来,想走就走。那里没有人自杀,没有人杀人,也没有死人,……没有人怀孕,而且那里什么都不受限制。……有人可能本来以为那里的人会饿死,会病死,要么自杀,要

---

① 穆兰:《为变正常而疯狂》(*Mad to Be Normal*),第180页。
② 同上书,第188、172页。

么相互强奸,要么相互殴打,要么用药过度会搞坏身体。但是,这些人并没有做出那样的事情来。①

在鲍勃·穆兰编写的选集《创造性毁灭者 R. D. 莱英》里,西格尔在文章中说,他最终成了一个名叫"21 号别墅"计划的成员,这是传统精神病院里的一个实验组织,是莱英的一位同事大卫·库柏(David Cooper)创建的。那个时候,西格尔已经从——至少名义上——一名病人变成了和精神分裂病人以及热情洋溢的医生们混在一起的"借居作家"。莱英鼓励西格尔将自己在"21 号别墅"和金斯利大厦的经历写出来。西格尔说,自己已经不再对观察到的事情进行记录了,"因为别的病人坚持认为,我沉迷于涂涂写写是发疯的症状,他们说的没错"②。

有一天晚上,在金斯利大厦,莱英和他的同事们对西格尔的情绪以及突然的行为改变有点担忧。按他们的话来说,他有自杀倾向。西格尔对他们的干涉非常愤怒,一把推开他们,就跑回了他在伦敦的公寓。医生们跟着他到了公寓,趁他来不及关门之际,就跳进去在他的大腿上扎了一针作用非常强的镇静剂。他昏过去之后,他们就把他带回了金斯利大厦。

R. D. 莱英一直辩解说,他是出于对克兰西·西格尔的关心,才救了他一命。西格尔却否认自己想自杀,转而指责莱英虚伪,并斥责他的行为违背了金斯利大厦"不采用暴力干预的方式,让病人自行恢复"③的宗旨。

两天后,西格尔设法从金斯利大厦职工的监管下逃了出来,尽管莱英一再恳求,他从此以后再也没有回去,也再没有和 R. D. 莱英说过话。

---

① 穆兰:《为变正常而疯狂》(*Mad to Be Normal*),第 188 页。
② 穆兰编:《R. D. 莱英,创造性毁灭者》(*R. D. Laing, Creative Destroyer*),第 215 页。
③ A. 莱英:《R. D. 莱英传》(*R. D. Laing: A Biography*),第 123 页。

第三十四章
神智疯狂

1994年,西格尔告诉艾德瑞安·莱英,他"到今天还是毫无保留地认为,罗尼和其他人'想杀了我,而且差点就弄成了'"①。

西格尔说,莱英后来想要阻止《内部区域》在英国发表,因为他对里面有关他的行为描写感到非常气恼。同样,西格尔也认为多丽丝·莱辛至少在一位英国出版商那里试过,想要阻止《密叛者》的出版,因为书里对她的私生活有明确描写。

R. D. 莱英的职业生涯在20世纪80年代开始下滑。名声对他造成的影响比医学界对他的批评更大。他的个人生活一片混乱。据报道,他酗酒到了失控的地步。他61岁便离开了人世,当时正在圣特罗佩打网球。

克兰西·西格尔,也许在得知莱英过世之后,对他没有那么生气了,为他以前的朋友和治疗医生写了一篇悼文。

> 如果我们不从人们是否疯了的角度来看待问题,而是开始以更愉悦的方式参与到别人的不幸中去(所谓的疯狂),很有可能……陷入不幸的人能够得到帮助。一直到死的那天,R. D. 莱英最高兴的事情,就是看见那些迷路的人走出了森林。

关于莱英最后的日子,他是这样说的:"他既不相信有什么天堂,也不相信有什么地狱,他认为自己只存活于这个让人唾弃的地球之上。我觉得他可能和我一样,对他自己居然在圣特配罗打网球的时候离开人世,觉得又好气又好笑。他经常跟我说,正常的生活往往是最危险的。"②

---

① A. 莱英:《R. D. 莱英传》(*R. D. Laing: A Biography*),第124页。
② 穆兰编辑:《R. D. 莱英,创造性毁灭者》(*R. D. Laing, Creative Destroyer*),第215、216页。

第三十五章
美妙的变异

第三十五章
美妙的变异

"我觉得,莱辛一直认为教育制度毁了彼得。"莱辛以前的助手在谈及彼得·莱辛的时候说道。彼得没有上过大学,而是一路坎坷上了个专科学校。

彼得十二岁的时候,莱辛把他送到了圣克里斯托弗,这是一所进步的寄宿学校,离伦敦不远。她选择这个学校,是经过精心挑选的。表面上看,这个学校跟她自己上过的学校很不一样。圣克里斯托弗是男女同校的学校,没有校服,老师和学生们彼此之间用名字称呼。不过,那些发现这个学校的理论和实践不一致的学生,并不觉得在这个学校上学有那么美好浪漫。对有些学生来说,学校没有体系,这让他们觉得困惑,而有些学生却觉得,对所谓"开放"的校园氛围的坚持,反而显得学校有点古板僵化。

彼得的班上有一个叫做詹妮弗·西蒙斯(Jennifer Simmonds)的女孩,她来自一个有严重问题的家庭。她父亲是个骗子,母亲患有歇斯底里症,经常会对女儿说:"要是没有你就好了,你太没用了,早知道一出生就把你弄死好了。"[①]1961年,那时詹妮弗·西蒙斯和彼得·莱辛都只有十四岁,詹妮弗被学校赶走。她带着讽刺回忆说,因为学校是所谓的进步学校,所以她们"请"她离开。回到家后,她变得精神错乱,被送到布莱顿的一所精神病院。詹妮弗说,多丽丝·莱辛听说彼得的一个同学进了

[①] 麦克肯齐:《真实的故事》(*True Stories*)。

"精神病院"。而现在,詹妮弗已经成了优秀的小说家詹妮·迪斯齐(Jenny Diski)。

值得注意的是,尽管莱辛从来没有见过这个女孩,但是她还是给女孩写了一封信,问她是否愿意离开精神病院到自己家里来住。詹妮·迪斯齐离开了医院,在莱辛的家里一住就是四年,后来也断断续续在她家里住过。莱辛把她送到了另外一所学校,放假的时候就把她接回来,并且鼓励她写作。就在迪斯齐获得了全 A 的成就、准备上大学的时候,她父亲去世了,这让她一下子陷入了自我毁灭。在最终获得心理平衡之前,她时不时出现严重的紧张和抑郁症状。

就在莱辛想要帮助迪斯齐的那段时间里,她还碰到了另外一名有严重心理创伤的年轻女孩。1963 年 1 月,莱辛的密友苏泽特·马西多(Suzette Macedo)带了另外一位朋友西尔维娅·普拉斯(Sylvia Plath)来见多丽丝·莱辛。几周后,普拉斯自杀了。普拉斯当时说了很多话,显然很喜欢和莱辛见面,而莱辛却变得越来越不耐烦。普拉斯的传记作者安妮·史蒂文森(Anne Stevenson)描述说,莱辛认为西尔维娅·普拉斯有种"热情洋溢的绝望",指望她"满足她所有的需求",她选择对普拉斯退避三舍。当时她手头有很多的事情要忙,没有什么多余的时间,而且她也不觉得西尔维娅值得同情。她在见面后对马西多说:"我应付不了她。"①

彼得把詹妮当成了自己的姐妹,有时和她联合起来对抗他的母亲,有时又跟她一起在莱辛面前争宠。莱辛说起詹妮的时候,把她当成女儿一样,后来又把詹妮的女儿克洛伊(Chloe)当成自己的孙女一样。多丽丝·莱辛为自己的三个孩子成立信托基金的时候,据说也给迪斯齐留了一份。

除了谈论莱辛对自己超凡脱俗的救赎,詹妮·迪斯齐很少在公共场合下说起多丽丝·莱辛。然而,1991 年,迪斯齐对《镜报》的记者苏希·

---

① 史蒂文森:《丑陋的名声》(Bitter Fame),第 286 页。

第三十五章
美妙的变异

麦克肯齐(Suzie MacKenzie)说,自己和莱辛的关系"非常美妙,但是从某些方面来说也非常艰难。……要是你问我爱不爱她,我会说我爱她。不过你要是问我,我是什么意思,我也说不上来"①。

继《金色笔记》之后,莱辛在20世纪60年代又陆续发表了两本短篇小说集(《一个男人和两个女人》,《非洲故事集》)、《雍域之城》(《暴力之子》第四部),和一部名为《特别是猫》(*Particularly Cats*)的回忆录,这些都大受读者欢迎。《暴力之子》的最后一部《雍域之城》脱离了原来几部的现实主义,描写了一个社会与个人双双崩塌的诡异场景。

小说里充满了对想象中遥远的未来世界里各种痛苦悲惨场面的描写。然而,细心分析之后,我们发现,她描写的很多东西,其实是从主观角度看到的现实状况。

> 但是,他们最让人觉得可怕的事情就是——他们在梦游的状态下行走着、移动着、生活着。……他们和一大群脸上挂着脱落的头皮的人站在一起,他们的伤口在彼此的说话声中不断裂开……人人都像是被锁在一个看不见的笼子里。②

莱辛描写的不是一群神情迷茫的疯子,拖着脚走在巨大的疯人院里,而是写出了在当代疯狂的世界里所谓的"正常"市民的样子。

约翰·列奥纳德(John Leonard)在《纽约时报》上为这部小说写了一篇评论。莱辛在美国的出版商科诺普夫的一位编辑记得:"我一直在读各种评论文章,然后告诉莱辛说:'多丽丝,看来没人真正理解你。'后来我在《纽约时报》上读到……了约翰写说'没人能懂得这一切',然后我对

---

① 麦克肯齐:《真实的故事》(*True Stories*)。
② 莱辛:《四门之城》(*The Four-Gated City*),第529页。

多丽丝说：'终于有人懂这本小说了。'这是唯一看懂小说的评论。"列奥纳德描述说，当玛莎·昆斯特来到伦敦的时候，看到了一个这样的世界——"技术与法西斯大获全胜；性爱、想象与才智被残忍施暴；一个富有现实意义和象征意义的灾难世界；一个急剧的生物变异，是其唯一希望的世界。"

列奥纳德还解释说，莱辛的黑暗视野之所以如此能打动人心，是因为她描写得太真实了。这些并非恶魔文学的哗众取宠，而是看透现代生活的火眼金睛。"这是现代思想正在单轨驶向的必然终点。"①

玛莎·昆斯特漫步在被炸得遍体鳞伤的战后伦敦，心里想着："是的，为了保持清醒，为了融入那种高雅，要付出的代价，就是当你行走在你的同类当中，你必须分清楚他们是什么人，自己是什么人。"②

她去为一个叫做马克·柯德律治（Mark Coldridge）的人工作，集女仆、管家和编辑研究人员的工作于一身。他写了一本关于古代城市的小说，这座城市有四个金色的城门。贪得无厌的城里居民背叛了这座城市，他们将一个心地善良、能够透视未来的监管牧师送进了密道。柯德律治的小说反映了莱辛本人对人类尚未开发的潜能有着浓厚的兴趣。

1972年，莱辛接受乔伊斯·卡罗尔·奥茨（Joyce Carol Oates）采访的时候说，R.D.莱英和她两个人，都"在探索那些无法归类的体验所产生的现象，这就是，对传统世界称为'发疯'的状态进行一种心理学上的'突破'。"③

在《四门之城》里，玛莎·昆斯特意识到自己的疯狂，只不过是属于这个时代的疯狂，而且只有认识到身边疯狂的世界，她才能发现真正的

---

① 列奥纳德：《暴力之子是变异人》(*The Children of Violence Are Mutants*)。
② 莱辛：《四门之城》(*The Four-Gated City*)，第531页。
③ 奥茨访谈：《一路往前》(*One Keeps Going*)，第35页。

第三十五章
美妙的变异

自己,这个时刻,她真正地"成长"了。莱辛沉迷于疯狂这一现象,到了非常过分的地步,她甚至试着故意去变得疯狂,来进行实验(《四门之城》里的玛莎·昆斯特就是这样做的)。

"把自己弄到那种状态过那么一两天是一件很容易的事。"莱辛在1972年一次电台采访中,对约瑟芬尼·亨丁(Josephine Hendin)说:"我试成功过一次,出于好奇。"[1]她认识很多"疯子",她觉得自己对这种状态非常了解。说白了,她只不过是用了一种吸毒的人和巫医惯用的办法而已——一连好几天不吃饭不睡觉。莱辛还解释说,如果不给战俘吃东西,也不让他们睡觉,他们会出现这种精神游离状态。这些受害者很容易产生幻觉,也容易变得特别没有归属感。

在她看来,西方社会和其他文化对待疯子的区别,就是当发现某个人有幻听和幻视之后,西方人就会立刻将这人看成疯子,然后把他关起来让他吃一堆药,或者接受电击治疗。而在其他文化里,个人的体验会得到很好的尊重,也不会被正常社会当成一种威胁。

不过,莱辛非常谨慎,并不建议其他人去效仿自己的行为。从这种实验和症状中恢复不是一件容易的事。她自己花了好几周的时间,才甩掉实验带来的后果,这种体验并非都让人愉悦。最让人不痛快的体验,就是被她称为"妄自菲薄"型人格,这个人格会不停地历数她的无能,用一种非常尖利刺耳的语气来列举她的罪状。[2]

莱辛在解释"妄自菲薄"型人格的时候,再次重申了她和 R. D. 莱英两人都信奉的理念,即,当一个母亲在养育孩子的时候,以孩子各方面表现"优秀"为条件来爱孩子,孩子就被毁了。莱辛说,如此一来,人们就会有一种觉得自己不受人喜爱的错觉,或者觉得自己成了别人残忍恶意的捉弄对象。

---

[1][2] 亨丁访谈:《冷静地审时度势的能力》(*The Capacity to Look at a Situation Coolly*),第49页。

莱辛在对别人讲起自己复制疯狂这件事的时候,有时候说自己一个礼拜不吃不睡,有时候又说自己两三天不吃不睡。然而,不管她这种实验到底要弄几天的时间,她的"妄自菲薄"型人格经常出现。这种碰撞非常可怕,这个人格会一遍又一遍地告诉她,她是个多么糟糕的人,根本不配活在这个世界上。

偶尔,莱辛也会撇清她和莱英之间的相似之处。科诺普夫出版社的一位编辑还记得,"当她写《四门之城》的时候,她和罗尼·莱英之间还是非常友好的。我甚至怀疑,这本小说的某些部分她都跟莱英讨论过,尽管她从来没有说起过这一点。"

莱辛这个人即便是和某个人关系很好,她也不愿意在思想上表现得和那个人没有分别。不过,她和莱英之间的相似之处,却在《四门之城》之后的作品中不断展现出来。她那篇影响非常巨大的"太空小说"《简述地狱之行》(1971年出版)跟莱英在1962年写的《经验的权谋》(1967年出版)里讲述的一个案例非常相似。

《简述地狱之行》里的主要角色,是一位教授经典文学的教授,名叫查尔斯·瓦特金斯(Charles Watkins),他所经历的疯狂之旅,和莱英在自己的心理研究里讨论过的一个病人的经历非常相似。他们的姓都是一样的。在小说中,查尔斯·瓦特金斯被人发现心智失常,在伦敦四处游逛,后来被人送到了医院。幽闭没有阻止他在心理上穿越大洋,飞上太空,进入一个陌生的世界,那里的人们既可恨又可爱。

他遇到一群神一样的信使,他们被派往人间(地狱)去拯救人类不要自我毁灭。在《经验的权谋》中,现实生活中的雕塑家杰西·瓦特金斯(Jesse Watkins)笃信世间有神。"他们远比我们高明,能够……处理很多我无法处理的情况,他们主宰这个世界,掌控一切事物的运行。"[①]

---

① 莱英:《经验的权谋》(*The Politics of Experience*),第157页。

第三十五章
美妙的变异

莱辛对人类大脑无穷无尽却又只是得到了很少运用的潜能深感着迷。她对斯塔兹·塔柯尔解释说,我们大多数人都通常没有完全利用我们的感官能力。她认为,很多人都可以听到别人大脑里的想法,而其他人如果努力练习,也能够做到这一点。她曾经对莱斯利·哈兹乐顿说,她认为人类正在朝那个目标迈进。

她似乎也感觉到,有些人正在促进这个进程。1984年,莱辛对全国公共频道的采访记者苏珊·斯坦博格(Susan Stamberg)说,作家和艺术家是比普通人更高一级的人类进化。他们的观察能力开启了他们的智慧,并因此释放了他们的创造力。莱辛认为,一个作家可以接触到在不同时期,应不同需要而注入他们脑海里的多维度思想。莱辛每次准备写作的时候,都会敞开接受这些思想的集体影响。她在房间里四处走动,一边煮着咖啡或者熬着茶,一边漫无目的地看着窗外,直到自己满心愉悦,有了写作的冲动。

莱辛对三教九流的人都敞开接纳,这使得她很容易跟那些别人认为是疯子的人相处愉悦——这一点从她跟她父亲相处的时候就表现出来了。1992年,她对播音员伊琳娜·瓦奇特尔(Elaine Watchtel)说,自己从很小的时候就跟疯子打交道。经过一段时间之后,她开始思考为什会这样,然后发现一定是她自己也曾经对着别人发过疯。

也许莱辛对这种自我评价并不当真,但是里面确实有很多共鸣点。很多的时候,她似乎是一个能把心里痛苦转化为创造力的女人。她是个幻想主义者,她作品的力量来自于她能够把自己的幻想和恐惧转化为小说。一旦她开始写作,那些可能会摧毁她理性的力量,就会得到转化甚至消融。

莱辛认为自己有心灵感应体验,并且相信很多人都有这种经历。1980年,她对采访她的克里斯托弗·比格斯比(Christopher Bigsbi)说,我们很多人都意识不到自己有心灵感应，因为我们受到的教育告诉我们，要否认这样的想法。她并没有把这种超自然的现象当成什么客厅魔术，相反，她非常严肃地承认并且应用这一现象。她有一本日记，专门记录各种非同寻常的偶发状况，以及各种她在还没有确切的证据之前，提前很久就预言必定会发生的事情。

同样，梦境也是重要的工具和伙伴。从孩童时期开始，莱辛就把梦境当各种想法的来源：把它们当成回顾过去的方式；或者把它们当做有警示意义的故事。这也融进了她的写作方式。她总在睡觉前开始仔细构思她的新书，然后总在梦里找到答案去解决某些写作中产生的问题。她训练自己在梦中醒来，然后记下第二天要写的内容。她毕生都在枕边放个日记本，一醒来就记录下当天晚上自己所做的梦。这个过程随着年龄的增长变得越来越顺利，而且她发现，自己越来越容易从睡梦中醒来。

她告诉斯塔兹·特克尔（Studs Terkel），她的小说《四门之城》的书名就是这么想出来的。尽管她知道这个词汇在神话和《圣经》里都有，但是她从来没有想过可以用这个做小说的名字。后来，她做了一个多彩的梦，梦见一头神圣的奶牛长着四条巨大的白腿，奶牛的后腿就是城里的人们。醒来之后，她想出了小说的名字。

她做过的很多梦，都是关于非洲的。有一次，她连续好几个月梦到他们以前在山坡上的家。现实生活里，莫德和麦克搬到城里去住之后，他们那座房子就因为破败和灌木火灾被毁了。许多年里，房子被烧毁这件事一直让莱辛耿耿于怀，她总是有意地决心让它在自己的梦里变回来，每晚睡觉之前，都在脑海里仔细地回顾每个房间的模样。她就这样夜复一夜地恢复着自家的房子，直到它再次非常鲜明清晰地重新矗立在自己的脑海里。

多年来，莱辛一直希望可以通过自己积累的梦境来写一部自传，但最终灰心地放弃了这个想法。她梦里的气氛太飘忽不定了，根本没有办

第三十五章
美妙的变异

法用文字表达出来。而且,每个梦都非常复杂,很难把它们都串起来写成一个连贯的故事。她在写作她1973年出版的小说《幸存者回忆录》里,确实试验过这个方法。叙述者的目光穿透一堵墙,进入了一个梦境,看到了自己童年的现实世界。小说出版的时候,书名的副标题就叫做《自传试笔》,但是大家都觉得这个标题不符合实际,于是在国外出版和国内重印的时候,这个副标题就被删掉了。这件事让她非常生气。

在莱辛的小说中,梦境有着非常明显的地位。在《金色笔记》里,安娜的梦里经常出现象征她现实生活的形象:一片非洲的土地;在印度支那用过的枪支上的金属;朝鲜战争中受害者身上的肉;苏联监狱里即将奔赴刑场的共产党员身上取下来的党徽。莱辛用梦境符号作为叙述工具,生动地描述着安娜的过去和她对未来的担忧。

莱辛关于梦里境况和清醒状态的探索,与她对疯狂和清醒的探索建立在同一基础之上。在多丽丝·莱辛的世界里,梦境与现实经常反转。她小说中的人物通常在睡梦里最清楚自己的感想,而奇怪的是,他们总把自己的现实生活看做是黑暗混乱的梦境。

第三十六章
笔友

第三十六章
笔友

1969年,莱辛的英国文学代理商朱丽叶·欧希(Juliet O'Hea)给莱辛的新任美国代理商写了一份备忘录,向他描述他这位杰出的客户。欧希在描述莱辛和她前任美国代理商科诺普夫出版社之间的关系时,这样写道:"她和鲍勃·戈特列波是很好的朋友,她完全信任他。"1987年,戈特列波在担任了《纽约时报》编辑之后,通过和莱辛在英国的编辑汤姆·马施乐(Tom Maschler)保持密切的联系来监管莱辛的作品。在戈特列波管理期间,莱辛在英国文坛很快从一个难以应付的强硬人物变成了一个受人尊敬的作家。

罗伯特·戈特列波生于1931年,父母都是知识分子,他是家里的独生子。他上的是私立学校,毕业于哥伦比亚大学。毕业后到英国的剑桥大学上了两年研究生。戈特列波从小阅读亨利·詹姆士、简·奥斯丁这些人的作品,也和莱辛一样读伟大的道德小说家乔治·艾略特和普鲁斯特的作品。他没有读过莱辛早期读过的那些俄国文学作品。"当然,"他说,"我非常仰慕俄国作家,但是我本人并没有从他们那里获得受益。我是从《艾玛》里学到的为人处世,而不是从《卡拉马佐夫兄弟》里学会的为人处世。"[①]

戈特列波在西蒙与舒斯特出版社(Simon & Schuster)担任杰克·戈德

[①] 麦克法丘哈:《罗伯特·戈特列波——编辑的艺术》(*Robert Gottlieb: The Art of Editing*),第183页。

曼(Jack Goodman)的助理编辑,1955年升为主编。"我做这一行,是因为我对书有着疯狂的热情。"戈特列波这样描述自己的职业选择。"我非常爱好文学,而且我非常好奇大家都在读什么书,不管是文学作品还是非文学作品。"①出于这个目的,他为自己树立了一个目标,照着自1895年以来的索引,去把每张单子上列出的畅销书找出来读一遍。

1994年,多丽丝·莱辛说过:"鲍勃之所以能成为一个伟大的编辑,一个可以说是他同时期的人里最优秀的编辑,是因为他遍览群书。"②她觉得戈特列波的这个背景,在他给某位作家当编辑时表现得淋漓尽致。说到这里,莱辛还是习惯性地嘲讽说,当下的出版社里,哪怕是那些最顶尖的编辑,也不再把博览群书当成自己理所当然必须具备的从业背景。

1957年,杰克·戈德曼突然离世,而刚好西蒙与舒斯特出版社被它的东家马歇尔大地地产公司卖回给了它的两位创立者,麦克斯·舒斯特(Max Schuter)和列昂·西姆金(Leon Simkin)。但这两位创始人之间却水火不容,因此很多高层都离开了公司,因为当时大家觉得前途难料。戈特列波解释说,继任者们根本无法达到先前的成熟水准,很快,"出版社落入了小孩子们的手里"③。

戈特列波很快就成了执行编辑,几年之后,他晋升为主编。他对跟他合作的作家们的关注,以及他过人的天赋,很快让他成为了和马克斯韦尔·帕金斯(Maxwell Perkins)一样的业界翘楚。他关注写作中的每个细节,只出版他自己觉得有激情的书。在他心里,书本是一切知识的源泉,是能够影响甚至改变我们生活的,实实在在摸得到的实物。

戈特列波和莱辛在合作了两年之后,才在1964年真正见面。"我记

---

① 出自科诺普夫出版社公关部新闻资料。
② 麦克法丘哈:《罗伯特·戈特列波——编辑的艺术》(*Robert Gottlieb: The Art of Editing*),第187页。
③ 同上书,第184页。

第三十六章
笔友

得我们到她当时住的房子周围去吃一种什么东西,好像不是粗麦粉做的,就在她家附近。当然,我当时就被她迷住了,因为多丽丝当时不仅美丽动人、口齿伶俐,而且还,怎么说呢,非常独特,令人难忘。"①那个时候,莱辛喜欢将头发挽到脖子后面,松松地盘个髻,虽然已经四十五岁了,她的皮肤还是非常精致,而且她很喜欢穿一些非常富有异国情调的布料做的衣服,比如说织锦啊、印度印花布啊什么。1968年,戈特列波转到科诺普夫担任主编和出版商,同时把莱辛也转到了这家出版社。同时,莱辛将她的美国代理商由伊丽莎白·奥提斯(Elizabeth Otis)换成了约翰·库什曼(John Cushman)。

尽管莱辛偶尔也接受过别人的建议,但是她实在是不想自己的作品被人改编。"多年以来,我一直纳闷,多丽丝那么想听我的意见和建议,却总是很不愿意采取行动去修改。"戈特列波在BBC纪实录里这样说起莱辛。"我们永远都不要忘记,在多丽丝的众多品质当中,意志坚定和顽固不化所占的分量可不轻……"②戈特列波还对另一位作家说过,莱辛经常会非常和蔼可亲地听取他对她的手稿有什么修改意见,但她这样做,并不是因为她真的想要按照戈特列波的意见去修改,而是因为她觉得听他把话说完显得体贴周到一点罢了。

"我根据他的建议删掉了一小部分《四门之城》的内容,可能不该听他的。鲍勃犯过一些错误,不过他几乎每次都是对的。"莱辛认为,鲍勃·戈特列波"性格独断专行",她曾当面指出过这一点。巧的是,这恰恰也是戈特列波对莱辛的看法,哪怕他再喜欢莱辛,也无法否认这一点。③

戈特列波一边一针见血地评判莱辛的作品,一边以近乎挑逗的方式

---

① BBC纪实录(BBC documentary),第1页。
② 同上,第15—16页。
③ 麦克法丘哈:《罗伯特·戈特列波——编辑的艺术》(*Robert Gottlieb: The Art of Editing*),第216页。

对待莱辛。在担任莱辛的编辑期间，他在信中大谈特谈她多么光彩照人，自己是多么喜欢她，多么为她的作品感到自豪。有一次莱辛把彼得给她照的照片寄给戈特列波做封面用，戈特列波回信告诉她自己选了哪张，然后还加了一句，说这张照片非常可爱，而照片中的人也相当可爱。

戈特列波是个自我意识很强的人，他本人也坦然承认这一点，这主要因为他擅长分析，能客观地认识到自己的优点。他很清楚自己是一个强势的人，一个优秀的管理者，能让别人对他产生深刻的印象。他有一次说，自己之所以娶了著名演员玛利亚·图奇（Maria Tucci）为妻，是因为她是自己碰到的唯一一个非常强大，无论他做什么，都不会让她受到严重伤害的人。这个原因在他和莱辛的关系里也起到了一定的作用。莱辛非常注重自己的内心，对别人向来疏离，戈特列波的批评根本无法撼动她。

他可以把自己的想法对莱辛和盘托出，却不用担心莱辛会为此感到不安，也不用担心这样会严重地干扰莱辛的写作方向。他回忆说，1973年，他出版了《天黑前的夏天》，这是莱辛的第十部小说，也是一部畅销小说。有一天，他俩在伦敦散步，戈特列波对莱辛说，他认为这本小说会成为那个时候为止莱辛最成功的一部小说。莱辛觉得这样的预测很有意思，因为她觉得这根本不是她写过的最好的小说。戈特列波觉得，莱辛是那种不会过度沉溺于自己的最新创作的作家，而这样的作家不可多得。

多丽丝·莱辛有明确的写作目标，但她从来不会考虑去为了完美去对行文措辞进行润色。有一次，戈特列波说《四门之城》里的行文非常晦涩，而莱辛只是回了一封信，很平静地表示接受这个批评。但她解释说，她是故意写成这样的，她就是想要让读者感到不快，然后激起他们的怒火。

同时，莱辛也经常被批评过于迂腐，她的语气对于一个小说家来说，显得太正儿八经了，很不讨人喜欢。戈特列波的一位同事回忆说，在编

第三十六章
笔友

辑《简述地狱之行》的时候,"他让她的语气稍微缓和一点,这样读起来就不会显得过于迂腐古板。他还告诉她说,其中的某个观点显得特别不合时宜。而她则回信说,她很高兴她的观点不合时宜,因为这个观点对她本人来说非常重要,而且要是它不合时宜到如此引人注目的地步,没准某位评论家就会专门把它挑出来引用一番。"她的论点就是,大多数的评论家都是一些懒散的骗子,他们写评论的时候,往往会从最容易发现问题的地方下手。

莱辛和戈特列波真正起过争执的只有一件事,那就是作家们被要求越来越多地接受采访和参与新书宣传。莱辛也经常跟她的新出版商哈珀柯林斯抱怨这一点。1994年,她的自传第一卷出版之后,做了一次为期十四周的环球旅行宣传。她对出版商们抱怨说,这样的做法没有任何意义,还不如让她待在家里继续开始写下一本书得了。但是,出版商们根本不把她的抗议放在心上。

当她真的开始写她的下一部作品《爱情,再次降临》时,她说:"这次我真的跺着脚说,我不会离开家,我只接受一次采访。"①

她反感采访,是因为她认为和批评家的状况一样,"只有一少部分记者还算是过得去"。她说她总会觉得特别生气,"有个朋友,每次当某家很严肃的报纸上刊登了对我的采访之后,我见到他,他总会说,他觉得那篇报道写得非常好,其实,他知道里面有一半的内容都不是事实。"当她抗议这种状况时,那个人就会笑着安慰她说,他很清楚"那些对于不管是声名卓著的人,还是臭名昭著的人的报道、采访和新闻,人们只会当它们是娱乐,而不会当它们是事实。"②

莱辛在那次为自传做环球宣传的中途,在罗格斯大学纽瓦克分校做

---

① 德巴托达诺:《生活比小说还有劲》(*Life Is Stronger Than Fiction*),第3页。
② 莱辛:《事实上,只有一小部分记者还算过得去》(*In Fact, Only a Minority of Journalists Are Any Good*),第50页。

了一次演讲。听众大多数是非裔美国学生,很多都是他们家族里面第一个上大学的。公告里说,这次演讲要讲文学如何把全世界联合起来这一主题。一位非裔美国教授作了一番充满溢美之词的介绍,并在介绍中强调了这一主题。之后,莱辛走向讲台,但是,她根本就没有按照那位教授的思路走,反而说她要谈谈不得不到处游走卖书的感受。很多来听演讲的教师们都惊呆了,认为莱辛居然如此傲慢,轻易就将一个定好的主题抛在一边,要知道,很多人可是冲着这个主题来听讲座的。而且,她并非没有意识到,对于这拨学生来说,在电视里当着全国观众面露个脸,或者让自己的照片刊登在报纸上,是多么难得的机会。

莱辛曾经言辞激烈地写信给戈特列波,说自己对这些做法感到非常愤怒,因为科诺普夫本身有一个发行部,它的工作就是卖书,而现在却变成作家本人要亲自去卖书了。她,多丽丝·莱辛本人,不得不到处现身,去接受一些无关的采访,采访之后还会收到大批读者来信,而她压根不想收到这些人或者组织的任何来信,更别说去热心地写回信了。她还抱怨说,要是她拒绝回答采访者提出的一些愚蠢的问题,他们就会杜撰出她是如何回应的。

罗伯特·戈特列波一心为促销售书的事辩解。他表示,莱辛认为让作者本人去卖书,是一种很不妥当的行为,而他对莱辛的这种想法感到无可奈何。在他看来,进入市场并不是什么丢份的事,他还温和地指出,尤其是当出版商给作家付了大笔预付金,他们也自然想要有所回报。

要说起莱辛之所以不愿意接受戈特列波这些说法,其原因可能是因为她和戈特列波之间有过的两次非常不愉快的经历。

其中的一件事,涉及到乔伊斯·卡罗尔·奥茨,她1972年春天来到伦敦,想要拜会莱辛。戈特列波鼓动莱辛去见见她,但这完全是强莱辛之所难。两位作家在莱辛家里见了面,还进行了一场莱辛认为非常私人的对话。可是莱辛觉得非常愤怒的是,她发现奥茨把这次见面当成了一

第三十六章
笔友

次采访,并将她们之间的对话在《南方评论》上刊登出来。

20世纪70年代早期,莱辛曾写信给戈特列波,谈及她即将到来的美国之行,莱辛在信中非常清楚地表明,自己对戈特列波以她的名义安排的社交聚会没有兴趣,因为她仍然对"乔伊斯·卡罗尔事件"耿耿于怀。多丽丝觉得,她来见自己的那一次,表现得虚伪狡诈,无耻至极(但奥茨否认了自己有任何欺骗行为)。

另一件事情让莱辛更加暴跳如雷。那是1982年,莱斯利·哈兹乐顿代表《纽约时报》对她进行采访。这篇文章本来计划作为封首文章,刊登在报纸的星期天杂志上。戈特列波让莱辛接受哈兹乐顿的采访,而莱辛同样也是非常勉强地答应了。哈兹尔顿听说过莱辛特别不愿意接受采访,不过,这次莱辛却让她觉得非常吃惊,因为她们之间居然进行了长达七个小时的谈话,虽然中间也出现过令人不愉快的时刻。哈兹乐顿回忆说,莱辛处处表现得"又霸道又蛮横","要是你真想了解,你应该问我'这个',而不是'那个'……"。

文章刊登出来之后,长度比原来缩减了一半,也没能成为封首文章。可莱辛恨死这篇文章了。她抱怨说,这篇文章说起R. D. 莱英对她的影响的时候,就好像莱英是她的"宗教导师"一样。同时,文章中涉及克兰西·西格尔的地方也让她觉得怒不可遏。在莱辛眼里,这篇文章猥琐淫荡、低贱粗俗。无论戈特列波怎么安慰,都无法平复莱辛的怒火。她本想在文章交付《纽约时报》之前审查一下,可戈特列波为什么不让她看一眼呢?莱辛似乎有点不太明白,或者是有点不太相信,其实像《纽约时报》这样的报纸,对于她提出的认可审查,是有他们自己的一套专门应对策略的。

而哈兹乐顿私底下对文章被缩减也感到很不满,她觉得,如果刊登在封首,文章的内容就可以保留得更多一些。"本来可以作为封首文刊发的,"她写信给戈特列波说,"但是,《纽约时报》对莱辛的行为觉得震惊,他们给在伦敦的莱辛打电话,……让她提供一张照片作封面,可她好像是这么回话的:'我今年拍过一次照,这就够了。你们给摄影师打电话,不要问我。'"

"如果换了其他任何人让我的文章上不了封首,作为记者,我会本能地觉得非常愤怒。"哈兹乐顿说,"但是,因为是莱辛——这就是她的行事风格——我就只好笑笑了事。"她还补充说,报纸方面的人"更加不满,他们还专门打电话给我,问我能不能'想点办法'劝劝莱辛合作一点"。可是当她回想她俩待在一起的时候,莱辛那副冷漠无情又怒气冲冲的样子,哈兹乐顿觉得,想让莱辛听从自己的劝告,这个想法简直太荒唐了,于是她只好再次对此一笑了之,而她的这种表现自然让电话那端的人感到迷惑不解。

莱辛的怒火确实让罗伯特·戈特列波感到非常不安,所以,当哈兹乐顿在文章刊登后给他打电话时,他冲着哈兹乐顿发了一顿火,还挂了她的电话。莱辛给哈兹乐顿写了一封内容很短、措辞很难听的信,斥责她缺乏记者的职业素养;同时,她也给《纽约时报》写了一封抗议信,但是他们并没有按照约定如期刊登这封信,因为莱辛在写这封信之前,一直出门在外,所以信件一直过了好长时间才见报,这更加增添了莱辛的不满。

《简述地狱之行》(1971年出版)是莱辛和她的新任英国出版商乔纳森·开普(Johnathan Cape)合作发行的第一本书,这本书由汤姆·马施乐(Tom Maschler)牵头负责。马施乐和戈特列波一样,才华横溢,在出版界属于年少盛名的人。二十二岁的时候,他就成了马可基本·其(MacGibbon and Kee)出版社的编辑,统编了1959年"愤怒的年轻人"的文选《宣言》。这本书在英国和美国都发行得相当不错,获得了评论界的一致好评和可观的经济收入,马施乐在出版界的名声一时鹊起。

一年之后,他就成了企鹅图书系列计划的小说部分的负责人;两年之后,时年二十六岁的他出任乔纳森·开普出版社的文学编辑。马施乐

第三十六章
笔友

自我意识非常强烈，很多人认为，他同时也是个非常专注的人。他对自己关注的人表现得和蔼可亲、一心一意。

他对莱辛非常关注。据他在出版社的同事回忆，马施乐和莱辛早期曾经关系密切，但是马施乐想将莱辛纳入自己旗下，成为自己的签约作家，跟这个一点关系都没有。他对莱辛的作品充满敬意，尽管他非常注重图书的市场收益，但是他想跟莱辛签约，完全是看重莱辛作品的质量，而不是因为莱辛的作品能挣来很多的钱。

他们之间拓展成业务关系之后，进展非常顺利。有观察者认为，莱辛非常开心，自己成为和罗伯特·戈特列波还有马施乐之间三角关系的中心。从两个男人之间的通信可以看出，因为两人要就出版莱辛的某一部作品进行紧密合作，他们之间也建立了非常亲密的私人关系，经常会在同一时间推出莱辛的同一部作品。另一方面，他们也会互相抱怨对方的某些出版策略。

有时候，戈特列波会因为马施乐错过既定出版日期而发火，而下一次，就换成了马施乐指责戈特列波拖延书的出版日期。而莱辛每次都会非常生气地将这种指责转给她的美国编辑，怪他在控制出版节奏方面"专权蛮横"。

莱辛非常喜欢和戈特列波一起八卦马施乐的社交举止。莱辛见过马施乐的结婚对象以后，非常担心这个女人能不能受得了马施乐。她在一封信里对戈特列波说，关于马施乐的那些怪异举止，她还可以洋洋洒洒写好几页，但是为了约束自己，她不能这么做。很有可能，莱辛也在马施乐的跟前嚼戈特列波的舌根，三角关系里，这样的事太常见了。朱丽叶·欧希也谈起过莱辛有两个英国出版商时期的一些事情，她对马施乐和戈特列波的看法还是比较契合实际的。在一篇纪念约翰·库什曼的文章里，欧希说，莱辛"对自己的写作和合约相当冷静理智，无所顾忌地将她的两位出版商玩弄于鼓掌之间"。

第三十七章
找到出路

第三十七章
找到出路

对多丽丝·莱辛而言,写作《金色笔记》是一次改变文风的实践。这本书的进行,为她打开了全新的思维方式,也让她体验到了自己到底是什么样的人。她并没有像有些作家那样,为了保持平衡,将全新的自我抛掷一旁,相反,她带着好奇与兴奋,敞开心扉接纳了一切。

她想要弄清楚,到底是什么让她产生了这些新的想法,因为好多想法跟她当年觉得自己是个"马克思主义者和理性主义者"[①]时的认识背道而驰。莱辛一生都坚持了一件事,就是每当她在某个方面的兴趣被激起之后,她就开始埋头苦读一段时间。这一次,她选择了一些神秘主义和非理性主义的文学作品,里面有好几本男作家伊德瑞斯·沙(Idries Shah)的作品。他的作品让她了解到一个叫做苏菲派(Sufism)的伊斯兰教哲学运动,莱辛发现,这个派别里的好多教义,反映了她目前脑海里的很多想法和感受。沙本来是个无名小辈,可是在莱辛的力推之下,后来成了国际著名的苏菲派领头人。

苏菲派遵循伊斯兰宗教传统,认为这个宗派的源头可以追溯到先知默罕默德,确定他为自己的始祖,并声称,其宗派的命名,是从圣书《可兰经》里获得灵感。不过,这个宗派的确切源头根本无法考证。"苏菲"(Sufi)这个词,一直到默罕默德1632年去世大约一百年之后,才开始有

[①] 多伦兹访谈:《验证神秘主义》(*Testimony to Mysticism*),第66页。

记载，是从阿拉伯语"suf"转化而来，意思是"羊毛"，指的是圣人们穿的简易袍子。苏菲主义早期象征的，简而言之，其实是一种伊斯兰教神秘主义的思想体系。由于"Sufi"这个词出现之前的一些作品，也被当成这个思想体系里的内容，因此"苏菲派"到底如何起源很难界定。因为历经数百年的发展，"苏菲派"思想纷繁芜杂，但是禁欲主义，以及人与神之间的亲密关系，是其两大主流。

12世纪，"苏菲派"规则确立之后，其教义变得相对固定。该派别的托钵僧们擅长出神入化的舞蹈，因而造就了"旋转的托钵僧"这个词。纵观其在伊斯兰历史上的发展，"苏菲派"并没有任何中心思想框架，也就是说，它的教义和行为很不统一。事实上，关于"苏菲派"的讨论，往往会陷入非常主观的境地。在西方，这样的讨论常常演变成"苏菲派"信徒里的现代派和研究伊斯兰历史的学者之间争论不休。

但凡熟悉多丽丝·莱辛的人都不难猜出她会站在争论的哪一方。她长期以来就对大学感到愤怒不满，曾经抨击过学院派文学研究过于注重细节，经常吹毛求疵。她还曾长篇大论，大谈特谈她在大学校园里演讲时那些教授们提出的愚蠢问题。对于以她的名字命名的学术杂志《多丽丝·莱辛通讯》，她也斥为："实在难堪……我根本不喜欢这种偶像崇拜氛围。"[1]

颇具讽刺意味的是，1975年，伊斯兰学者爱尔威·萨通（L. P. Elwell-Sutton）在《邂逅》（*Encounter*）杂志上发表文章，以同样的立场批判莱辛的"苏菲派"精神导师艾德瑞斯·沙，抱怨他"发展个人崇拜宗教"。[2]

那年早些时候，在6月9日发行的《卫报》上，多丽丝·莱辛写了一篇名为《要是你了解苏菲派》的文章，占了整整一个版面。爱尔威·萨通所写的文章，其实就是针对莱辛的这篇文章做出回应。莱辛的那篇文

---

[1] 伯特尔森访谈：《认识新前沿》（*Acknowledging a New Frontier*），第121页。
[2] 爱尔威·萨通：《苏菲派和伪苏菲派》（*Sufism and Pseudo-Sufism*），第14页。

第三十七章
找到出路

章,总体思路明确,不过有一段她跑了点题,绕过了主题,去批评学者们"有时是在恶意抨击沙这个人"。除了这点不和谐的调子,这篇用整整一个版面写埃德瑞斯·沙文章,文采熠熠,娓娓道来,足以让专业公关人士汗颜。

莱辛在文章中跳过埃德瑞斯·沙1924年出生于印度西姆拉这一事实,以自己的方式,从沙的家庭开始,用生动详实的事实,介绍了沙的生平。沙的母亲是苏格兰人,他父亲祖籍在阿富汗,他们的祖先不仅可以追溯到先知默罕默德,甚至还可以追溯到《圣经》中著名的亚伯拉罕。沙的父亲在印度的领土分割方面起到过重要作用,他忙于在三个大陆之间不停游说,闲下来的时候,就经常去找甘地和埃及总统加默·阿布戴拉·纳赛尔。

莱辛在文中写道,埃德瑞斯·沙所接受的教育,"与平常的王子不同"。除了要一边干农活一边在好几个大学进修,沙还在"没有钱也没有人支援"的情况下,被送去进行一场长达十二年的游学,这段经历让他在宗教和哲学方面知识渊博。① 据莱辛说,沙在印度和阿富汗都继承了宫殿,手里掌控着数以百万计的信托基金;他还发明过电子设备并推向市场,在很多行业中得到应用,范围涵盖"文化领域"和"织毯工业"。但是他却因为某种原因,"完全靠他写作挣来的钱……来供养他自己和他的家人"。② 因为不想让别人觉得,他只是个靠祖上荫蔽才成为苦行僧派掌门人的角色,沙还专门成立了一个文化研究学院,去给那些"有多少成员,就有多少不同行业"③的人组成的学习小组进行启蒙教育。

而在爱尔威·萨通所写的那篇文章里,沙完全是另外一副形象。萨通提出,并非人人都可以继承苏菲派首脑的地位,因为苏菲派的"知识不是通过身体继承的"。并解释说,沙所继承的"赛义德"的称谓,"既不神

---

① ② ③ 莱辛:《要是你了解苏菲派》('If You Know Sufi'),载《卫报》(*The Guardian*)1975年1月8日版,第12页。

圣也不权威"。爱尔威·萨通描述说,"赛义德"作为一个称谓,是指穆罕默德的女儿法蒂玛的"后代(真实的和想象的)"。① 因此,作为一个哈什米赛义德,埃德瑞斯·沙可以说自己是先知的后代,但是,可以被称为赛义德的人数以百万计,并没有什么特别之处。

爱尔威·萨通的文章里,并没有提到莱辛所说的那些宫殿,反而说他住在德里附近一座"非常不起眼的房子里"。② 这座房子,是沙一家人因为在1841年阿富汗战争中帮助英国,而被阿富汗驱逐出境以后,印度政府提供给他们住的。

爱尔威·萨通最严厉的措辞,并没有用来针对沙这个人,而是用来针对他的教义。"这就是没有伊斯兰思想的'苏菲派'(如果它配得到这么个名字的话);没有宗教意味的'苏菲派';不以主为中心,而是以人为中心的'苏菲派'。他写的书里,一页一页翻过去,没有哪一页上面提到过主的名字,没有哪一页提到'爱',没有哪一页提到以'爱'去和主融合。他对如何自我提升,如何成就个人幸福,如何成为俗世精英更为关注。"萨通说,沙是"一个非常适应俗世的人,他得到了大人物的垂青,陶醉在围绕他身边的赞美和个人崇拜里"③。

抨击沙的不止学者们,后来被称为"新时代运动"的领导人约翰·本尼特(John Bennet),就曾经在他1974年出版的自传《见证》(*Witness*)里,写过一段对沙的看法极其负面的话。本尼特从第一次世界大战的战壕里生存下来之后,将毕生的大部分精力都用于精神追求。他在亚洲待过,在他的精神启蒙之旅里,他追随过两个后来在"新时代运动"中特别有名的人物——戈其夫(Gurdjieff)和苏布德(Subud)。本尼特也有自己的追随者,都是他自己成立的研究院的成员,这个研究院设在在萨里

---

①② 爱尔威·萨通:《苏菲主义与伪苏菲主义》(*Sufism and Pseudo-Sufism*),第14页。
③ 同上书,第15页。

第三十七章
找到出路

(Surrey)市金斯顿(Kingston)镇一栋名为库姆比·斯普利斯(Coombe Springs)的房子里。

1962年,本尼特遇到了沙,沙当时年龄比本尼特小了一半。据本尼特说,沙"来英国找那些追随戈其夫的信徒,想要对那些人传授他们完成教义必须掌握的知识和方法"①。当本尼特和他妻子第一次见到沙的时候,对他的看法很复杂。一开始,他们觉得这个年轻人"坐立不安,不停地抽烟,话特别多,似乎有点太想给别人留下好印象了。那天晚上谈话到了一半的时候,我们对他的印象完全改观。我们意识到,他不仅是个非常有天赋的人,而且他身上有种不可思议的品质,可以看得出他是个对自己要求特别严格的人"②。

可是从本尼特接下来的描写看,沙非常善于蛊惑人心。本尼特说,他决定"把自己全盘交给沙,尽我所能去帮助他"③。几周过去后,沙的目的逐渐明朗——他想要连房子带人霸占库姆比·斯普利斯和那些追随者,因为他觉得这些人有助于推进他的事业。沙一再强调,要是本尼特愿意将房产交到他的手里,就必须做到"无条件赠与,永远不收回,并且完全自愿"④。本尼特考虑到沙比自己年轻很多,如果自己过世,库姆比·斯普利斯还可以确保在沙的手里得到传承,于是就同意了。本尼特的一些同事建议他把房子卖了,然后把一半的钱给沙,剩下的一半留给自己在乡下建个房子养老。但是沙不接受这种半赠与的形式。于是在沙的催促下,本尼特搬出了库姆比·斯普利斯。

接下来的几个月特别艰难。沙一接手房子,就禁止本尼特的人再到这里来走动。本尼特觉得非常反感,就完全不再去理会。1966年,本尼特得知沙决定将库姆比·斯普利斯以一百万英镑的价格出售。房子最

---

①② 本尼特:《见证》(Witness),第355页。
③ 同上书,第358页。
④ 同上书,第360页。

终卖给了一个地产商,地产商在这个圣地上——在本尼特心中的圣地——建了二十八座豪华房子,用作商业出售。沙带着他的家人搬到了肯特郡的兰顿之家,多丽丝·莱辛认识他的时候,他就在那里工作、生活。

莱辛和沙见面,是因为莱辛读了《苏菲派》这本书——也有可能是《探寻者》,莱辛自己说法不一——然后就给沙写了封信。不过,她等了好久才收到了他的回信(想想多丽丝·莱辛对教授们的看法,她没有导师就不愿开始精神之旅这件事,似乎有点自相矛盾)莱辛在给戈特列波的信中说,当她经过四年漫长的探索,去寻求一个能解释和引导自己人生的学科之后,第一次接触到"苏菲派"时,她觉得喜不自禁。找到沙这个人,似乎让多丽丝·莱辛放下了许多经年累月积攒的防卫,也让她放下了那些让她失望的人和事。

戈特列波让莱辛说说什么是"苏菲派",也好让他也了解一下这个对莱辛如此重要的领域。于是,莱辛很勉强地对他解释了一番。莱辛对戈特列波粗略地解释说,苏菲派认为人的自我只有一少部分可以得到培养和发展,而培养我们成长的那一部分,则隐埋在我们的内心深处,只有当这一部分准备好了,愿意引领我们走进光明,我们才可以得到光明。并且说,要对那些还没有准备真心理解"苏菲派"的人解释"苏菲派"的方式是很难的。

这些东西都是莱辛在观看"苏菲派"实践行动后得到的第一手知识。多丽丝的一位朋友回忆说,莱辛讲起过她看到一个在听沙修习讲座的人,在课堂上睡了过去,后来她问那个人为什么会睡着,那个人抱怨说,沙根本"什么也没教"。

可是多丽丝·莱辛并不这么看这件事。沙的"苏菲派"那种间接的修习方法,让她觉得非常舒服,而沙却对他的修习法如此解释了一番:

第三十七章
找到出路

"'苏菲派'的态度就'境界'。但是它跟我们熟知的神秘派不一样,它还会用到'获知'。'苏菲派'区别了普通意义的获知事实与内心世界的获知现实。本人的修习,让理解、境界和获知这些因素相互联系,相互平衡。"①

这种说法模棱两可,话里甚至还漏出一层意思——只有那些已经达到一定境界的人,才能理解这个领域。沙这样说道:"这是那些已经受到点化的人之间的一种交流形式。它的益处,就是将凡尘俗世与更高维度的空间联系起来,进入普通人无法进入的'另一个世界'。"②

沙认为苏菲派蔑视传统定义,他本人对那些只读过苏菲派的书,或者只看过苏菲派教习,就自认为已经理解了苏菲派的人没有什么耐心。"外围的观察者们没有资格评价苏菲派的内在,只能评价它的外在。苏菲派有一句格言,'吃过的人才能说出味道',反之,没有吃过的人,不了解其真实的味道。"③换句话来说,你要么深谙其要义,要么对它一无所知。"苏菲派"的修习故事和启蒙要诀,都表现出了这种二元对立。对于那些悟性高的研习者,这些修习故事对他们的个人成长起到了重要的帮助。"苏菲派"的修习故事,跟传统的民间传说和圣经寓言故事对道德或者真理大加赞赏大不一样,这些故事都没有固定的结局,每个想要提高知识水平和个人修为的人,都可以对它们有不同的阐释。

也有一些人认为,这些故事模棱两可,甚至虚无缥缈。南希·谢尔兹·哈丁(Nancy Sheilds Hardin)在她的文章《"苏菲派"修习故事与多丽丝·莱辛》里就指出,修习故事里有一个传奇故事,里面用一些"滑稽荒唐,古里古怪的行为"去"惊醒听讲人,鼓励他发现更深层次的知识"④。

---

① 沙:《掌控中的自我》(*The Commanding Self*),第2页。
② 沙:《苏菲派》(*The Sufi*),第74页。
③ 同上书,第338页。
④ 哈丁:《"苏菲派"修习传奇与多丽丝·莱辛》('*The Sufi*' Teaching and Doris Lessing),第122页。

"纳斯雷丁发现国王的鹰站在自己的窗台上,他从来没有见过如此奇怪的'鸽子',于是将它高贵的鹰喙剪短弄直,又将它的利爪剪断之后,把鹰放走。嘴里说着:'现在你的样子才是鸟儿该有的样子,你以前只不过没有被人注意到罢了。'"①可以肯定地说,并非人人都有像哈丁这样的感受。不过,对于"苏菲派"的研习者来说,"苏菲派"的修习故事,可以成为他们照见自己的形象和思想的镜子。它可以培养出用整体的眼光来看待生活的方式,让左脑和右脑联合起来,将本能体验与抽象合而为一,去达到一个理性与逻辑的境界。事实上,"苏菲派"修习故事的目的之一,就是要从观念上将人们的线性思维转变成对生活更为自发、更为本能的理解。莱辛的小说里就反映出"苏菲派"研习故事的影响,现实与梦境相互渗透,让读者从全新的角度来看待生活经历。

多丽丝·莱辛曾在《时报》上发表了一篇文章,讨论沙 1994 年出版的《掌控中的自我》一书。文章里说,"苏菲派"的修习故事,教会了她如何赞赏自己的天赋。她甚至还引用了里面的两个故事,来表达对沙的敬意。其中一个故事,讲的是老鼠和大象相爱,并准备结婚。新婚之夜,大象身体失去平衡,倒地而亡,老鼠大哭:"天呢,我怎么这么苦命!真没想到,我竟然为了片刻的欢愉和一个数吨重的想象,换来了一辈子要去掘墓的命运!"②

莱辛赞赏地附了一段话说:"这种看待生活的态度,一丁点都不多愁善感。"③她认为,要了解"苏菲派"的思想到底是什么,就得放弃传统的思维和语言束缚。这种思想在她的作品里得到了体现。她小说中的人物

---

① 哈丁:《"苏菲派"修习传奇与多丽丝·莱辛》('The Sufi' Teaching and Doris Lessing),第 122 页。
② 沙:《掌控中的自我》(The Commanding Self),第 43 页。
③ 《〈掌控中的自我〉评论》('Review of the Commanding Self'),载《伦敦时报》(London Times) 1994 年 5 月 5 日版,第 40 页。

第三十七章
找到出路

都致力于意识的提升，比如，可以看出，他们都有超感官意识的能力。

玛莎能轻易听到琳达内心的想法。眼下，因为比平时更加敏感，她听得更清楚了。平常，她可以听到一些奇怪的词汇，或者一个关键词，甚至一两句话。现在，因为可以大概听到别人脑海里的想法，要走进琳达的心里并非难事。①

一个修为到一定境界的"苏菲派"，可以看到别人脑海里的想法。"苏菲派"的这种进化提升观对莱辛的影响，可以从她在《四门之城》这部小说的第四部分引用了《苏菲派》的箴言，得到明确的体现。

"苏菲派"认为，人类终将走向某种命运，这一点在一定程度上得到了体现。……器官的形成，是因为我们需要某种具体的器官。……普通人认为零星、偶然出现的感应能力或者预言能力，在"苏菲派"人的眼里不过是这些器官的初期萌动而已。②

莱辛由注重政治转而修习"苏菲派"的这些感受，激怒了她的很多朋友。他们认为莱辛与"苏菲派"扯上关系之后，开始变成了一个以自我为中心，爱遮遮掩掩的精英主义者。还有一些人却认为，"苏菲派"让莱辛的内心得到了一定程度的平静，使她变得更为随和。戈特列波用他一贯充满爱意的语气，给莱辛回信说，尽管他自己不信"苏菲派"，但是他不会阻拦她的信仰。虽然在另一封信里，戈特列波一开始就承认，自己不能理解莱辛为什么要依附于某个精神导师，但他很快就补充说，最重要是事，就是多丽丝和他本人都要不停地提升自我，他们的生活，无论哪方面

---

① 莱辛：《四门之城》(*The Four-Gated City*)，第519页。
② 同上书，第466—467页。

看,都是最适合他们的。戈特列波在了解到多丽丝·莱辛对"苏菲派"的感情有多深之后,是不太可能再去认为自己会对埃德瑞斯·沙有什么个人批评的。1979年,莱辛甚至从自己在科诺普夫出书挣来的钱里抽出十万美金,设立了一个"苏菲信托基金",而这个基金所支持的活动并不怎么广为人知。

"我根本不了解沙这个无名小辈!"史都华·霍尔嘲笑道。这集中反映了多丽丝·莱辛专注政治时期认识的很多朋友和同事对她的不满。克兰西·西格尔起先以为沙和莱辛是情人关系,很多看到他们在一起的人也这样以为,不过莱辛却否认了这个事实。"我觉得这就是她为什么会如此倾心于那个大骗子的唯一的解释。"有人疑心道。爱尔威·萨通也对沙居然可以操控像莱辛和诗人罗伯特·格雷福斯(Robet Graves)这样的知识分子感到百思不解。萨通觉得,他们总结"苏菲派"的目标,就是"身处这个世界,却不为它所困……这就是'苏菲派'的理想",但是从"苏菲派"的历史来看,这种解释一点都不贴切。[1]

说到沙的追随者,爱尔威·萨通说:"值得注意的是,他们当中很多人都来自知识界,里面有诗人、记者、评论家、播音员。"[2]他也暗自思量,这是不是因为,放弃知识掌控,转而去遵循和追随某一固定领域,真的能够感受到很多的乐趣。当然,精英主义方面的因素也不可忽视——熟练掌握一种颇有挑战性的思维方式,并属于某个封闭的俱乐部,那可是非优秀人才不得入内的。

所有这些因素,都可以帮助我们理解莱辛对埃德瑞斯·沙坚定不移的支持。但是,不管她认可沙的卓尔不凡出自哪些理由,从她的作品明显可以看出,成为一个"苏菲派",让她的思想更为平静,内心更为强大。

---

[1] 爱尔威·萨通:《苏菲主义与伪苏菲主义》(*Sufism and Pseudo-Sufism*),第16页。
[2] 同上书,第15页。

第三十七章
找到出路

通过诠释"苏菲派"的思想,莱辛似乎能够放下心中的某些遗憾。跳出个人意志,从更为广阔的时代精神来看,人们相信人过去的一些行为,其实是自己跟自己过不去的结果,个人不必因为自己没有受到启迪而承担责任。更有甚者,个人可以将那些相对混乱的时期,当成个人自我成长的一部分,而通过这些过程,个人可以达到一个更高的境界。

和之前的共产主义信仰一样,"苏菲派"让莱辛既可以保持旁观者的立场,又有了一种归属感。在前往纽约的旅途上,莱辛经常会随身携带一些沙写的书,到一些宗教书店或者新时代书店去向那些店主兜售。"她会带着一袋子书走进来,既不提前预约,也不事先说明她是谁,就那样在城里一家书店一家书店地转。"科诺普夫出版社的一位编辑回忆说,他仍然对记忆中的这些事情感到迷惑不解。"我对她说,早知道你在干这事,我就给你一份相关书店的名单了。而她却说:'不用,我觉得这样到处逛逛挺有意思的。'她想要以自己的方式来做这件事。所以我不知道她到底去过哪些书店,或者是怎么卖书的。但是她是铁了心要这样去帮埃德瑞斯·沙了。她想促进他的事业。"

沙去世后,莱辛在1996年11月23日刊登在伦敦《电讯》的讣告上这样写道:"要总结三十多年师从一位'苏菲派'导师学习的经历,不是一件容易的事。一路走来,处处充满惊喜,这是一个不断摆脱幻想和成见的过程。"① 通过苏菲派,政治意识形态和艺术创作成就不能完全点亮的生活变得有了意义。很明显,苏菲主义持续回答了多丽丝·莱辛的好多疑问。她在1990年直接宣布:"它是我人生最重要的一件事情。"②

---

① 莱辛:《埃德瑞斯·沙》(讣告)('Idries Shah')(Obituary),1996年。
② 德巴托达诺:《生活比小说还有劲》(*Life Is Stronger Than Fiction*)。

第三十八章
十二月里，你还会如五月里那般爱我吗？

第三十八章
十二月里,你还会如五月里那般爱我吗?

1973年,罗伯特·戈特列波写信给莱辛,告诉她,她即将出版的第十本小说《天黑前的夏天》,"的确振奋人心"。评论家理查德·洛克和约翰·列奥纳德两人都表示对这部书的出版感到振奋。列奥纳德甚至表示,这是他本年度读到的最优秀的一部作品。平装版出版社蜂拥而来,购买再版的版权。戈特列波允许自己做了一件他平常很少会做的事情,那就是预测说,这本书将会获得巨大的成功。

《天黑前的夏天》后来确实成为多丽丝·莱辛最畅销的小说之一,进入了畅销书名单,并且激起了许多评论家的赞赏。而时任《纽约时报书评》主编的约翰·列奥纳德,竟然采取了一个史无前例,也是后无来者的措施——利用自己《最后的话》专栏,去写文章反驳伊丽莎白·哈德维克对莱辛这部作品的负面评论。

"虽然有点不好意思,但我还是要对她正在评论的这一特定作品所作出的评价提出异议。"他写道,"我认为,《天黑前的夏天》不仅是多丽丝·莱辛本人最优秀的一部小说,也是自加西亚·马尔克斯《百年孤独》以来我们所刊登过的最优秀的小说。"他的文章最后的一句话就是:"请购买这部小说。"①

---

① 列奥纳德:《最后的话》(*The Last Word*)。

列奥纳德的辩驳很快就引来了读者的热情来信,他们坚持认为哈德维克没有能够领会多丽丝·莱辛复杂多变的视野。而那些同意哈德维克观点的来信,根本就没有发表出来。

《天黑前的夏天》的故事背景,对于20世纪70年代的女权运动发展而言,是非常有力的支持。凯特·布朗是一位人到中年的妻子和母亲,不顾可能会发疯的危险,开始了自我发掘的旅程,并开始探讨生与死的意义。作为独立的个体,她需要找到哪些事情是自己真正在意的,而不是人云亦云地去反映别人的要求和观念。

凯特·布朗属于社会中的中上阶层,身体健康,风采熠熠。她心无旁骛,整整当了二十五年美丽动人的妻子和母亲。和很多她那个时代的女性一样,她一心一意扮好妻子和母亲的角色,却完全忽视了她自己的内心深处的满足感。突然,在某个夏天开始的时候,没有人再需要她的付出了。她可爱的神经学家丈夫要到美国波士顿的一家医院,去做为期一个夏天的访学。丈夫并没有邀请她与他同行,而且她也很清楚,一旦到了那里,他就会忙于那些实际上非常无聊的事情,而这么多年以来,她一直都设法对那些事视而不见。

三年前,她十六岁的儿子指责她,说她没完没了的关心,弄得他透不过气来。尽管她刻意制止自己去想这种矛盾,但是这件事透露出来的信息却一直折磨着她。而这个夏天,她的四个孩子都分散到各个不同的地方去了。他们都想要完全的自由,不需要母亲的关心。当凯特逐渐意识到,自己正在被一辈子都为之付出的人们嫌弃,她立刻感到了巨大的情感空白。这种情形,可以追溯到多丽丝·莱辛自己少年时期和母亲之间的对抗。她的母亲也是抛下了事业,选择了婚姻和家庭,把所有她本该挥洒在医院护士这一职业上的精力,全部用在了孩子们的身上。

莱辛还在一位人生到了某个阶段的好朋友的身上,发现了这种痛苦的青春碰撞经历。"这个女人没有工作,她的孩子们都长大了,而她却不

第三十八章
十二月里，你还会如五月里那般爱我吗？

得不屈服于一个事实，那就是，她已经没有什么用了。"①

而在《天黑前的夏天》里，莱辛非常动情地写到了应对人到中年的各种下坡路。人到中年的妇女，在某个早上突然意识到，孩子们都长大了，她得要退出他们的生活。凯特·布朗很清楚，这种事终究有一天会发生在自己身上，但是她从来没有料到，一切来得这么突然。"是的，在明年夏天，或者后年夏天，而不是现在。"②

尽管《女士》杂志刊登了这部小说的节选，但是《女性之家杂志》的小说编辑玛格丽特·卡兹恩斯（Margaret Cousins）却拒绝了刊登节选的机会。《女性之家杂志》面对的，是更加传统的女性读者。卡兹恩斯对戈特列波解释说，很遗憾，莱辛那居高临下的叙述，没有给读者们留下任何余地。真的，她发现书中对母子关系的非难，让她觉得非常困扰，她自己在办公室读完小说之后，觉得差点缓不过劲来。

莱辛在1980年接受《纽约时报书评》的采访时，明确表示，她写作《天黑前的夏天》的时候，本意不是要去诋毁家庭主妇们的贡献。她深深同情像凯特·布朗这样的女性——一个人供养着一大家的人，却不得不尴尬地承认，自己没有其他的职业，这是一件非常可怕的事情。她认为，家庭主妇的角色和母亲的角色非常艰难，非常苛刻，需要唤醒一个人最高贵的本能。

凯特·布朗在全家人躲开她之后，找了一份工作，给一个有关咖啡的会议当翻译。她发现她抚育孩子的能力，在职场上发挥了非常大的作用。她的老板恳求她留下来再带一个团，因为她在当翻译的同时，其实还承担了会议组织者的工作，对参加会议的人来说，她就像个"部落妈妈"一样。她觉得这一切简直太有讽刺意味了，她通过延续她在私生活中的行为，在公共职场上获得了成功，而这些行为恰恰曾经定义了她的

---

① 汤普森访谈：《被某种风景吸引》（Drawn to a Type of Landscape），第186页。
② 莱辛：《天黑前的夏天》（The Summer Before the Dark），第28页。

生存状态,导致了她如此灰心失望。她一辈子,都在将自己的需要提升为别人的需要,而现在,她又故伎重演。

莱辛理解,为人之母的身份,让女性在自己的生理本能和心理信仰的选择中面临不可调和的矛盾;也让她们在承担对他人的责任和保持自己的个人自由的选择中产生不可调和的矛盾。和莱辛一样,凯特必须跟他的丈夫、她的孩子们,以及人们认定老年女性该有的生活状态这样的社会观念强加给自己的一系列身份抗争。莱辛本人生活中围绕如何做母亲所产生的所有冲突,都在小说中得到了充分的展现——她和母亲之间的敌对,她离弃自己的两个孩子,她试图一边承担为人之母的责任,一边保持自由女性身份的所有努力等等。她小说中的女主人公,通常都会发现,如果她们在生活的某个领域获得了回报,那么她们就得在别的方面付出代价。她们寻求的和谐统一,从来都是难以企及的。不过,她们会不停地去尝试,甚至不惜以牺牲理智为代价去实现它。

凯特想要寻求新的生活,于是从伦敦到了伊斯坦布尔,又从伊斯坦布尔到了西班牙,身边带着一个年轻的男人当助手,这个人后来成了她的情人。这场恋爱不仅没能拯救她,反而让她因为疾病和挫败而崩溃,这一切让人想起莱辛自己的父亲曾经的状况。可是,即便如此,这种关系也的确是她寻求自我理解旅途上一个非常有力的支撑。每一种新的体验,甚至是她几近疯狂的经历,都让她更进一步地理解了朝着无情的生命终点不断走近的复杂意义。

凯特·布朗为了工作改变了自己的外观形象。她买了新衣服,并将头发染成当姑娘时候的暗红色,而不是她丈夫喜欢的那种淡淡的、不那么夸张的颜色。她意识到,她人生的大部分时间里,都通过加强自己为人妻子、为人母亲的外观形象,获得了一家人的认可。而如今她发现,这种做法让她变得没有任何性别吸引力。

她的这种认识得到了验证,因为有一次,她路过一家建筑工地的时

第三十八章
十二月里,你还会如五月里那般爱我吗?

候,完全被那群建筑工人无视。凯特于是揣测男人的审美,将夹克外套拉开,露出了穿在里面非常突显身材的裙子,然后又扭腰翘臀地走回了那个工地。这一次,她获得了一片赞赏的嘘声。她变换角色,在工地上来来回回地走了好几趟。每当她穿成她平常的样子,压根没有人会注意到她,而当她改变外观,打扮得微微带点性挑逗意味的时候,总能激起一片充满男性荷尔蒙的尖叫声。她怒火中烧,起先是因为被人无视,后来是因为意识到一个事实——自己长久以来都在压抑着性欲。这些情感变得越来越复杂。她对这种非常荒唐的原始男女关系感到满腔怒火,她只是改变了外观形象,就激发了如此强盛的性能量,而外貌的变化,分明是对自我的否定,分明是自我中微不足道的一部分。

真正的自由,不是用那个轻佻年轻的形象,去取代自己一贯的居家妇女形象,而是意味着去找到那个不以他人的眼光来衡量的自我。而她的确也通过一系列梦境找到了自我,梦中那只受伤的海豹,其实就是她迷失的自我。"在《天黑前的夏天》里,我直接把梦境融入故事当中。如此一来,这个女人实际上是通过她有关在山脚下找到的那只神奇的海豹的梦境,寻找到了自己的出路。"①在一个又一个梦境里,凯特带着那只海豹朝着她认定的大海的方向走去,一路上尽心尽力保护那只海豹,让它不要去遭受任何形式的灾难。她的负担越来越重,而那只可怜巴巴,茫然无助,完全依赖她去指引方向的海豹,其实象征着她自己陷入困境,被抛却遗弃了的自我。当她最终梦到自己到达海边,把海豹安全地放入了大海,她的情绪上的重负,和她的胳膊的重负,一下子就得到了解脱。她将海豹放生之前,意识到海豹"充满了活力,而且,和她自己一样,也充满了希望。"自我的光芒环绕着她,但是,"去取悦他人的欲望之光消失了。"②

---

① 亨丁访谈:《冷静地审视处境的能力》(*The Capacity to Look at a Situation Coolly*),第 54 页。
② 莱辛:《天黑前的夏天》(*The Summer Before the Dark*),第 266、269 页。

在苏珊·斯坦博格对她的一次采访中,莱辛被问及是否介意年华老去。"不,我无所谓。我年轻的时候,也曾经美貌如花,我很遗憾这样的日子一去不复返。但是,我并不太在意这一切。"她解释说,韶华逝去,不被人关注,其实也是有很多优势的。"你可以坐在那里观察别人,听别人说话。"[1]莱辛似乎真心地享受每个年龄阶段的生活。她享受年轻貌美赋予她的万人瞩目,也为年华老去、不再受人关注所呈现在眼前的新世界而深深倾倒。她也坦承,虽然人生也有妥协,但她觉得慢慢老去也是一种积极有趣的经历。

莱辛曾经有一次给罗伯特·戈特列波写信,说起一个朋友几近崩溃,总是莫名其妙地嚎啕大哭。莱辛说,她的郁郁寡欢,是好几个原因造成的,而其中的原因之一,就是她过去曾经精致华丽、年轻貌美,而如今她已经年近五十了。莱辛猜测说,对于一个年轻时貌美出众的人而言,韶华易逝的感觉一定要更难熬。1972年,亨丁采访她的时候,她谈到了同样的话题,并暗示,失去年轻貌美之时自然而然的魅力,是女性人到中年时产生危机感和觉得郁郁不得志的主要原因。

在凯特·布朗要返回家中和丈夫见面的最后一周里,她任凭自己染过的头发下露出白色的发根。这是她的独立宣言。约瑟芬·亨丁回忆,她1972年采访当时已经五十二岁的莱辛时,发现莱辛将自己的头发紧紧挽在脑后,穿的衣服颜色灰暗,既没款又没型。亨丁说:"莱辛夫人一身怪异的打扮,坦然地坐在那里,明明是个非常有魅力的女人,却非要扮作老女人的样子来掩饰,精心做出一副平淡无奇,融到人堆里的模样。"[2]在接下来的十年里,莱辛用一种更加引人注目的方式拥抱着自己的老年生活。她六十岁的时候,一副严肃拘谨的样子,而大多数了解她的人都

---

[1] 斯坦博格访谈:《全方位考虑》(*All Things Considered*),1984年,第5页。
[2] 亨丁:《浴火的凤凰——多丽丝·莱辛》(*Doris Lessing: The Phoenix 'Midst Her Fires'*),第83—84页。

第三十八章
十二月里，你还会如五月里那般爱我吗？

觉得，她是在故意夸张，刻意突显。

史都华回忆说："有一段时间，她突然消失，不在公众场合露面，然后又突然出现，这时，就见她满头白发，将头发非常严谨地一股脑挽到脑后。她其实还没有到进入老年的过渡期呢，可是，她却以一种非常刻意的方式，故意显出一副比她实际年龄还要老十岁的样子来。这实在太让人难忘了。我认识的其他人，没有人像她这样，似乎在表决心：'我要是不显出一副明显老得像六十岁的样子，我就不在大家面前出现。'这种做法真的很奇怪。我们都觉得她是在显示自己的某种决心。"

霍尔的话透露出一些线索，让人联想到莱辛的女性身份。她也许是在宣称："我已经没有性欲了。"甚至也许是在说："我要在遭人拒绝之前，先拒绝别人。"就在莱辛做出这种转变之前，她的确正在离爱情的吸引力越来越远。当一位比她年轻的女性朋友写信告诉她，自己又陷入了爱情，莱辛回信说，自己非常羡慕她，因为她自己的生活中，爱情已经空缺了好多年了。爱情的缺失，偶尔会让她觉得伤感，但是更多的时候，却让她觉得有种终于逃离了魔爪的感觉。

但是，近年来，莱辛似乎改变了主意，不再为情事欲望和浪漫需求逐渐消逝而欢欣鼓舞。尽管她作品的封页照片上，脸上还是故意化妆成一副刻板严肃、不讨人喜欢的样子，她本人私下的样子却显得更加柔和，更加漂亮了。她对朋友说起过，她本来还有机会再谈一次恋爱的，只是她感兴趣的那个对象，比她要小了至少十五岁的样子。她在《爱情，再次来临》（1996年出版）里描述了这种状况。人生到此，她算是完成了一整个循环，回到了她一生最大的执念，一个影响了她的爱情观和两性观的执念——不愿意付出爱的母亲。

萨拉·德哈姆那拒人于千里之外的母亲，最终离开了人世。萨拉爱上了一个比自己年轻的男人，从没有结果的激情中醒悟过来以后，她突然暗自发觉,她对爱的饥渴,就和一个婴儿需要母亲,急切地渴望母亲的爱毫无二致。

"陷入爱情,"六十五岁的萨拉想道,"就是去记起,自己是个流浪儿。而这也就是受苦的人不愿意得到救治的原因,哪怕就是流着泪喊着:'我再也受不了这非人的生活了,我再也受不了这人生的荒漠了。'"①

《爱情,再次来临》出版不久,莱辛向心理学家主席会的安东尼·克莱尔透露说,她最近在和一个年轻人恋爱,思想也有所转变。和萨拉·德哈姆无法忍受的人生荒漠的境遇迥然不同,莱辛自己的爱情冒险,似乎迎来的是一片爱的绿洲。

---

① 莱辛:《爱情再次降临》(*Love, Again*),第 350 页。

第三十九章
迷失在太空之中

多丽丝·莱辛将《南船座的老人星》献给"我的父亲,他常常静坐于我们在非洲的房子外面,时复一时,夜复一夜,仰望星空。"他会说:"如果我们把自己吹起来,就会更加靠近我们来时的地方"①。从1979年至1983年出版的五本小说可以看出,漂泊在外的莱辛,并不仅仅是在建立一种新的人际关系,加入新的集体,搬入新的国家,她其实是在搬离整个外部世界本身。她从小就洞悉事物并不总是表里如一这个道理,所以她能够自由地构想,甚至是创造一个新的宇宙。最初她只是打算写一本名叫《希卡斯塔》的书,这本书是"科幻类型的《圣经》"②。但写到一半的时候,她就彻底喜欢上了这种方式,她很清楚,更多这类小说会接踵而来。

这些系列小说,以老人星为中心,建立起一个巨大的恩惠帝国体系。老人星的人民守护着其他星球,派遣使者到其他星球去解决问题,并且教会这个星系的人如何和平地生活,如何有目标地生活。他们的一个殖民地星球,叫做希卡斯塔,其实代表着我们地球。与老人星帝国相抗衡的,是阴险狡诈的夏马特星人。第三集团的天狼星帝国人,相比老人星帝国的人而言,则没有那么可靠,并且更加官僚作派。莱辛在小说中将老人星人设定为自认比天狼星人要高等的人,其实明显是她自身的殖民经历在小说中的体现。而天狼星的人,虽然臣服于老人星人,但相应地,

---

① 莱辛:《南船座的老人星——履历档案》(*Canopus in Argos: Archives*),第 VII 页。
② 盖瑞访谈:《打破这些形式》('*Breaking Down These Forms*'),第 116 页。

第三十九章
迷失在太空之中

也表现出嫉妒心强、充满敌意的特点。

《希卡斯塔》是系列小说的第一部,它探讨地球从旧石器时代一直第三次世界大战的历史。小说《四门之城》中也描述过第三次世界大战。通过老人星人的报告,我们了解到地球从高雅变得堕落,地球上的居民变得越来越残暴,越来越狭隘,越来越狡诈,也越来越愚蠢。这些变化,让他们经受了更多的苦难。有些问题,他们可以怪罪夏马特人,但大多数的麻烦都是他们自身造成的。在莱辛看来,这部小说涉及与《圣经》有关的内容,那就是,老人星人的代表,实际上是先知。

该系列的第二部小说,《第三、四、五区的联姻》,就显得没有那么厚重了,它是以趣味寓言的形式来讲述肉体与精神之恋。莱辛在莱斯利·哈兹乐顿采访时,很清楚地说明了《第三、四、五区的联姻》这部小说的灵感来自哪里。她四十多岁的时候,个人生活并不如意,于是她经常把自己幻想成一个强大的女人国中的一员,和同样强大自信的男人国交涉。她试图通过这个假想的女性人格来给自己一些支撑,结果发现这种办法还真管用。直到好多年之后,当她准备起草《老人星》系列时,才忘却这种自我激励的方式。她夹枪带棒地对着莱斯利·哈兹乐顿反驳那些批评她的言论,说她相信,他们能够看出这部作品的文风与《希卡斯塔》大为不同,内容来自她的个人经历,与她以往的作品很不一样。

该系列的第三部作品《天狼星人的实验》,探讨了某些早期材料,涵盖的时期与《希卡斯塔》相同,即从殖民活动初期一直写到到毁灭世纪时期。但不同点在于,这部作品里的所有报道,都来源于同一个人,而这个报道者与读者之间的关系,比起《希卡斯塔》里面的报道者与读者之间的关系,要亲近得多。天狼星人的代表,是一位女性公职人员,名叫安比恩二世,她代表了莱辛的一个观点,那就是,女性的优秀品质通常可以通过获得权力来得到展现。在这方面,她们与她们强烈谴责的男性并无不同。安比恩二世是天狼星的五大统领之一,常年任职于殖民服务中心

（天狼星人不会死，他们的能量耗尽过后，就会有新的能量来替代）。天狼星人拥有比老人星人更高级的技术知识，但他们的性情却要卑鄙得多，他们极度贪婪，傲慢自大。安比恩二世基于国家利益最大化来做决策，她并不关心民众的个人利益。在小说的结尾，安比恩试着以更人性、更真挚的角度来审视自我、洞悉世界。

莱辛告诉莱斯利·哈兹乐顿：“写第三部小说的时候，我回到了非常肤浅的层面，……我用老人星这个高等星座来作为论据，教导一颗非常野蛮的星球完成自我觉悟。”①这个主题似乎与她曾经修习"苏菲主义"的经历不无关系。她告诉克里斯托弗·比格斯比，自从师从伊德瑞斯·沙之后，她经历过一段相当长的时间，才剥开层层误解，最终发现真实的自我。

系列小说的第四卷，也就是《选拔八号星球的代表》的内容，是从被殖民者的角度，而不是殖民者的来讲述的。八号星球充当了那些通过遗传育种而进化的人群的庇护所。八号星球上既没有艰难困苦，也没有自由意志。殖民者按照指示，在星球的四周建起一堵厚厚的黑色城墙之后不久，从未下过雪的星球上，雪花瀑布般地飘落，八号星球进入冰川世纪。人们痛苦地挣扎着求生，但是因为压力，他们的能量没有办法释放出来。在经历一段充满犯罪和暴力的堕落时期之后，大多数人不论是身体状况，还是道德品质，都急剧败坏。

八号星球上的所有生命都消逝了，有些是饿死的，有些是冻死的，有些被埋在了大雪之下。小说不仅描绘了人类忍受灾难的能力，相反，还展现了个人在大自然的力量面前显得多么微不足道。

这一系列小说的最后一部，《沃里恩帝国多愁善感的特派员》，写的是万物生长又消亡，领土被征占，人们被奴役。语言在这本书中起到很

---

① 哈兹乐顿访谈注释（Hazleton interview notes），第 5 页。

第三十九章
迷失在太空之中

大的作用,因为话语被用来创造幻象,影响人的思想,让人疯狂,激起极端的情感和感伤,并引发大规模的群众骚乱。

"我讨厌任何形式的浮夸辞藻,"1988 年,多丽丝对科幻小说作家布莱恩·奥尔迪斯这样说道,"当我不断前进,我总会产生很多非常奇妙的想法,比如建立一家浮夸辞藻病院什么的……我无比享受这一切。"[①]莱辛把日常生活中的苦难,转换到了浩瀚的星系上,创作老人星系列作品,四年之内写出了五部小说,这让她觉得自己比以往任何时候都更有创造力。

莱辛说,她在这些小说中探讨了某些社会问题,这个想法让罗伯特·戈特列波感到不安。他非常担心,自己麾下这位重要的作家有点太爱挑事了。他告诉莱辛,她写的科幻小说内容跟过去的作品比起来太过单调,直接变成了政治宣教,而他认为多丽丝·莱辛的读者不会对政治宣教感兴趣,但是为了接受一切,他们就不得不去相信他们读到的东西。

《第三、四、五帝国的联姻》是在《希卡斯塔》出版之前写的,计划第二本书在第一本书出版六到八个月后出版。在一封信中,莱辛和戈特列波分析了时间安排问题。《希卡斯塔》将在秋天出版,到时,至少会有各种不同的评论关注小说的出版。而或许在这些有关《希卡斯塔》的评论还尚未成文的时候,《第三、四、五帝国的联姻》就此问世,她兴奋地说,而这本小说和之前的那部小说感觉如此迥然不同,那些批评家们可能不得不要重新构思一番,才能对她的作品作出回应。

戈特列波的担忧不无道理,许多评论家和读者都把《南船座的老人星:档案录》看成莱辛的一种说教方式。有人觉得她的"空间小说"手法拙劣,说教空洞,根本就不是科幻小说,体裁的形式和故事的中心之间有

[①] 埃尔迪斯访谈:《生于忧患》(*Living in Catastrophe*),第 170 页。

不可逾越的鸿沟。评论界对这一系列作品的反应各有不同。约翰·列奥纳德是她忠实的追随者，他在自己对《天狼星人的实验》的评论中这样写道：

> 我认为《希卡斯塔》写得很烂，而《联姻》则让人迷醉，风格豁达睿智。当然，莱辛女士能够，也乐意，想做什么就做什么；我们就像一群蜜蜂，在她一心扑向美妙的情境时，却去蛰她的脚踝。……她或许会坚持认为，《南船座的老人星》中的宇宙观，只不过是纯粹的文学创作，但是我们却不得不问，她到底写出了多少。接着就开始好奇，就会像安比恩二世对天狼星帝国充满疑惑一样，问："这一切目的何在？"①

苏珊·拉德娜在1983年的《纽约客》中写道：

> 一个对莱辛作品不熟悉的人，由于被出版商宣传的幻想系列所吸引，被作者顿悟的姿态所迷惑，或许会陶醉在这些书的实用派神秘主义当中，心悦诚服地接受形而上学，紧紧依偎着抚慰人心的目的论。一个经验老到的读者，或许一开始，也会被那个微弱的个人声音里装出来的不带个人色彩的态度弄得迟滞不前、不知所措，然后才开始怀疑……这位迫切追寻圣杯的作者，是不是已经蜕变为想入非非的疯子。而其他的读者，那些曾经很喜欢莱辛别的作品的人，可能只是会觉得老人星系列太令人难以捉摸，根本搞不懂她要说些什么。②

---

① 列奥纳德论《天狼星人的实验》(*The Sirian Experiments*)。
② 拉德娜：《普通人的视角》(*Angle on the Ordinary*)。

第三十九章
迷失在太空之中

这部系列小说，虽然从未受到莱辛核心读者的欢迎，却的确为她赢得了一些狂热的新的追随者。作曲家菲利普·格罗斯被这部系列深深折服，他创作了两部基于老人星系列的歌剧——《第八号行星代表的产生》（1988年）和《第三、四、五区域间的联姻》（1997年）。

这段时间里，最让多丽丝·莱辛感到气急败坏的是，有人告诉她，她脱离现实主义小说的创作，飞越到科幻小说创作，让有的读者感觉他们被她背弃。她义愤填膺地对莱斯莉·哈兹乐顿说，老人星系列受到了全世界年轻人的欢迎，甚至还有许多老年读者也非常钟爱它们。他们懂得莱辛作品之间的联系，知道她是通过一个幻想的场景，阐述我们现实世界的问题。而评论家和批评家们太过狭隘保守了，他们看不明白她所做的事。

在那段时期给多丽丝·莱辛当助手的年轻女孩回忆说："人们不喜欢太空小说，这真的惹得她非常气恼。她非常生气。每次《伦敦时报》和《纽约时报》，或者其他报纸上发表评论，贬低她正在尝试去做的事情时，她就会变得歇斯底里：'他们仍然停留在过去，'她咆哮着：'难道他们看不出来，除了男男女女的婚姻和上床做爱，世上还有更重要的事情可以去写吗？我现在所写的东西，才是真正的现实。'"

莱辛本人也读过很多科幻小说，也经常写评论文章。她断言，那些给她的小说写评论的批评家们，或许从来没有读过这种体裁。她对莱斯莉·哈兹乐顿指出，她认为这种体裁，才是社会批判主义的最高形式。而这么多人都看不到这一点，实在让她很生气。她质问苏珊·斯坦博格：

为什么所有的故事都要写得像"玛丽六点起床，感觉不太舒服，吃了片安眠药，继续回去睡觉，她知道她的心碎了，这都是因为迪克"这种风格？而为什么下面这样的故事，就不能是真正的现实：

"来自 X 星的玛丽安娜面前有一个可怕的抉择,她到底该这么做,还是该那么做?"……我认为,如果人们的想象力过于狭隘,不能把自己想象成来自 X 星球的玛丽安娜,那只能说太可惜了。①

莱辛认为,那些想要她回归现实主义的读者愿望,只是一些无知者的抱怨而已。当莱斯莉·哈兹乐顿告诉她,那些把她当作女性领军人的女性读者,看到她现在忙于遨游太空,觉得她们遭到了背弃。莱辛觉得这一切荒唐透顶。尽管公众对这些作品的看法毁誉参半,她也毫不动摇她的决心,一心要继续创作老人星系列。她想到《希卡斯塔》开篇一段中的几句话,这些话后来演变成了一千多页的老人星系列作品:"我不只一次地体验过,要去接受付出无果,或者试验失败是一种什么样的感觉,那时一切都盖棺定论,不可逆转。但是,要想有减少损失的能力,就需要有与众不同的决心,只有具备一意孤行的耐心,才能经得起世事打磨。"②

---

① 斯坦博格:《多丽丝·莱辛访谈》(*An Interview of Doris Lessing*),第 3 页。
② 莱辛:《南船座的老人星——履历档案》(*Canopus in Argos:Archives*),第 5 页。

第四十章
新瓶装旧酒

莱辛在《南船座的老人星》之后的两部小说,分别是1983年出版的《好邻居日记》和1984年出版的《岁月无情》(*If the Old Can*……)。出于各种原因,她决定用简·萨莫斯(Jane Somers)这个笔名出版这两本书。她后来解释说,她想掩盖身份的原因之一,就是她想证实一下英美出版系统和文学评论界的无能。莱辛对他们追名逐利的市场推广策略嗤之以鼻,并想要证明,出版界和评论界的兴趣,完全是靠作家的个性和名声激发出来的,而不是靠文学作品本身激发出来的。多丽丝·莱辛的大名是具有很大商业意义,但是简·萨默斯,却只不过是个无名小卒罢了,不管她的作品多么有趣,她反正是没有名气。莱辛想要暴露,在出版界,没有什么比成功更容易获得成功的了。"要是书用我的名字署名,那就一定会大卖,而且评论家们会还说:'噢,是多丽丝·莱辛啊,真棒!'"[1]

对照确实很鲜明。第一本以简·萨默斯署名的小说,几乎找不到出版商。莱辛和她的新任英国代理,乔纳森·克洛维斯(Jonathan Clowes)决定先把小说送到莱辛的出版商那里试试。"从他们那里开始试验,结果会公平一点。"[2]她说。她其实没有明确说出来的是,要是她自己的出

---

[1] 麦克多维尔:《多丽丝·莱辛她自己用了笔名一事》(*Doris Lessing Said She Used Pen Name*)。
[2]《多丽丝·莱辛谈简·萨默斯》,载《多丽丝·莱辛新闻简讯》1986年春季刊,第3页。

第四十章
新瓶装旧酒

版商也拒绝了她写的这本书,这样就会让她的观点显得尤其高明。克洛维斯将手稿交给了罗伯特·戈特列波,1982年那年,戈特列波正好在伦敦访问。戈特列波立刻辨别出来真伪,他很不耐烦地回应说:"你觉得你们在愚弄谁呢?"①

尽管有点不情愿,戈特列波还是同意对这件骗人的事保持沉默。他也同意在美国以简·萨默斯的署名出版这部小说,并且不相信这本书的销量会很低。"他把我当成一个犯了错的孩子,头脑发热,固执己见,一意孤行。"莱辛平静地对一位采访人员说道。她补充说,不过,当书发行之后,"他立刻明白了我做这件事情的出发点"②。

事实上,曾经有录像证明,戈特列波明确地说,他觉得整件事情一点意义都没有。因为署名简·萨默斯,其结果就是销售量零零星星,评论关注少得可怜。这一切让莱辛更加确信,声明威望,的确比作品的质量要有分量得多。不过,对于这样惨淡的结果,戈特列波的看法跟莱辛不一样。"我的看法,"他告诉《纽约时报》的记者说,"有价值的东西迟早会浮现出来。"③

莱辛的年轻助手也将《好邻居日记》的手稿交给了她的英国出版商,乔纳森·开普出版社,但是没有直接交到汤姆·马施乐本人手里,因为莱辛害怕被他察觉。"他通过打字的方式就能立刻察觉。"交手稿的助手说。她说的是莱辛用了一台老旧的手动打字机,打出来的字稀稀疏疏的。助手听到有好些人在传,说为了避免被人认出,还专门让人重打了一遍手稿,就觉得好笑,因为这明显是事实被发现之后人们添油加醋的说法。

利兹·卡尔德(Liz Calder)当时是乔纳森·开普出版社的一名编

---

①② 汤玛林:《恶作剧》(*Mischief*)。
③ 麦克多维尔:《多丽丝·莱辛她自己用了笔名一事》(*Doris Lessing Said She Used Pen Name*)。

辑,现在也成了一名出版商。她接收了那本小说,然后将它交给了一位"审稿人",这是出版社的常规程序,尤其适用于那些非约稿的手稿。① 据审稿人说,卡尔德拒绝了这部小说。② 后来莱辛有机会读到了审稿人的评语,觉得里面的语气非常盛气凌人。③

但是曾掌管莱辛作品出版的第一位出版商,迈克尔·约瑟夫的菲利帕·哈里森(Philippa Harrison),看过手稿以后,对乔纳森·克洛维斯说:"这让我想起了早期的多丽丝·莱辛。"并表示愿意和这位作家签约。"我们吓坏了,"莱辛回忆说,"因为我们不想让她到处去说这话!于是我们请她吃午饭,然后我说:'这就是我写的,你能和我们一起瞒下去吗?'她一开始觉得非常不安,后来却真的很享受整个过程。"④

一位法国出版商也发现了相似之处,打电话来问莱辛,她有没有帮过简·萨默斯。他也得知了真相,并发誓保守秘密。因为莱辛想要验证的第二件事,就是评论界的反应。按照常规,小说在出版之前,要送给评论人员阅读,其中有很多人非常熟悉莱辛的作品。莱辛非常高兴,居然没有一位评论家窥破真相。她非常不屑于成为某些学者的私人财产,所以觉得,欺骗评论家达到的效果最为明显。

当她得知迈克尔·约瑟夫出版社打算出版《好邻居日记》时,她向汤姆·马施乐坦承了真相。她很清楚,要是小说出版之后,马施乐会因为开普出版社拒绝了这部小说而感到非常尴尬。而不容质疑的是,她本人一直有要在某一天将真相公之于众的打算。不过在当时,她还是恳求马施乐保守秘密。这就让马施乐陷入了非常不利的两难境地——他不想

---

① 汤玛林:《恶作剧》(*Mischief*)。
② 马施乐:《莱辛的教训》(*The Lesson of Lessing*)。
③④ 弗里克访谈:《多丽丝·莱辛》(*Doris Lessing*)。

第四十章
新瓶装旧酒

对利兹·卡尔德隐瞒真相。"不过,虽然我对背叛利兹感觉非常糟糕,但是,这种想法,和我要对多丽丝忠诚的想法比较起来,就显得无足轻重了。"①

因为特别享受用笔名写作,莱辛直到1984年第二部以萨默斯署名的小说《岁月无情》出版,才说出真相。这部小说也没有引起多大的轰动。于是那个时候,她决定承认事实,并且提前告知了汤姆·马施乐,知道他肯定会被记者挖出来。"'如果多丽丝感到开心,她为什么不能这样做呢?'他在伦敦《星期天时报》发文写道,'不过——我这样说不是针对她——我真不知道,这种做法到底有什么意义。'"②他补充说,要是《好邻居日记》送到他的出版社,即便不了解作家是谁,他也会出版这本书——要是他觉得这本书够好的话。

马施乐对《好邻居日记》的评价有点为自己开脱的意味。事实上,这本小说获得了较好的评价,即便是在一些文学杂志上也是如此。由于某个特别的原因,这些赞誉也让莱辛觉得更为开心。她想要看那些唱衰她的《老人星系》四部曲评论家的笑话,也承认这样做确实有点不地道。他们批评她放弃了现实主义小说,并且还明里暗里表示,就因为她把精力过多地用在并不怎么成功的实验主义上,她的写作技巧正在退化。

真相揭露之后,乔纳森·雅德利(Jonathan Yardley)在《华盛顿邮报》上写了一篇专栏文章,质疑莱辛的目的,并不全像她自己所说,是为了证明名气能够带来"成功综合征",而更多的是为了回敬那些不愿意被她名气所慑、将她的《老人星系》系列批驳得体无完肤的评论家们。③

《好邻居日记》因为过于晦暗,或者说过于悲观,被一些英国出版社拒绝。尽管莱辛说,严肃的出版商过去并不会因为作品过于压抑而拒绝

---

①② 马施乐:《莱辛的教训》(*The Lesson of Lessing*)。
③ 雅德利:《莱辛的多面性》(*Lessing Is More*)。

出版,虽然这话明显很有道理,但是这本小说也明显能感觉出作者强烈的报复心理。这本小说口气严峻,生动形象地描述了韶华老去、堕落无望的感觉,描述了一个行将就木的女人,小便失禁,变得腐朽衰败。读这样的小说,你可以感觉到,莱辛明显是在跟那些批评她的《南船座的老人星》的批评家们叫板:"好吧,你们不是想要现实主义吗?这就是现实主义。你们真的觉得,你们喜欢现实主义,而不喜欢奇幻主义?"

《岁月无情》讲述了《好邻居日记》里的主人公捷娜(Janna)继续与苍老作斗争的故事。她陷入爱情,表现得像个轻浮的孩子。为了对应这种浪漫的情怀,她和自己的侄女搞好关系。侄女正当青春,年少无知,在捷娜古旧的公寓里打个地铺住下,也觉得开心无比。这部小说,展现了一个年华逝去、欲望难填的老年女人艰难的生存场景,也表现了两代人之间的代沟。即便是用了笔名,对于一个六十五岁的女人而言,写出这样一部小说来,也确实算得上是勇气堪嘉了。

这两部用笔名发表的小说,于1984年由迈克尔·约瑟夫(纽约的兰登书屋)出版社合在一起,以《简·萨默斯日记》为书名出版。书里刊载了莱辛写的一篇序言,莱辛的名字被印在了书的封页上。"我希望以一个新作家的身份,让人们评论我的写作成就,而不是因为得益于有某个'名字'。"她在序言中重申了自己的想法:"……成名作家必须学会周旋于各种关系和标签搭建的樊笼里,而我要脱离这个樊笼。"[①]

但是这场骗局的背后,还蕴含着一个更深层次的原因。这个原因在《天黑前的夏天》里曾有所表露。小说里,凯特·布朗曾经试过,如果穿上没有型的衣服,露出发白的发根,那些本来对她抛媚眼的工人们,就会对自己视而不见。凯特的做法,其实就是为了证明自己的存在感。要是别人看不到自己,自己还存在吗?

[①] 莱辛:《简·萨默斯日记》(*The Diaries of Jane Somers*),第 VII 页。

第四十章
新瓶装旧酒

身为作家的多丽丝·莱辛,似乎也在穷其一生,没完没了地确定自己的存在感。加在她身上的盛名,尽管也是她自己积极争取来的,似乎并没有让她对自己的身份变得更为自信,反而让她变得更为不自信。她是一个特别不喜欢用自己的名字去换来特权的人,也许阻止她去这样做的原因,并不仅仅因为谦虚。过于关注外在的自我,会腐蚀人的内心深处。要是她只是因为她是多丽丝·莱辛就受到肯定,那么,没有这个名字的多丽丝·莱辛又是什么人呢?

威廉·菲利普记得,有天晚上,多丽丝·莱辛想带他和《党派评论》的另一位编辑艾迪斯·克兹韦尔(Edith Kurzweil),一起去吃晚饭。她脑子里有一个想去的餐馆,但是当她来接两位朋友的时候,她告诉他们,自己不能保证在那里订到位置。就在这时,《纽约时报》的麦克·乐维塔斯(Michael Levitas)打电话给她,谈她给报纸的评论版所写的一篇文章的事。通话过程中,她提了一句,他们想去吃饭,却没法去她想去的餐厅。

乐维塔斯说:"等一下。"就给那家餐厅打了个电话,然后又给她回话说,他已经在那家餐厅订到了一个席位。菲利普后来问莱辛,在订席位的时候,是否报上了她的大名。"当然没有。"她很轻慢地回应道。"可是当我们到了那里的时候,一众人等却都为她倾倒。"克兹韦尔回忆说。不过,这种关注,却并没有让他们的东道主感到高兴。

在《简·萨默斯日记》的前言里,莱辛说,她和自己的名字"保持距离"。她在文中写道,大家一定要记得,"莱辛"是她的第三个姓,而"多丽丝",她再次强调,是给她接生的医生替她取的名字。"我母亲直到生我之前的最后一刻,还觉得我可能是个男孩。……有时候,我真的想知道,我到底叫什么名字,我一定得要有个名字吗?"[①]

[①] 莱辛:《简·萨默斯日记》(*The Diaries of Jane Somers*),第 VIII 页。

一提起"多丽丝·莱辛"这个名字,马上就被赋予了一种身份,但是这个名字的主人,却觉得这样非常肤浅,引人警惕。多丽丝明白,就像凯特·布朗所意识到的一样,人的身份太脆弱了,并不能通过得到别人认可,就会得到确认。她一生都在和这样的定义作斗争。一次又一次,她试图去确立一个由她本人来定义的自我。用笔名来写作,就好像是去看看,多丽丝·莱辛是否有一个更深层次的自我,一个即使隐姓埋名,也可以通过写作得到认可的自我。

以简·萨默斯的名字所写的小说里的女主人公捷娜,是一个年近五十的女性杂志的编辑(这是多丽丝最看不起的一类杂志),写过很多的爱情小说。她非常热爱整洁,个人习惯无可挑剔。她穿着美丽优雅,生活井然有序,感情也稳定无波,即便是她丈夫过世,母亲死于癌症,也没有让她变得手忙脚乱。

看到母亲病重,她说:"我讨厌身体不好。我无法忍受。……到了她弥留之际,我不敢抚摸她,真的不敢。我没法表现得仁慈。"①

可是后来,当捷娜偶然遇见了莫迪(Maudie),一个贫病交加的九十二岁伦敦老太太,就住在离她自己漂亮的公寓不远的一处肮脏的地下室里,她却承担起了照顾老太太的责任,并在照料老太太的过程中,变成了一个比开始出现在读者面前那个形象更富于奉献精神的人。

在回忆小说里的某些人物原型的时候,当时的助手说,莱辛当时"非常关注那些过着非常边缘的生活的女人们。我觉得她是因为对流浪猫的关注,才认识这些人的。她们经常会把大街上的猫带回寒酸的家里,有时,她们本来已经又脏又臭的家里,满屋子都跑着猫"。

捷娜的原型之一,是一个非常注重自己外貌的人。还有一个,是决心通过婚姻来实现自己儿时就渴望的幸福生活的女人。但是在丈夫过

---

① 莱辛:《简·萨默斯日记》(*The Diaries of Jane Somers*),第 7 页。

第四十章
新瓶装旧酒

世后,她却从一个淳朴的中年女子,沦为一个非常自立的妓女。

莱辛说,捷娜的第三个原型,是她的母亲。假设莫德是 20 世纪 80 年代的一位中年妇女,她会是怎样一副形象呢?莱辛认为,莫德身上有着和捷娜非常相似的品质,就是小说开头的时候,捷娜所展现出的办事快捷高效、精力充沛、务实肯干的特性,还有一点,就是她们都不能理解人性的弱点。

莱辛没有展现的是,如果她母亲作为一个老太太活在当今时代,住在伦敦,挨着女儿生活,需要女儿关爱,那该是一副怎样的情形。令人吃惊的是,莱辛将她母亲的名字,冠在莫迪这个"暴躁……愤怒"的老太太身上。不过,她从来没有提过她的母亲和莫迪之间有什么关联,尽管她在很多采访场合,以及后来出版的软包装版的前言里,都谈起过这些人物的原型。

捷娜对莫迪的照顾无微不至,帮她买东西,为她到社会机构那里去争取服务,帮她打扫房间,洗衣服,擦洗身体。当她面对莫迪的时候,她觉得自己从原来无法满足母亲和丈夫临终愿望的那个捷娜,完全变成了另外一个人。面对莫迪,她会一直陪伴在她的身边,让莫迪知道,自己在身体上和感情上都在参与她日渐消逝的生命。事实上,当捷娜那个自私的自我日渐缩小之后,就变得对莫迪的家人充满了正义的愤怒,他们好几年前就抛弃了莫迪。

在现实生活里,莱辛虽然在情感上做不到像捷娜那样慷慨,但她至少在金钱上是非常慷慨大方的。莱辛花钱虽然不是随心所欲,但是她好像非常理解别人经济上的难处,即使是对那些跟她并不怎么亲近的人,她也同样能够理解。其中一个例子是关于保罗·舒路艾特(Paul Schlueter)的。他是莱辛 1975 年非小说类文集《一点小小的个人建议》的编辑。在写给罗伯特·戈特列波的一封信中,莱辛虽然不止一次用嘲讽的语气说,自己对舒路艾特的学术态度感到非常恼火,却指出这本书的版税费应该五五分才合适,而不是像她的代理约翰·库什曼建议的那样,由她本人提成三分之二。

当莱辛的一名助手决定申请到伦敦经济学院去上学,并且告诉莱辛,说自己可以做到两面兼顾,莱辛对此并没有给出任何不好的评价。然而,这个年轻女子还没有接到这个著名学院的通知之前,却突然接到一个来自美国的电话,说她的父亲去世了。

"我第二天一早就起来安排事情。多丽丝正坐在楼梯上喝咖啡。我对她说了我父亲的事情,她看到我觉得不安,还觉得非常吃惊。'我以为你也没有那么喜欢你父亲。'她说。我告诉她说,我和父亲之间是存在一些问题,但是听到他去世的消息,我还是感到非常难过。她除了问我什么时候回国,就没有再说什么了。我告诉她说,我还没有决定,她好像对这个说法感到很不高兴。"莱辛的助手对这种非常简短的对话见怪不怪了。"莱辛是一个经常能写出五百页字小说的人,可是在我跟她一起生活的两年里,她对我说过的话,还不到五百字。"

助手从美国写信告诉莱辛自己返回的时间,结果只收到了一张简短的卡片,上面说,到时候可能已经有了别的安排。她回到伦敦才发现,她的房间已经有别人住了。

"我给住在同一条街的一个朋友打电话,问是否可以在她家住下来。莱辛说,来取代我的那个人需要一个住的地方。然后,她很不经意地告诉我,说伦敦经济学院给我寄来一封信,她拆开信看了,知道我被录取了,她给学校寄了一张支票交了我学费。我当时吃惊极了,一句话都说不出来。后来我才想起,忘了问一下,这笔钱到底算是借款还是馈赠,还是说,我需要以某种方式继续为她工作,来给她还钱,因为我没有钱还她。"

大约一周的时间里,这个年轻女子每天都要到莱辛家去看看,有没有什么活让她跑跑腿,然后再顺便问问莱辛,她到底怎么处理那笔钱的

第四十章
新瓶装旧酒

事。但是莱辛却一直没有时间和她说话。

"到了周末,我接到詹妮·迪斯齐的电话,告诉我,别去找多丽丝了。'你不知道,'她好心地说道:'这事已经了结。'"

"当我问起那笔学费的事,詹妮暗示说,那是一笔馈赠。我当时真的没有别的选择,只能接受,就这样接受了。尽管我还住在那条街上,而且继续在伦敦待了两年,我再也没有和多丽丝说过话。我从她身边走过的时候,她会对我微笑。我第一年搬出她家的时候,还给她寄过圣诞礼物,但是没有人接收。"

"作为简·萨默斯,我可以用多丽丝·莱辛不能用的方式去写作。"这样来总结以简·萨默斯署名的那些小说,似乎很合乎情理——以简·萨默斯的身份写作的时候,莱辛可以允许自己重写生活中让自己产生内疚的情景,而且可以让捷娜"做出"一些多丽丝·莱辛做不来的事。

第四十一章
文学重生

第四十一章
文学重生

"一个恐怖故事……不断升级,永无休止的恐惧。"一位评论家这样评价莱辛 1988 年写小说,也是她的第三十五本小说——《第五个孩子》。① "我不喜欢写这个故事,"莱辛说,"太血腥,直冒冷汗。写完后我觉得非常高兴。……很明显,它确实深入我内心的某个角落。"②拉瓦特家的故事非常吓人,是将自然形式的现实主义和魑魅魍魉的寓言故事融为一体的梦魇。莱辛知道,读者不会喜欢这种融合。他们喜欢现实主义或者科幻小说,而不是现实主义加科幻小说。当 BBC 的评论员一再重复说,《第五个孩子》无法归类,因为它是魔幻主义加现实主义时,莱辛暗自觉得好笑。

在后来一版《金色笔记》的前言里,莱辛斥责批评家们,说他们根本没有注意到,这本小说的主题其实是崩坍。她在《第五个孩子》里又重返这一主题,描写了一个典型的幸福家庭分崩离析的故事。故事开头,哈莉特(Harriet)和大卫(David)在一个办公室派对上相识。背景为享乐主义盛行的 60 年代,而这两个"不会跳舞"的人,感觉自己和整个喧闹的派对格格不入。他们惺惺相惜,"立刻知道对方就是自己等待的那个人,他们含蓄、保守,但还说不上落伍。"③

---

① 琼斯:《异形》(*Alien*),第 31 页。
② 引自罗斯坦《多丽丝・莱辛〈第五个孩子〉痛苦的酝酿过程》(*Painful Nurturing*)。
③ 莱辛:《第五个孩子》(*Fifth Child*),第 3 页。

在很长一段时间里,他们获得了他们希望获取的东西。在大卫富有的父亲的帮助下,他们买了一座大房子,并准备在房子里养四个漂亮的孩子。哈莉特·拉瓦特和大卫·拉瓦特夫妇远离放纵焦虑的生活,选择了安定满足的生活模式。他们很自豪,每个节日都有一大拨亲戚朋友涌到家里来,而这些客人们也好像要从拉瓦特一家子展现的纯净生活中寻求安慰一样。就算这对年轻夫妇觉得他们的私人生活令人艳羡,并对此洋洋自得,别人也不会怪他们。

无论从哪方面来看,拉瓦特一家似乎都不会是有大灾大难的家庭。然而,莱辛却告诉我们,他们和我们一样脆弱,虽然他们禁止自己去想这些事。任何人,不管多么道德,多么稳定,都无法逃脱可能会遇到无法预见的悲剧的命运。"我确实感觉到,而且我自己也并非没有经历过,我们拥有的一切,是多么容易消失。这就是灾难感。"她在写一篇关于这本书的文章的时候告诉记者。①

有一天,哈莉特发现自己怀了第五个孩子,虽然他们并没有计划要这个孩子,但是他们也有一定的思想准备。但是这次怀孕,跟先前的四次都有很大的不同。"大卫看到她坐在厨房的餐桌上,手捧着头,嘴里咕哝着抱怨说,这个胎儿在毒害她。"②有时候,她感觉肚子里根本不是个长着手和脚的孩子,而是一只长着蹄子和爪子的畜生。

这个孩子生下来就有十一磅重——其他的孩子生下来都没有这么重;母亲生孩子的时候忍受了剧痛——生其他孩子的时候轻松得多。后来却发现,这个孩子是个另类。他的外貌跟家里其他孩子非常不一样,跟其他任何一个孩子都不一样。他体型笨重高大,走路的样子就好像他随时都会朝别人扑过去一样。它的额头上长着一束暗黄色的头发,手掌大得吓人。

---

① 罗斯坦:《多丽丝·莱辛〈第五个孩子〉痛苦的酝酿过程》(*Painful Nurturing*)。
② 莱辛:《第五个孩子》(*Fifth Child*),第 32 页。

第四十一章
文学重生

父母亲都很讨厌这个被他们叫做本(Ben)的怪物,兄弟姐妹们也很害怕他。他孔武有力,身手敏捷,能举起重物,也善于攀爬,不过,他到了说话的年龄却不会说话,只会哼哼唧唧和大喊大叫。本一岁大的时候,拉瓦特家的猫和邻居家的狗都被人拧死了,拉瓦特一家人都觉得,这肯定是本干的。

人们开始拒绝到这个他们曾经蜂拥而至的家里去做客,家里大一些的孩子们也经常把自己锁在房子里不出门。哈莉特想让本的医生确认,本是个不正常的孩子,但是医生不同意。作为专业人士,医生不愿意这样做——本后来的老师们也不愿意承认——他只认可本可能有点多动症,或者在智力上比其他的孩子发育缓慢一些。而哈莉特却觉得,专业人士们还有很多的朋友,他们都抱怨本的存在打扰了他们的生活,然后指责她生下了本。

在大卫的坚持下,哈莉特的母亲搬到家里来一起承担照顾本这个非常艰巨的任务。哈莉特同意把这个孩子送到一家医院,让他服用药物不省人事,最终死去——虽然没有人会公开承认这一点。大卫的父亲迫不及待地提供了资金让本去接受这种待遇。

"接下来的日子里,这个家庭就变得像水中的纸花一样脆弱。"[①]不过,哈莉特在和家人一起享受幸福时光的时候,总会想起自己最小的儿子,不是带着爱意和不舍,而是为自己对他的所作所为感到深深愧疚。

有一天早上,一夜未眠醒来,哈莉特觉得自己一定要去看看那些人到底是怎么对待本的。大卫不同意,哈莉特也深知,如果自己坚持要去,她这一决定就会改变他们夫妻之间的关系。她驱车几个小时,来到了一座非常破旧的楼房前,楼房的窗户被完全封死,而她的孩子就被关在这座房子里。因为孩子被放到这种地方之后,父母不允许过来探望,哈莉

[①] 莱辛:《第五个孩子》(*Fifth Child*),第76页。

特经历了医院员工设置的重重阻碍,终于被带到了本的房间。房间的墙上、地板上到处都是屎尿。孩子赤身裸体被绑在一张橡胶床垫上,暗黄色的脓汁从他失去知觉的身体不停地渗露出来。

尽管她清楚,把孩子从这里带回去意味着什么,但她知道,自己必须把他从这个地方救出来。而这个她并不爱的孩子一回家,就会毁掉他们先前用爱建立的一切。

本最终学会了说话,甚至还上了学,虽然在学校里什么也没学会。不过,他一年比一年有所进步。他妈妈威胁他说,要是他不学会控制自己,就把他送回医院去,于是他学会了控制自己的暴力冲动。但是他的存在,却成了家庭生活的噩梦,直到后来,家庭生活名存实亡。虽然家庭富裕,大卫却把全部精力投入到他并不喜欢的工作当中;大一些的孩子们要求去上寄宿学校,以逃离这个变成了可怕的监狱的家;跟本年龄最近的那个孩子,也变得越来越不正常。

本最终和一群被人冷落的年轻人混在一起。他们霸占了这座美丽的房子,在电视上看各种暴力节目,吃一大堆的东西,哈莉特怀疑,这些东西是他们用偷来的钱买的——本已经成了一个贼了。

小说的末尾,哈莉特独自一人坐在那张曾经是家庭生活中心的厨房长桌上。她担心本将在犯罪的道路上愈行愈远。

> 这伙人还会继续偷盗来谋求生存,他们迟早会被抓住。本也会被抓走。到了警察的手里,本肯定会反抗,会大喊大叫,会跺着脚,转着圈咆哮,愤怒之下他就会失控,而警察不得已就会喂他吃药,要不了多久,他就会变成她当年发现他时那副行将就木的样子,像个大金属块一样,半死不活、了无生气地被裹在一块布里。[①]

[①] 莱辛:《第五个孩子》(*Fifth Child*),第 132 页。

第四十一章
文学重生

莱辛说,《第五个小孩》这部小说,她写了两遍。第一次,她将这本书写成了恐怖小说。后来又放弃,重新开头。这次写的这个故事让人很不舒服,却更为现实。①

评论家把《第五个孩子》当成一切事物的寓言故事,从艾滋病,到基因研究,到大英帝国的衰落,一切都能适用。而莱辛通常会有点故作姿态地否认,这是一篇寓言故事。她说,这个故事,就是一个简单的有关为人在世、进退两难的故事。当一位采访人员说,没有什么好的办法来处理这个孩子时,莱辛表示同意,并指出,这就是她觉得这个故事最有意思的地方。如果你把自己当成文明社会的一员,那么你的有些价值观就会让你无法想象,或者无法应对有一个本那样的孩子带来的矛盾冲突。②即使照莱辛所说,把《第五个孩子》当成一个粗浅的恐怖故事来看,这个故事也能让我们明白,我们并不总能从生活的打击中站起来。大卫和哈莉特曾经认为,他们一心追求幸福的心态,会保护他们不去遭受伤害,他们也同样相信,他们能够在维护自己的个人幸福和承担对他人的义务之间保持完美的平衡。但是,如果以家庭为缩影的社会,一味地去回避那些难以驾驭和不合常理的事物时,这种心态就会不可避免地制造出那些身居其间的人一心想要逃避的东西——那些拒绝被压制的原始野蛮和丑陋畸形。

作为一部融现实主义与幻想主义为一体的小说,这部小说既具有现实性又具有隐喻性。莱辛对事物的发展变化有着特别的兴趣。在《四门之城》里,当玛莎具备了超感官能力时,她暗自思量着,认为生活就是去挖掘不同的感受,并去提升这些感受,这样,人就可以比从前更了解自己和更了解世界。但是,变化的时钟也可以往后拨转,而一旦往后拨转,就

---

① 罗斯坦:《多丽丝·莱辛〈第五个孩子〉痛苦的酝酿过程》(*Painful Nurturing*)。
② 托玛林访谈:《看到愤怒可怕的人群走过》(*Watching the Angry and Destructive Hordes*),第177页。

会发生神秘的爆炸。

莱辛写这本小说的动因之一,就是她对"小精灵"传奇故事非常感兴趣。她还读过一篇人类学家洛伦·埃尔斯里(Loren Eiseley)的文章,里面描述了他有一次在黄昏时分,沿着缅因州的乡村道路行走的经历。他正在思考冰河世纪的问题,这时看到前面走着一个小女孩。他走近那个小女孩,吃惊地发现,她身上有着尼安德特人(Neanderthal)的特点。

他和女孩进行了简短的对话,然后女孩就回家了。埃尔斯里认为,自己的经历,在过去五千年里随时都可能发生。这就激发了莱辛从古人类学迈开大步朝古代传说转变的灵感。

"我想,"莱辛说,"好吧,一个尼安德特女孩。为什么不写丑八怪呢?……"①

她对采访记者克莱尔·汤姆林(Clair Tomlin)讲述另一个让她灵感迸发的故事。她在报纸上读到一个女人写的读者来信,说她前面几个孩子都是非常优秀的孩子,可是后来的这个孩子却个性邪恶,让整个家庭分崩离析,他是活在这个世界的怪物。但是,如果他生活在远古时期,在数千年前的丛林里,他不会被突显成一股邪恶的力量,他可能是个传承了数百年前的基因的孩子。

莱辛曾经说过,谈论已经写在小说里的思想是件很容易的事,但是要去理解触动思想的源头,却是一件很难的事情。我们有理由认为,《第五个孩子》的思想源头,至少有一部分是来自莱辛自己当母亲时所产生的焦虑。抛弃约翰和吉恩的经历,跟彼得、詹妮还有其他年轻人之间的艰难相处,让她在20世纪60年代那段时间里,花了很多的精力去充当

---

① 托玛林访谈:《看到愤怒可怕的人群走过》(*Watching the Angry and Destructive Hordes*),第176页。

第四十一章
文学重生

和问题少年打交道的"全职妈妈"。这段经历,自然成了她能够绘声绘色地描写哈莉特和大卫为人父母种种状况的丰腴土壤。[①]

"我不认为我们可以……通过分析理论或者古典心理学去解释本这个人物形象。"莱辛说。为了防止读者去解读本的形象,她将哈莉特和大卫写成了完美父母——慈爱、专注,又善解人意。如果这样的父母,也会有像本一样的孩子,则任何父母都可能会有相似的境遇,他们无可指责,却受尽折磨。

对本的生活状态的描写,似乎有一些是来自莱辛 20 世纪 60 年代"全职妈妈"时期的经历。1995 年,已故的简·库什曼,莱辛前任代理人约翰·库什曼的夫人,回忆了一件跟小说中的本交上坏朋友相似的事情。这件事发生在库什曼夫妇有一天到莱辛在德文郡的小房子去做客的时候。"突然听到一阵大声喧哗,一辆车停了下来,车里走出来三个流里流气的年轻人,都穿着黑衣服。他们说,彼得跟他们说过,多丽丝可以让他们在家里过夜。多丽丝点了点头,表示认识他们。然后他们就走了出去,回来的时候,手里拿了这么大一块油腻腻的破毯子,忙着在地上铺着。他们买了一磅黄油当做'礼物',结果黄油在车上化了。他们觉得这事很搞笑。我和我丈夫都觉得特别不自在。"

乔恩·库什曼到伦敦去看莱辛,彼得和他们一起吃午饭,他塌腰驼背坐在那里吃着,一句话都不说。因为"从小就被教育,要打破僵局",她讲了一件比较好笑的事情,说自己早上在旅馆窗外的树上看到一只兔子。"这时彼得一下子发火了。他对我大声嚷嚷着,说这个世界到处都是苦难,而我却还在瞎扯什么看到了一只愚蠢的兔子。他非常爱骂人。我看了看多丽丝,觉得她可能经常受到这种待遇,她的处理办法,就是默不作声,泰然处之。"这样的事情也都熬过去了。我写这本书的时候,采

[①] 德蒙垂密访谈:《作家不是教授》(*A Writer is Not a Professor*),第 198 页。

访过的一些认识彼得的人,他们都觉得彼得相当聪明。还有一个人记得,莱辛说过,几年前她摔断腿的时候,彼得"对我照顾得非常好"。

莱辛跟"苏菲派"的联系,似乎让她能够应对自己在为人之母方面产生的问题。"她感到命运的确让她的生活充满困难,但是通过提升意识,她就能够应付一切。"她的一个同事这样说道。通过把拉瓦特夫妇描写成十全十美的父母,莱辛似乎在强调造化捉弄,不遂人意。哈莉特和大卫的所作所为,不应该得到一个像本一样的孩子。然而,命运却还给了多丽丝·泰勒让她劳神费心的父母,害得她两次嫁给了自己不爱的男人,在没有准备好生孩子的时候就生了孩子,并且夺去了本应可以让彼得生活更为稳定的父亲(彼得在1963年确实跟戈特弗莱德在德国团聚过,1979年,戈特弗莱德和他的第三任妻子在乌干达被谋杀,他当时在那里担任德国大使。莱辛1992年曾对菲亚梅塔·洛克说过,彼得对他父亲的死感到非常难过)。

《第五个孩子》的结局没有定论。直到小说的最后一页,哈莉特的折磨和恐惧还没有结束,而本的未来也并不明朗。读者心知肚明,没有哪个父母的生活会真的因为孩子的生活而完蛋。到了某个时刻,也就是当父母成长到能够和孩子分开的那个时候,她就再也管不了孩子们的事了。20世纪60年代,莱辛和约翰还有吉恩团聚,她继续为他们和彼得成立了大笔的信托基金。她和彼得的关系一直很亲密,亲密到他给彼得在自己家隔壁买了一套公寓。同样,她也给她的儿子约翰(1990年因心脏病去世)买下了咖啡种植园阿多瑞地产(Ardroy Estates)让他打理。1995年,她回到南非,去看了她的女儿和两个外孙女。

"你知道的,我很感谢她,"和莱辛一起住过的前任助理说,"不过,当然,"她又很伤感地说道,"多丽丝跟人相处得不好。她跟猫相处得更好。"

第四十二章
人不似猫儿

"我觉得她很孤独。"莱辛的一位前助理说,"但有时候,当她躺在自己房间的小床上,看着外面整个城市的美丽风景,身边堆着一堆枕头,围着一群猫咪,那个时候,她是幸福的。"在BBC关于莱辛的纪录片里,小说家玛格丽特·德拉博说:"她很善良,走到世界各地,她都会去关注那个地方的猫类。她一直和猫类保持联系,或者说一直关注着猫类。……我觉得猫咪,尤其是猫咪,得到了她的真爱。"英国记者简·凯利补充说:"我从来没有碰到过对猫赋予如此人性的人。她经常会对采访的人说:'你不能给这只猫拍照,他非常讨厌拍照。'"

猫一直是莱辛生活的一部分。它们不像人那样,会惹恼她,让她失望。我们可以从《特别是猫》这篇文章看得出来,从她很小的时候在德黑兰生活时开始,她人生中最生动、最有意义的记忆,都离不开猫。三岁的时候,哈里还有她和波斯籍保姆出去散步,在街头看到了一只快要饿死的小猫,多丽丝不顾保姆的反对,坚持要把那只小猫带回了家中。她父母也反对她养那只猫作宠物,但是多丽丝表现出非常坚定的意志,坚决要求留下那只猫咪。仆人们用高锰酸钾水把那只猫洗干净,去除它身上的臭味。从进入家门的第一天开始,直到一家人两年以后离开波斯的这一段时间里,这只猫一直跟多丽丝同床共枕。

在泰勒一家出发,踏上他们跨越俄罗斯的艰难旅程那天,那只猫一直跟在他们的身后。当多丽丝问起那只猫怎么样了的时候,大家都用

第四十二章
人不似猫儿

"安抚的谎话"来安慰她。"但我根本不相信他们的话。"①那只猫咪曾经是她最亲密的伙伴,代表着常驻身边的爱意,但是,这只猫就这样退出了她的生活,不知是死是活。多丽丝的母亲对别人讲起女儿多么难缠的时候,便又把这个故事加进了其他一堆故事里面,说她女儿离开那只脏兮兮、病怏怏的野猫后,简直是"痛不欲生"。

莱辛以前的助手还记得,有一次陪她到宠物医院去给猫看病。最后是由这位助手抱着猫进了医生的办公室的,而莱辛则待在候诊室里,一脸痛苦,伤心到没有办法陪着这只即将死去的猫儿。莱辛说,在她不得不放弃了这只濒死的波斯猫后的几年里,她内心的痛苦远比她父亲、母亲、弟弟去世的时候要强烈得多。莱辛关于猫的很多回忆,都和非洲有关,非洲这片土地就像一只猫,只会暂时被驯服。猫遗世独立的特点,就是莱辛喜欢猫的原因之一。

野猫在泰勒家的农场到处游荡,它们引诱家里的家猫跟它们交配。阉割母猫不太好操作,因为最近的兽医站,也离索尔兹伯里有将近七十英里远。于是,猫的数量太多就成了一个严重的问题。莫德负责处理家里那些过剩的猫儿,她通常会把猫儿淹死。家里有蛇,或者是有了生病的小鸡的时候,也是莫德用枪去射杀它们。有一次,多丽丝告诉莫德,她在木材堆里看到了一条蛇,但是,当莫德朝着一个夹在两根木条之间、灰不溜秋正在滑动的东西开过枪以后,才发现打中的是多丽丝最喜欢的一只猫。"它在碎木头堆里剧烈地抽搐着,嚎叫呻吟着,瘦弱的心脏露在被打折了的肋骨中间,血一直在淌着。它死了,我母亲一直在旁边一边哭泣一边安抚它。"②

后来有一年,就在多丽丝和母亲对抗最厉害的那几年的某一年里,一贯务实肯干、雷厉风行的莫德开始反抗。她拒绝再杀死任何动物。她

---

① 莱辛:《我心深处》(*Under My Skin*),第 38 页。
② 莱辛:《特别是猫……和鲁斯夫》(*Particularly Cats ... and Rufus*),第 8 页。

这一不杀,就使得房子里面、房子周围的空地里,还有房子的偏屋里面,到处都跑着猫。很显然,这种状况需要修正。但是,不管多丽丝和她父亲怎么劝说,莫德就是不采取任何行动。接着,莫名其妙地,莫德就一个人在周末的时候出去旅行了。"她离开之前,跟她最喜欢的一只母猫告了别,那是一只老花猫,是所有其他猫的妈妈。"莱辛在《特别是猫》里写道。"她温柔地抚摸着它,哭了。"母亲的眼泪吓坏了多丽丝,因为她不知道母亲为什么会流泪。

莫德走了以后,麦克往兽医站打了个电话,询问怎么处理这么多的猫。打这个电话可真不容易,因为将近二十个人共用这一条分机线。兽医建议用三氯甲烷麻醉。于是麦克就想办法让索尔兹伯里的一位药剂师,往一辆途经他们村子的火车上托运一瓶子这个药来。莫德回到家的那一天,这一瓶子药刚好也到了火车站。多丽丝和她的父亲找了一个大大的饼干盒子,在里面放了一大条卫生棉用来吸收三氯甲烷。然后他们把一只又老又有病的猫放进了那个盒子。

"我真的不建议使用这种方式。兽医说这个办法很快,但是根本不是这样。"莱辛写道。麦克无法继续这种痛苦的方式,于是把所有的猫赶到一间房子里。然后他走进房间,手里拿着他从战场上带回来的那支左轮手枪。很快,多丽丝听到持续不断的射击声,一直等到麦克回到女儿的身边才停止。他看起来像是病了一样,"脸色苍白,嘴巴愤怒地紧闭着,眼睛里湿湿的。"[①]他嘴里咕哝了几句骂人的话,然后又走进了另一个房间去完成自己的工作。他完成了这项残忍丑陋的工作之后,仆人们把这些猫的尸体埋到了一个废弃的井里。

莫德那天傍晚回到家里。她从房子里走过,一句话都没有说。家里现在除了她最喜欢的那只老花猫,已经没有别的猫了,麦克把那只老花

[①] 莱辛:《特别是猫……和鲁斯夫》(Particularly Cats ... and Rufus),第12页。

第四十二章
人不似猫儿

猫留了下来。她坐了好长时间,一边抚摸着老花猫,一边对它温柔地说着话。然后她来到阳台上和丈夫、女儿待在一起。麦克还在发抖。他很严肃地告诉妻子,这是他一辈子最后一次干这种事情。

莱辛说,她对这次"猫咪大屠杀"非常生气,但是她不记得自己当时为此感到过悲伤,因为当时她不仅挣扎在失去几年前从波斯带回来的那只猫的悲伤中,而且当时还刚失去了另一只小猫,加上她整个十一岁都过得不快乐。[①]

她当时得了一种病,反复发作,病因不明,弄得她一整年几乎大部分的时间都躺在床上。当时正是七月,天气寒冷,而那只灰蓝色的波斯猫躺在她臂弯里的时候,她觉得非常温暖。房子的后院里有一个木头浴缸,安在浴室后面的地下,用来蓄洗澡水。当时农场里没有自来水。佣人们从两英里外的一口井里用牛车把水运回农场。干旱的季节里,只有肮脏的洗澡水可以用来浇花。多丽丝还在病中的时候,有一天那只波斯猫跳到了蓄满热水的浴缸里,痛得大声尖叫。尽管很快就被捞了出来,放到了寒冷的空气里,然后又被放到了多丽丝的床上,猫咪还是开始打喷嚏、咳嗽,并很快发烧了。这只猫得了肺炎,很快就死了。最后被扔到了那口枯井里,与成堆的垃圾和其他动物的尸体为伴。

这对多丽丝来说简直难以承受。她宣布自己以后再也不愿意经受这样的痛苦,尽管后来在她长大成人的过程当中,她每天都会把大街上遇到的,或者在朋友家看到的每一只猫,都看成是记忆中那只完美的猫咪。一直过了二十五年的时间,多丽丝才允许自己重新养猫。而她后来养的这只猫,不是原来"那只发出温和的喵喵声的蓝灰色猫咪,对我而言,那才是我的猫儿,永远无可替代。"[②]

不过,她还是很喜欢她后来养的那些猫儿的。她在文章中写过的两

[①] 莱辛:《特别是猫……和鲁斯夫》(*Particularly Cats ... and Rufus*),第 12 页。
[②] 同上书,第 17 页。

只她最喜欢的猫,它们分别是"鲁夫斯(Rufus)"和"布奇金将军(General Butchkin)"。鲁夫斯是从大街上捡回来的一只生病的野猫,在多丽丝的照料下恢复了健康;而"布奇金将军"则会在多丽丝打字的时候,躺在她的打字机上。在艾莉森·纳德尔(Alison Nadel)采访时,莱辛告诉这位记者,说鲁夫斯是"真正的花心大萝卜"。[1]

莱辛向来不愿剥夺她养的那些母猫的性欲。她认为女人老去的时候,就会被人视而不见,所以她觉得阉割了的猫儿,也会失去她的美貌,而且一旦失去了性别,它的个性也会遭到泯灭。她在文章中写道,她不得不"处理"了一只猫咪之后,那只猫突然变得柔弱胆小,她为此感到伤心不已。那只猫似乎变得很没有安全感,对自己的魅力也没了自信,任性古怪而缺乏诱惑力。"一句话,她变成了一只老处女一样的猫。"[2]

有一次,莱辛把一位来采访的记者带到她的卧室,那间卧室有一个阳台,从阳台上可以俯视伦敦的一大片花园。"我会在这里一站就好几个小时,"她倚靠在阳台的栏杆上说着,"我喜欢看花园里所有的猫儿,观察它们的生活。"[3]

莱辛在她写猫的那本书里用了这句话作为结尾:"了解猫儿,与它们相伴一生,留下的是一堆伤感,一堆与对人类完全不同的伤感——那是一种复杂的情感,既为它们的无助感到悲伤,又为我们所有的人类感到愧疚。"[4]

记者问道,这是否意味着,她觉得跟动物打交道比跟人打交道更容易呢?

"是的。"她笑着答道:"人是不会喵喵叫的。"[5]

---

[1] 纳德尔:《酷爱动物》(*Animal Passions*)。
[2] 莱辛:《特别是猫……和鲁斯夫》(*Particularly Cats ... and Rufus*),第49页。
[3] 纳德尔:《酷爱动物》(*Animal Passions*)。
[4] 莱辛:《特别是猫……和鲁斯夫》(*Particularly Cats ... and Rufus*),第12页。
[5] 纳德尔:《酷爱动物》(*Animal Passions*)。